皖籍思想家文库

刘飞跃 主编

陶行知 卷

TAO XINGZHI JUAN

丁晓慧 著

全 国 百 佳 图 书 出 版 单 位
APTIME 时代出版传媒股份有限公司
时代出版 安徽人民出版社

图书在版编目（CIP）数据

陶行知卷/丁晓慧著.—合肥:安徽人民出版社,2019.9

（皖籍思想家文库／刘飞跃主编）

ISBN 978－7－212－10590－7

Ⅰ.①皖…　Ⅱ.①刘…　②丁…　Ⅲ.①陶行知（1891—1946）—教育思想—思想评论　Ⅳ.①C　②G40-092.6

中国版本图书馆 CIP 数据核字（2019）第 113843 号

皖籍思想家文库·陶行知卷

刘飞跃　主编　丁晓慧　著

出 版 人:徐　敏　　　　　　　　　　　　责任印制:董　亮

责任编辑:王大丽　　　　　　　　　　　　封面设计:陈　爽

出版发行:时代出版传媒股份有限公司 http://www.press-mart.com

　　　　　安徽人民出版社 http://www.ahpeople.com

地　　址:合肥市政务文化新区翡翠路 1118 号出版传媒广场八楼　邮编:230071

电　　话:0551－63533258　0551－63533292(传真)

印　　刷:安徽新华印刷股份有限公司

开本:710mm×1010mm　　1/16　　　印张:19.75　　　字数:280 千

版次:2019 年 9 月第 1 版　　　　2019 年 9 月第 1 次印刷

ISBN 978－7－212－10590－7　　　　定价:48.00 元

绪　论

安徽这片文化沃土，自古就广袤而绵延。她山水秀丽、历史神奇、文化丰厚，先后孕育了道家哲学、建安文学、魏晋玄学、新安理学、徽派朴学、桐城文学、现代新学等，诞生了许多享誉中外的思想家，他们在中国思想发展史上，乃至世界文明史上，都产生过重大的影响，具有独特的思想文化价值。

安徽省委省政府、省委宣传部及学界，历来十分重视安徽的地域性文化研究、文化宣传和文化建设，提出了"文化强省"的战略，在打造"文化安徽"品牌、努力让安徽文化"走出去"、为提升我国的文化软实力和人类精神文明建设服务的同时，也扩大了安徽文化的对外影响。如已经出版的"徽学丛书""安徽文化精要丛书"及《安徽文化史》《安徽历史名人辞典》《朱子全书》《方以智全集》《戴震全书》《朱光潜全集》等。这些分别从安徽文化发展史和安徽个别思想家的角度，进行了开拓性的研究和整理，但是集中展示"皖籍"思想家的思想、文化及其研究成果的文献还没有。

"皖籍思想家文库"则填补了这方面的一个空白。

"皖籍思想家文库"首次较为广泛、系统、集中地展现了两千多年来"皖籍"思想家的思想原貌、文化精髓和研究水平，是一个思想长廊，是"文化安徽"的底蕴体现和实现"文化强省"目标的战略举措，也是安徽对外宣传的重大文化品牌，展示了安徽文化自信的源来，更为主要的是落实了习近平总书记系列讲话精神——传统文化是独特的战略资源，是最深厚的文化软实力；中华优秀传统文化是中华民族的精神命脉，是涵养社会主义核心价值观的重要源泉，也是我们在世界文化激荡中站稳脚跟的坚实根基；要认真汲取其中的思想精华，深入挖掘和阐发其"讲仁爱，重民本，守诚信，崇正义，尚和合，求大同"的时代价值。

"皖籍思想家文库"从政治、经济、文化、教育、哲学、美学、宗教、军事等方面，从众多皖籍思想家中选择了管子、老子、庄子、刘安（《淮南子》）、曹操、嵇康、陈抟、朱熹、朱元璋、方以智、戴震、王茂荫、李鸿章、陈撄宁、陈独秀、陶行知、胡适、朱光潜、宗白华、方东美、王稼祥、赵朴初等22位自先秦至近现代在我国思想史上有重大影响和代表性的"皖籍"思想家，以"文化皖军"方阵的形式，从思想研究"本论"和思想原典"文选"两个方面加以整理、研究，既呈现了其经典的思想，又展示了其研究的水平，使资料性、学术性、现代性得以统一，实现了对优秀传统文化的创造性转化、创新性发展。

这也是本文库的两大特色。

"皖籍思想家文库"所谓的"皖籍"，包括祖籍或本籍在皖。如淮南王刘安，其祖籍为江苏沛县，但刘安一生都在淮南，属于本籍在皖；朱熹是福建人，但他的祖籍为当时的徽州婺源，属于祖籍在皖；宗白华的祖籍是江苏常熟，但是他出生及幼年都在安徽安庆市，属于曾经本籍在皖。

"皖籍思想家文库"由安徽省社会科学院组织本院哲学、史学、文学、经济学、社会学等方面的专家学者负责指导、编撰，并特邀部分省内，乃至全国"皖籍"思想家研究方面的专家学者参与，如《老子》研究专家华中师范大学刘固盛教授，《淮南子》研究专家安徽大学陈广忠教授，宗白华研究专家首都师范大学王德胜教授，陈独秀研究专家安庆师范大学朱洪教授，胡适研究专家安徽大学陆发春教授，方以智研究专家陶清研究员，方东美研究专家余秉颐研究员，朱光潜研究专家钱念孙研究员，管子研究专家安徽省管子研究会龚武先生，曹操研究专家亳州市文化与旅游局赵威先生，陈抟研究专家亳州市陈抟研究会修功军先生，王茂荫研究专家黄山市社会科学联合会陈平民先生，王稼祥研究专家中共安徽省委党史研究室施昌旺先生等。

"皖籍思想家文库"是 2017—2018 年度中共安徽省委宣传部重大文化建设项目，共 22 册，包括《管子卷》《老子卷》《庄子卷》《刘安卷〈淮南子〉》《曹操卷》《嵇康卷》《陈抟卷》《朱熹卷》《朱元璋卷》《王茂荫卷》《方以智卷》《戴震卷》《李鸿章卷》《陈独秀卷》《陈撄宁卷》《陶行知卷》《胡适卷》《朱光潜卷》《宗白华卷》《方东美卷》《王稼祥卷》《赵朴初卷》等，每册 25 万~30 万字，包含"本论"和"文选"两部分内容，其中思想家思想研究"本论"部分 5 万~10 万字，思想家思想选录"文选"部分 20 万字以内，共约 550 万字。

　　由于时间仓促、课题容量限制，还有一些重要的皖籍思想家，如桓谭、杨行密、包拯、刘铭传、杨文会等，本辑未能收录，期待续集纳入。

　　"皖籍思想家文库"的申报、编撰、审阅、出版，分别得到中共安徽省委宣传部的主要领导及安徽省社会科学院、安徽人民出版社有关专家学者及编委和多位编辑的大力支持。

　　在此，表示衷心的感谢！

　　书中如有不妥不当之处，敬请读者朋友批评指正。

刘飞跃

2018 年 12 月

绪

论

目　录

前　言

　　陶行知作为近代中国伟大的人民教育家，他以高度的历史使命感和社会责任感，立足本国，放眼世界，求真务实，践行振兴中华的宏大志愿。陶行知的一生，大致可以分为少年求学、青年留学和归国从教三个时期。少年求学经历，为陶行知思想的形成，奠定了坚实的理论基础；青年留学时期，他接受西方先进思想文化，为其思想的形成，注入了新鲜的血液；归国从教时期，陶行知结合中国当时的社会现实和具体国情，在实践中逐渐形成、发展并确立了其思想体系。

　　在半个多世纪以来的陶行知研究中，学者们主要从教育和政治的角度研究其人其说。陶行知在政治上的成就，尤其是在教育上成就之大，这是毋庸置疑的。但是，单从这两个角度研究陶行知是不够的，它存在着一定的局限性，不能充分地展现陶行知的整体风貌和思想。只有把陶行知的思想纳入文化的范畴，从教育、政治、哲学、文化的角度剖析其思想，才有可能真实、客观、全面地展现其思想的全貌。

　　在本书中，主要以陶行知生活的时代为背景，从教育、政治、哲学、文化等四个方面研究陶行知思想。教育方面，陶行知开始主张民族主义教育思想，后来受杜威实用主义教育思想的影响，提出了自己的教育思想。陶行知特别重视理论与实践的结合，强调创造的作用，大力推行大众教育。他开展教育运动，兴办学校和工学团，创造性地提出生活教育学说，打破了中国传统的教育模式，开辟了中国近现代教育的新局面。政治方面，陶行知由最初的自由主义者、旧民主主义者发展为激进的民主主义者，最后发展为具有社会主义倾向的新民主主义者。哲学方面，陶行知批判性地继承了王阳明的知行观，重视"行"的重要性，主张知行合一、教学做合一。文化方面，陶行知博取兼收，融合中西文化，为其教育思想、政治思想、哲学思想奠定了坚实的理论基础。

陶行知对近代中国，乃至世界的影响是广泛的、深刻的。特别是在教育领域，主张"生活即教育""社会即学校""教学做合一"，为当今中国特色社会主义教育提供了借鉴和启示。

在本书成稿过程中，笔者虽然做了大量的资料搜集和研究工作，但是，由于水平所限，还有很多不足之处，恳请方家批评指正。

丁晓慧

2018 年 2 月

陶行知（1891—1946）

人生天地间，

各自有禀赋。

为一大事来，

做一大事去。

多少白发翁，

蹉跎悔歧路。

寄语少年人，

莫将少年误。

——《自勉并勉同志》

第一章　陶行知生平简介

陶行知（1891—1946），安徽歙县人，祖籍浙江绍兴。伟大的人民教育家、思想家、民主主义战士、爱国者。1908 年陶行知考入杭州广济医学堂，1914 年 6 月毕业于金陵大学，并于同年秋赴美留学。1917 年留学归国，投身于中国的教育事业。先后创办晓庄学校、生活教育社、山海工学团、育才学校和社会大学。他提出了"生活即教育""社会即学校""教学做合一"生活教育理论的三大主张，开启了中国教育的新篇章。1946 年，因长期过度劳累，陶行知突发脑溢血，不幸于上海逝世，享年 55 岁。陶行知的思想主要体现在他的教育活动和著作中，其主要著作有：《中国教育改造》《古庙敲钟录》《斋夫自由谈》《行知书信》《行知诗歌集》等。

第一节　少年求学

陶行知自幼天资聪颖，勤学好问。他 6 岁破蒙，开始学习"四书五经"等文化知识，为其今后思想的形成，奠定了坚实的理论基础。1906 年，15 岁的陶行知进入崇一学堂，开始接触西方科学文化知识，为其了解西方文化开启了一扇窗户。

陶行知远祖于明正德庚午年（1510）自浙江绍兴会稽县陶家堰迁来徽州，后定居黄潭源村。该村位于距城西七里的丰乐河畔，村前面对"屏风山"，峰峦俊秀，景色宜人；村后绿水环绕，与黄山遥遥相望。陶行知自幼家境贫寒，祖上留下的产业酱园，因家道中落，被盘给他人，至陶行知父亲时，只剩下一亩多的田地，位于地势低洼的陶家圳。

1891 年 10 月 18 日 (清光绪十七年九月六日) 陶行知出生，取乳名为和尚。村里人都叫他"小和尚"。陶行知学名文濬，从小喜爱习字，5 岁时常去叶家厅堂观看对联字画，看后就能用树枝在地上临摹。1897 年，陶行知 6 岁时，旸村蒙馆秀才方庶咸为他免费开蒙。此后，陶父农闲时便在家教他习字，并传授《诗》《书》《礼》《乐》等一些简单的知识。陶行知的父亲陶位朝 (号槐卿，字笑山)，学识颇丰，曾于光绪二十六年（1900）任休宁万安镇册书，掌管田赋契约。1902 年解职归田，躬耕自食。

1903 年，陶行知 12 岁，秀才程朗斋指导他解读"四书"。为了求学，他还翻山越岭，奔波十几里路，前往航埠头曹家经馆，向德高望重、学识渊博的前清贡生王藻请教学问。老先生被他的好学精神所感动，就收他为门生，传授"五经"。在求学途中，每当遇到恶劣天气，山路难走，不能按时上课，迟到的陶行知从不打断先生讲课，而是伫立在门亭，等先生课间休息时才启门进去。时人夸赞他有"程门立雪"之风，因此而有"王门立学"之誉。

1906 年，陶行知 15 岁。当时他的母亲曹翠仂在隶属于基督教会的崇一学堂当帮佣。陶行知经常去看望母亲，并帮助她做些力所能及的事。崇一学堂校长唐进贤见陶行知聪明好学，便让他进入崇一学堂免费学习。陶行知非常珍惜这难得的机会，进入崇一学堂后更加发奋读书。他除了学习英文、数学、理化等课程，还开始接触西方科学文化知识，接受西方资产阶级的新教育。陶行知童年时期一直生活在中国社会的底层，对民间的疾苦有深切的体会，他非常关注农村，立志要改变中国广大农民受剥削、受压迫的悲惨处境，改变中国贫穷落后的面貌。因此，他在崇一学堂宿舍的墙壁上写下了座右铭："我是一个中国人，要为中国做出一些贡献。"1908 年，陶行知 17 岁。崇一学堂因校长吉布斯回国而停办，陶行知与其他同学也因此辍学在家。陶行知对贫苦农民有着深厚的感情，他亲眼目睹中国贫穷落后、科学不发达、庸医误人的现状，为了改变这种现状，他逐渐产生了医药救人、医学救国的思想。1908 年春，陶行知赴杭州投考教会所创办的广济医学堂。然而，由于广济医学堂对非基督教徒有明显歧视，陶行知认为这违背了公平原则和博爱精神。于是，入学 3 天后便愤然退学。

1909 年秋，陶行知经唐进贤推荐，考入南京美国教会办的汇文书院。1910 年春，汇文书院与基督会和长老会合办的宏育书院合并，改称金陵大学。陶行知直接升入金陵大学学习，并于 1911 年升入文科本科班，在求学的道路上迈出了坚实的一步。至 1914 年夏完成学业，陶行知在金陵大学生活和学习了 5 年。在此期间，他一边努力学习，一边积极投身于辛亥革命，担任《金陵光》中文主笔，积极宣传民主共和思想。

陶行知在学习上非常勤奋、刻苦，各门专业课成绩优异。在课余时间，他还广泛涉猎了近代西方哲学、政治学和中国古代文化典籍。其中，他对严复的进化论、西方资产阶级民约论，以及明代思想家王阳明（1472—1529）的"知行合一"学说都有很深的研究。这些知识改变了他的世界观和人生观，为其政治思想和哲学思想奠定了理论基础。陶行知在金陵大学的毕业论文《共和精义》中，把共和主义的基本精神概括为"自由""平等""民胞"（博爱）三大信条，他尤其重视"民胞"，认为"民胞"是"共和之大本"，这一主张成为其后来提出"爱满天下"的理论基础。陶行知还特别推崇王阳明的"知行合一"学说，并于 1911 年将原名"文濬"改为"知行"。后来，随着对知行问题的深入了解，于 1934 年，再改名为"行知"。

在金陵大学求学期间，陶行知对基督教产生了浓厚的兴趣，并关注基督教教义中朴素的人道主义精神。在包文博士（Dr. Bowen）和亨克博士（Dr. Henke）的引导下，以及詹克斯教授（Prof. Jenks）《基督教的社会意义》一书的影响下，陶行知于 1913 年成为一名基督徒。他所奉行的"爱满天下"与基督教的救世精神，有着一定的思想渊源。

第二节　青年留学

1914 年 6 月至 1917 年秋，陶行知先在美国伊利诺伊大学攻读硕士学位，毕业后转入美国哥伦比亚大学师范学院攻读博士学位。他在哥伦比亚大学留学期间，正是杜威（John Dewey，1859—1952）实用主义教育理论成熟之时，这对陶行知提出生活教育理论产生了重要影响。陶行知在接受西方文化的同时，从改造中国社会和文化教育的需要出发，博采众长，融会贯通，形成了自己的知识结构和思想体系。

1914年6月，陶行知以优异的成绩毕业于金陵大学。同年秋，赴美留学，进入伊利诺伊大学攻读硕士学位。伊利诺伊大学是专为学习政治学专业的外国学生免除学费并提供奖学金的学校。早在金陵大学期间，陶行知就对教育的社会功能有了明确的认识，他本打算直接到哥伦比亚大学师范学院学习教育学，但因经济原因没能如愿。陶行知在伊利诺伊大学一边认真研修政治学，一边选修教育行政学。当时的任课教师是杜威的信徒、哥伦比亚大学哲学博士洛特斯·德尔塔·柯夫曼（Lotus Delta Coffman）教授。柯夫曼教授向陶行知介绍了杜威的实用主义教育哲学基本原理，这些理论对陶行知产生了重要影响。1915年夏，基督教青年会夏季会议在威斯康星州日内瓦湖畔召开，陶行知参加了此次会议。他深受与会者发言的鼓舞，正式决定以毕生的精力从事教育工作，并计划研究生毕业后就转入哥伦比亚大学继续深造。1916年，他在给哥伦比亚大学师范学院院长罗素的信中写道："余矢志以教育管理为终生事业，始于去夏，是时正值基督教男青年会于日内瓦湖举行夏季大会，余于此受极大启迪。余曾查阅既知之所有学府，再次发现贵院乃其中最佳去处。"①

1915年秋，陶行知以优异的成绩毕业于伊利诺伊大学，并获得政治学硕士学位。随后，他争取到了"庚子赔款"的留学生派遣制度"半费生"资格，同年9月转入哥伦比亚大学师范学院，攻读教育行政学博士学位。在哥伦比亚大学，陶行知的论文指导教师是斯特雷耶（G.D.Strayer）教授，并不是杜威。但是，陶行知选修了杜威亲自讲授的《学校与社会》这门课程。当时，杜威的实用主义教育理论基本成熟，对社会产生了深刻的影响。陶行知后来提出的"生活即教育""社会即学校""教学做合一"的生活教育三大理论，就是基于杜威的理论。

---

① 《陶行知教育文集》，《我的学历及终生志愿》，四川教育出版社2017年第3版，第1页。

1917 年 6 月，陶行知在撰写博士论文《中国教育哲学与新教育》的过程中，遇到资料不足的困难，需要回国查阅中国教育的第一手资料。为了赢得更多时间来完成论文，1917 年 7 月 26 日，孟禄（Paul Monroe,1869—1947,美国教育家）给时任博士学位评议委员会主席伍德布里奇（Frederick J.E.Woodbridge）博士写了一封推荐信："我建议为陶文濬先生安排考试日期，这是一种特殊情况。陶先生已满足在籍期间的事项，论文题目也得到认可，现在正致力于论文的完成。然而，他觉得他不可能从中国再回来了。他今后要从事与政府有关的教育事业。因此，我建议特别委员会马上举行考试，论文一经完成，即可委托特别委员会评审。建议考试日期最好定为 8 月 2 日。"[1] 孟禄建议伍德布里奇博士为陶行知单独举行考试，然后特批他回国撰写论文，等论文完成寄到美国就可以授予博士学位。陶行知回国后，一边收集资料撰写博士论文，一边在全国各地推行平民教育。1923 年 12 月 12 日晚，陶行知东南大学的办公室着火，火势猛烈，房屋被毁，室内所藏的 3 万册书籍连同陶行知的博士论文手稿，以及相关资料都化为灰烬。后来由于种种原因，陶行知也没有重新撰写博士论文。因此，陶行知没有获得哥伦比亚大学的博士学位。直到 1929 年 12 月 4 日，陶行知接受上海圣约翰大学授予的"荣誉理学博士"学位，充分肯定了陶行知在"科学教育"方面做出的成绩。

第三节　归国从教

陶行知在留美期间，广泛涉猎西方文化，博采众家之长，并结合自身知识体系，融会贯通，形成自己特有的知识结构和思想体系。1917 年 9 月，他回到祖国后，就迅速投身于中国的教育事业。针对国内教育界因循守旧、不思革新的现状，陶行知连续发表《试验主义之教育方法》《教育研究法》《教学合一》《试验主义与新教育》等文章，大力宣传欧美教育新思潮、

---

[1][日]阿部洋：《哥伦比亚留学时代的陶行知》，载于周洪宇等主编：《陶行知与中外文化教育》，人民教育出版社 1999 年版，第 271 页。

新学说，提倡以科学的试验方法来改造中国的旧教育，把毕生的心血都奉献给了中国的教育事业。

陶行知的一生是献身于教育的一生，是创新、实践的一生。他把教育作为自己毕生的事业和追求。文学家郑振铎这样评价他："行知先生是一位敢说敢做的大教育家，他是以教育为终身事业的。前期的晓庄，后期的育才，都给予中国以极大的影响。"[1]陶行知以极大的热情投身到中国的教育事业中，以毕生的精力推动全国教育的改革。他倡导民主教育运动，推行乡村教育运动，发动普及教育运动，开展战时教育运动，提倡平民教育运动。陶行知把其教育思想付诸于生活实践，为中国的教育改革指明了方向。

1946 年 7 月 25 日上午，陶行知因长期劳累过度，突发脑溢血，不幸于上海逝世，享年 55 岁。陶行知的逝世是中国教育界的重大损失。当天，周恩来向中共中央发去电报，报告这一不幸的消息："……陶行知于今晨忽得脑溢血，我们赶到时已断气，痛心至极，惟握手时体温、气色未动。据沈钧儒子（系医生）云，确系脑溢血，尚无其他中毒症候。……如无其他原因，陶先生确是死于劳累过度，健康过亏，刺激过深。这是中国人民又一次不可补偿的损失。十年来，陶先生一直跟着毛泽东同志为代表的党的正确路线走，是一个无保留追随党的党外布尔什维克。……"陶行知的同志、朋友、学生都纷纷发表文章怀念和哀悼这位人民的导师、人民的朋友、人民的勤务员，毛泽东称他是"伟大的人民教育家"，宋庆龄称他是"万世师表"，郭沫若称他是"一代人师"，茅盾称他是"战斗的巨人"，邓初民称他是"人民至上主义者"……

民族之魂，教育之光！陶行知"捧着一颗心来，不带半根草去"，他以"爱满天下"的情怀对国家、对人民、对同志、对朋友，他的一生是光辉灿烂的。

---

[1] 郑振铎：《敢说敢做的大教育家》，载于《纪念陶行知先生文选》，江苏教育学会 1991 年编印，第 57 页。

第二章　陶行知思想研究

　　陶行知是我国著名的人民教育家、大众诗人和坚定的民主战士。他毕生从事教育事业，为中国的教育开启了一条新道路。陶行知的教育思想在我国教育史上占有重要地位，研究其教育思想，对我国教育事业的发展有重要意义。除此之外，他的政治思想、哲学思想和文化思想，也是丰富的宝藏，值得我们深入挖掘，仔细研究。

第一节　教育思想研究

　　陶行知一生致力于教育，为我国的教育事业做出了重要贡献。他在丰富的教学实践活动中，形成了博取兼收、融合中西的教育思想，如生活教育理论、平民教育理论、乡村教育思想、普及教育思想、民主教育思想、女子教育思想、终身教育思想、创造教育思想等。其中，生活教育理论是陶行知教育思想的精华与核心，民主教育是其教育思想的升华，创造教育是其教育思想的开拓与创新。

一、生活教育

　　陶行知在《什么是生活教育》一文中，给"生活教育"下了一个确切的定义："生活教育是生活所原有，生活所自营，生活所必须的教育（Life education means an education of life,by life and for life）。教育的根本意义是生活之变化。生活无时不变，即生活无时不含有教育的意义。"①陶行知把教育与生活紧密相连，认为教育源于生活，教育的根本意义就是适应生活的变化，为生活服务。依据生活教育的定义，陶行知勾勒出生活教育理论体系的构架：教育场所上，从学校扩大到社会，社会即学校，整个社会都是教育的范围。教育内容上，从书本延伸到生活，改变"读死书、死读书、读书死"的传统教育，从整个生活出发，生活即教育。教学方法上，陶行知提倡教学做合一，从教到学，再到做，改变传统教育中"先生教，学生学"的"教"与"学"相分离的状态，使"教""学"双方从被动转变为主动。教育形式上，以立体几何代替平面三角，改造传统教育中口耳相传、口诵目识的"平面三角"教育形式，倡导手脑联盟，运用全身智慧和力量学习的"立体几何"教育形式。教育对象上，从士大夫阶层扩大到人民大众，特别是儿童，彻底改变传统教育中属于少数人的"士大夫教育"，使受教育者都能成为"思想的天使、创造的天使、建设的天使"，把教育普及到人民大众之中，增强民族凝聚力。

（一）陶行知生活教育理论的形成与发展

陶行知的生活教育理论，在杜威生活教育论的基础上，结合中国的教育实情，通过教育实践，形成特色鲜明的教育理论。其发展过程大概可以分为三个时期：

萌芽期：1917—1925 年。这一时期的重要主张是"教育即生活，学校即社会"。1917 年，陶行知留学归国，看到中国当时的教育死气沉沉。通过考察，他发现大部分教育内容和实际生活没有太大的联系，并且教学方法固化单一，培养出来的学生大多是迂腐不堪的"书呆子"。为了改变这种教育现状，1918 年，陶行知主张以"教学法"代替"教授法"，提出生活与教育不能分离的"教学合一"思想。1925 年陶行知将"教学合一"思想发展为"教学做合一"。陶行知的这些主张，直接继承于其师杜威的"教育即生活，学校即社会"的教育思想。杜威的"教育即生活"思想的内涵，

---

① 《陶行知教育文集》，《什么是生活教育》，四川教育出版社 2017 年第 3 版，第 333 页。

主要包括三个方面：其一，教育是生活的需要，生活离不开教育。杜威抨击了美国传统教育脱离社会生活的现状，他认为教育应该是为人的生活服务的，是生活的重要组成部分，学校教育也应该是社会生活的一种形式。其二，教育即生长，强调教育是生活本身，它贯穿于人的整个生活过程，并且不断地生长。其三，教育改造生活，通过教育的方式改变现有的生活状态，教育能把现实生活和未来生活联系起来。杜威强调教育与现实生活的联系，认为教育是生活本身，教育不但是为了满足现实生活的需要，而且是为了创造一个更加美好的未来生活。陶行知继承并发扬了杜威的生活教育论，于1921年，第一次明确提出"生活教育"的概念。陶行知的生活教育主要是针对"死的教育"和"不死不活的教育"，他提倡用"活的人""活的书籍"来实施"活的教育"。陶行知认为，教育的根本目的是造就人才，改良人才，并使这些人才为社会所用。但是，此时陶行知并没有明确论述学校与社会之间的关系，只是有了一个朦胧的意识。所以，这一时期，他的生活教育理论还处在萌芽期。

发展期：1926—1939年。这一时期的主要思想是"生活即教育，社会即学校"。陶行知的生活教育思想主要体现在他所倡导的乡村教育运动中。1926年，陶行知开始积极提倡乡村教育运动，决心"征集一百万位同志，提倡一百万所学校，改造一百万个乡村"。1927年3月5日，晓庄试验乡村师范学校（1927年8月1日更名为"晓庄学校"）正式开学。陶行知把生活教育理论应用于晓庄学校具体的教学试验中，这种新的教学模式，打破了传统的教学模式，扩大了学生的活动空间，充实了教学内容，把教育和生活紧密地结合起来，把教育者和受教育者从传统的教育模式中解放出来，丰富和发展了生活教育理论。1930年1月，陶行知在晓庄学校举办的全国乡村教师讨论会上，发表了题为《生活即教育》的演讲，他说："'教育即生活'这句话，是从杜威先生那里来的，我们在过去常常用它，但是，从来没有问过这里面有什么用意。现在，我把它翻了半个筋斗，改为'生活即教育'。"[1]陶行知给生活下了一个确切的定义："有生命的东西，在

---

① 《陶行知全集》卷2《生活即教育》，四川教育出版社2005年第2版，第397页。

第二章　陶行知思想研究

一个环境里生生不已就是生活。"① 这里"有生命的东西"不仅包含单纯的生命形式，比如一粒种子能在不见不闻的地方发芽、开花、结果，而且指有生命力的事物，如晓庄剧社在舞台上演戏。因此，在陶行知看来，生活就是教育，不是生活就不是教育，生活中的事物就是教育的内容。人生需要什么就教什么，生活教育为人们提供的是人生需要的教育。

陶行知把杜威的"学校即社会"也"翻了半个筋斗"，改为"社会即学校"。他认为社会就是学校，整个社会都是教育的范围。陶行知指出，要先做到"社会即学校"，然后才能讲"学校即社会"；要先能做到"生活即教育"，然后才能讲"教育即生活"。"要这样的学校才是学校，这样的教育才是教育。"②

成熟期：1940—1946 年。这一时期陶行知的生活教育理论已经成熟，1940 年，他在给一位朋友的信中对"生活教育"下了一个更为明确的定义，他说："从定义上说，生活教育是给生活以教育，用生活来教育，为生活向前向上的需要而教育。从生活与教育的关系上说，是生活决定教育。从效力上说，教育要通过生活才能发出力量而成为真正的教育。"③ 这个定义与陶行知在《生活即教育》中给"生活教育"下的定义相比，内容更加明确。在这个定义中，陶行知不但提出了"生活即教育"的具体原则，而且指出了生活与教育的关系，即他们是作用与反作用的关系。陶行知把"教学做合一"的教学方法应用于生活教育中，把"教""学""做"结合起来，达到理论与实践的统一。陶行知曾接受上海日文《改造日报》的记者小野三郎的采访，在采访中他追忆道："我们创办晓庄学校的目的，当初想的是知识分子和农民增加接触与结合，但不久两者之间发生了很大的变化。依我们的道理说：（一）生活从教育开始；（二）教学做三位一体；（三）进而发展到社会即学校。"④ 从这段话中可以看出，陶行知通过创办晓庄学

---

① 《陶行知全集》卷 2《生活即教育》，四川教育出版社 2005 年第 2 版，第 397 页。
② 《陶行知全集》卷 2《生活即教育》，四川教育出版社 2005 年第 2 版，第 399 页。
③ 《陶行知全集》卷 4《谈生活即教育》，四川教育出版社 2005 年第 2 版，第 358 页。
④ 《陶行知全集》卷 4《中国的民众教育家》，四川教育出版社 2005 年第 2 版，第 689 页。

校来推行其生活教育理论，他认为教育以生活为基础，在教学过程中，应该把"教""学""做"三者结合起来，使三位一体，达到理论与实践的统一，进而发展到"社会即学校"。

总之，陶行知对生活教育理论的具体定义、内涵和方法等的阐释是一个不断发展的过程，其生活教育理论的"三大基石"是一个逐步形成的过程，由"生活即教育"到"教学做合一"，最后到"社会即学校"。"三大基石"层层递进，互为补充，相得益彰。陶行知生活教育"三大基石"的形成，标志着其生活教育理论已经基本建构起来。

（二）陶行知生活教育理论的"三大基石"

"生活即教育"是陶行知在杜威"教育即生活"的基础上提出的，是其生活教育理论的核心主张，是对教育本质的一种诠释。生活不是人们所理解的狭义的生活，而是自然界和人类社会的总和，是人类的生活和生产实践。"生活即教育"就是把人类的社会生活作为教育的内容，在实践中教，在实践中学，让教育从书本走向人生，从学校走向社会和自然。生活教育是"活的教育"，因为生活总是处在变化之中，所以教育也应该随着生活的变化而变化，应该时教时新。教育离不开生活，生活同样离不开教育。"生活即教育"主要包含三层含义：第一，生活决定教育，教育来源于生活。教育与生活息息相关，密不可分，过什么样的生活就要接受什么样的教育，接受什么样的教育就过什么样的生活。陶行知认为："过好的生活，便是受好的教育；过坏的生活，便是受坏的教育；过有目的的生活，便是受有目的的教育；过糊里糊涂的生活，便是受糊里糊涂的教育；过有组织的生活，便是受有组织的教育；过一盘散沙的生活，便是受一盘散沙的教育；过有计划的生活，便是受有计划的教育；过乱七八糟的生活，便是受乱七八糟的教育。换个说法，过的是少爷生活，虽天天读劳动的书籍，不算是受着劳动教育；过的是迷信生活，虽天天听科学的演讲，不算是受着科学教育；过的是随地吐痰的生活，虽天天写卫生的笔记，不算是受着卫生的教育；

过的是开倒车的生活，虽天天谈革命的行动，不算是受着革命的教育。"①
生活教育重视的是在生活的过程中，使教育发挥最大的作用，生活是教育
的中心，教育应该在生活中进行。第二，教育能改造生活，对生活具有反
作用。教育源于生活，服务于生活。教育不但能够改变现有的生活状态，
而且能够满足生活的需要、提高生活的质量。1931 年，陶行知在《中华民
族之出路与中国教育之路》一文中，指出教育的三条出路：一是教人少生
孩子；二是教人创造富的社会；三是教人建立平等互助的世界。陶行知认为，
当时中国国力衰弱、民生凋敝的原因在于人口太多，以致形成了"越生越穷、
越穷越愚、越愚越生"的恶性循环。因此，教育的第一要务，就是向民众
大力宣传节育观念和优生优育观念，减少人口数量，提高人口素质。在此
基础上，还要向民众传播自然科学知识，培养认识自然、改造自然的能力，
使中国逐步走上工业化道路，富裕强大起来。陶行知所倡导的这种"富裕
强大"，不是少数人占有财富，而是人人平等，人人富裕。这一目标的实
现，就需要通过教育培养人民在政治上、经济上的平等互助精神。因此，
陶行知认为，只有同时坚持以上三条出路，三管齐下，才能实现人民富裕、
国家富强的目标。第三，生活与教育共始终。生活与教育息息相关，教育
贯穿于生活过程的始终。他指出，人"出世便是破蒙，进棺材才算毕业"②。
教育从出生时就已经开始，它伴随人的一切生活活动和整个生命过程。也
就是说，教育贯穿于人的一生，直到死亡才算停止。所以，陶行知提倡"活
到老，做到老，学到老"的终身教育。1935 年 3 月 1 日，他在《中国普及
教育商讨》中明确提出："我们要对众人养成的态度是：活到老，做到老，
学到老。"③

　　"教学做合一"就是把教法、学法、做法统一于教学实践活动中，使
"教""学""做"有机相连，豁然贯通。"教学做合一"是陶行知对教

　　①《陶行知教育文集》，《什么是生活教育》，四川教育出版社 2017 年第 3 版，
第 333 页。

　　②《陶行知教育文集》，《什么是生活教育》，四川教育出版社 2017 年第 3 版，
第 334 页。

　　③《陶行知教育文集》，《中国普及教育商讨》，四川教育出版社 2017 年第 3 版，
第 369 页。

学方法的阐释，也是生活教育理论实施的方法和途径。在陶行知生活教育思想体系中，由"教学合一"到"教学做合一"，陶行知对教学方法的思考，是在实际教学实践中逐渐形成并深化的。"教学合一"是其萌芽阶段，"教学做合一"是其成型状态。"教学合一"强调学校教学要以学生的"学"为根本，把教师的"教"与学生的"学"紧密结合在一起。1919年，陶行知提出"教学合一"的教学方法论，他认为，当时的学校教学只注重教授书本知识，不懂得培养学生的主动性和积极性。他提倡在教学活动中，应该把"教"和"学"统一起来。陶行知认为教师的责任不在于教书，也不在于教学生，而在于教学生学。教师不是机械性的重复书本知识，而是带领学生走进书本，以书本知识为纲，学会学习。

陶行知把先生分为三种：第一种先生是只会传授书本上的知识。这样的先生是书本上有的就教，书本上没有的就不教，不知变通，墨守成规。第二种先生是教学生需要的。这种先生与第一种先生相比要好些，他们把关注的中心从书本转移到了学生身上，开始重视学生的主体性，把学生需要的都拿来教给他们。但是，世界上的新理、新知识无穷无尽，学生无论如何也是学不完的。再者，先生也不可能跟随学生一生。所以，这种先生也不能称为最好的先生。第三种先生是教学生学。陶行知认为这种先生才是最好的先生，他们不像第一种先生只是教书，也不像第二种先生只会教学生，而是教学生学，是把"教""学""做"统一起来，充分发挥学生的主观能动性。陶行知主张把"教"和"学"结合起来，先生负责指导，学生负责学习，先生指导学生自己去探索和寻求解决问题的方法。传统的教育方法不顾学生的个性差异，只是一味地教，这样学生收获少、苦恼多。如果把教与学结合起来，根据学生的需求和兴趣爱好，寓教于学，因材施教，学生就会"乐学"。同时，陶行知指出做先生的"并不是贩卖些知识来，就可以终身卖不尽"①，他认为先生应该在教的同时加强自身的学习，在指导学生的同时，深入研究学问，经常把新知识、新方法教给学生，真正培养教育英才。

---

① 《陶行知全集》卷1《教学合一》，四川教育出版社2005年第2版，第19页。

陶行知"教学合一"的教学方法，克服了传统教育方法的弊端，具有很强的科学性和实效性。但是，随着其实践活动的广泛开展和理论认识的进一步深入，他越来越意识到"实践"的重要性。1926年，陶行知在《中国师范教育建设论》中，对"教学做合一"的原理做了系统的阐述，他说："教的法子要根据学的法子。学的法子要根据做的法子。教法、学法、做法是应当合一的。"①1927年，陶行知提出"教学做合一"的教学方法论。陶行知"教学做合一"理论提出了"做"的概念，强调"教""学""做"三者以"做"为中心而"合一"。在生活教育理论体系中，陶行知对"教学做合一"的阐释最为详细。陶行知提倡在教学过程中，要以学生为主体，使其"学有所用，用有所学"。这种教学方法改变了传统教育"先生只管教，学生只管学"的僵化模式，使"教"与"做"统一起来。同时，这种法子还要求教者要首先掌握这种"做"的法子，然后才能去教别人，也就是"教人者先教己""己明者后明人"。由此，陶行知创造了"艺友制"教育。陶行知说："艺者艺术之谓，亦可作手艺解。友为朋友。凡以朋友之道教人艺术或手艺者，谓之艺友制教育。"②艺友制以"教学做合一"为原则，重视"做"的作用，主张教师在"做"上教，学生在"做"上学，把"教"和"学"统一起来，教学相长，使教师和学生共教、共学、共做。陶行知认为在"做"上教是先生，在"做"上学是学生，"教"是着重于对于别人的影响，"学"是对于自己的进步来说，"做"是对于事情本身来说。一个活动对于事情本身而言是"做"，对于学习者而言是"学"，对于别人的影响则是"教"。"教""学""做"是生活教育的三个方面。

生活中的事情只要经过"做"，就包含两层含义：即对"做"者本人而言是"学"，对他人如何学"做"而言则是"教"，有生活就有教育。另一方面，强调"在做上教是先生，在做上学是学生"。先生和学生没有严格的界限，谁掌握了"做"的主动权，谁就是先生。因此，陶行知创造

①《陶行知全集》卷1《中国师范教育建设论》，四川教育出版社2005年第2版，第76页。

②《陶行知全集》卷2《艺友制的教育》，四川教育出版社2005年第2版，第476页。

了"即知即传"的"传递先生制"。陶行知认为，学会一件事情，当时就可以去教别人，这就是"即知即传人"。"即知即传"的方式有三种：大人教大人、大人教小孩及小孩教小孩、小孩教大人。在"教"上，不是只有大人才有权利"教"，而是谁掌握"知识"，谁就拥有"教"的权利，不管大人还是小孩，都可以去"教"别人。这种"即知即传"的方式是实现普及教育的重要方法，为实现普及教育培养了大量的免费师资。在"学"上，陶行知主张要学习真知识。他把知识分为"真知识"和"伪知识"，"真知识"就是思想与行为结合而产生的知识，它的"根"要"安在经验里"。"伪知识"就是思想与行为不统一，不是从经验里发生出来的知识。"真知识"与"伪知识"的本质区别就是是否源于"做"。以"做"为中心，使"教""学""做"合一而习得的知识就是"真知识"。在"教"与"学"中，只有摒弃"伪知识"，追求"真知识"，才能开掘知识的源泉，探索未知的真理。

"社会即学校"是陶行知基于杜威"学校即社会"的理论而提出来的，是陶行知生活教育理论的又一核心主张。在生活教育"三大基石"中，"社会即学校"观念形成在最后，它倡导以大自然、大社会、大世界作为人们接受教育的场所，是生活教育理论在学校与社会关系问题上的具体化。陶行知认为，社会本身就是学校，整个社会就是一所大的学校。社会生活是学校教育的源泉，生活教育的范围不能只局限于学校生活，应该延伸到整个社会生活中去，以社会生活丰富学校教育的内容，把社会教育与学校教育连接起来，实现"活"的教育。"社会即学校"是生活教育的范围在空间上的扩展和延伸，与杜威的"学校即社会"的观点相比，更加科学、合理。陶行知认为杜威的"学校即社会"的理论就好像把一只活泼的小鸟捉来放入笼子中，狭小的空间限制了鸟儿的活动，使它失去翱翔的自由。因此，只有"开笼放雀"，把学校与社会连接起来，彻底地拆除学校和社会之间的高墙，才能实现"活"的教育。教育的任务是"教人""化人"，最终实现改造社会的目的。"社会即学校"可以使"读书"的教育变成"行动"的教育，是实现"活"的教育的有效途径。"教育"和"读书"是两个完全不同的概念，而"寻常人"一提到"教育"，就认为只是读书、识字，不能认识到教育是生活的一部分，更不能意识到教育对改造社会的影响。一般的学校教育割裂了"教""学""做"的关系，不能实现真正的教育。要想实现真正的"活"的教育，就要彻底改变以"教书"为目的的学校教育，扩大学校的外延，利用社会的力量促进学校教育的发展，以学校的教育促进社会的进步。然而，在传统的教育模式中，一般意义上的学校只是培养少爷、小姐、政客、书呆子的特殊学校，是有权、有钱的人才能接受的"小众"的教育。对于劳苦大众而言，只能把"社会"看作唯一的学校，接受生活的教育。因此，实现了"社会即学校"，就能消除"大众"教育和"小众"教育的壁垒，使"小众"的教育变成"大众"的教育，把整个社会当成学校教育的场所。这样，学校的范围扩大了，学生的范围也扩大了，教育的效果就更"实在"了。

陶行知在阐述生活教育理论时，认为现代人要过现代的生活，接受现代的教育。现代的教育与传统的教育不同，现代的教育也可以被称为生活教育。为了对二者进行区分，陶行知指出了生活教育的六大特质：生活的、行动的、大众的、前进的、世界的和有历史联系的。"生活的"是生活教育理论与传统教育理论最根本的区别，也是生活教育的最大特点。教育的根本意义在于指导生活，有什么样的生活，就接受什么样的教育；接受什么样的教育，就过什么样的生活，生活决定教育。"行动的"在生活中具有主导地位。陶行知的"知行合一""教学做合一""即行即知"等理论，都特别重视"行"的重要性。行动产生理论、发展理论，并引导整个社会进入更高的境界。"大众的"教育是与小众的教育相对应的，陶行知认为小众的教育就是少爷、小姐们有钱就可以去学校接受的教育，是为读书而读书的教育。真正的生活教育是前进的，并且在前进的生活中产生。陶行知说："我们要用前进的生活来引导落后的生活，要大家一起来过前进的生活，受前进的教育。"[1]"世界性"是陶行知生活教育理论开放性特征的最高表现。陶行知认为教育就是教人向上、教人过有意义的生活。这种有

---

[1]《陶行知教育文集》，《生活教育之特质》，四川教育出版社2017年第3版，第395页。

意义的生活需要放眼世界和未来，以实际行动去寻找新生活、获得新生活。

陶行知的生活教育理论是在对传统教育理论的扬弃中形成的。一方面，生活教育理论吸收并借鉴了传统教育理论的合理部分，并在此基础上进行创新、发展；另一方面，生活教育理论摒弃了传统教育理论的不足和弊端，使教育面向大众、面向社会，充分发挥教育对生活的指导作用。陶行知总结生活教育的特质，目的是为了突出生活教育的独特性和重要性，使人民在生活中接受"真"的生活教育、"活"的生活教育，彰显其生活教育理论的科学性、独特性、前瞻性、创新性和指导性。

总之，"生活即教育""社会即学校""教学做合一"作为陶行知生活教育理论的"三大基石"，是生活教育的理论基础，贯穿于其教育思想的始终。

二、民主教育

陶行知的民主教育思想，反对旧民主和庸俗的民主，提倡新民主、创造的民主。新民主是创造的民主，是人民大众做主，使每个人都得到均衡的机会，得到均等的发展，实现为人民服务的目的。陶行知提倡的民主教育是真正的民主教育，是教人做主人。民主教育是人民的教育，是为人民自己的幸福而办的教育。民主教育是陶行知教育思想的升华。

（一）民主教育的性质与目的

民主教育的性质就是民有、民治、民享。陶行知把民主运用到教育上来，其意义在于民主教育属于人民，教育依靠人民、教育为了人民的幸福，即民有、民治、民享。"民有"指教育是属于老百姓自己的，人民大众都具有接受教育的机会和享有教育的权利。"民治"指教育由老百姓自己办，它是人民办的教育，也是面向人民的教育。"民享"指教育是为老百姓的需要和幸福而办的。要想实现民主教育，就需要普及大众教育，提倡"活"的教育，而不能像传统教育那样，只是单纯地教百姓读书识字。在陶行知看来，民主教育就是面向民众，让百姓享有受教育、办教育的权利，从百姓中来，到百姓中去，使教育服务于百姓。也就是说，民主教育就是使每个人的潜能都能得到充分的发挥，使每个人都能学到自己需要的知识，使每个人都能用自己掌握的知识服务于社会。在当时的历史背景下，陶行知认识到由于经济条件不具备，要实现各取所需是办不到的。但是，各学所需是可以办到的。他认为，在民主政治下，中国还有许多人没有接受教育，要改变这种现状，不能完全依靠师范教育。因此，他提倡艺友制，推广小先生制，使人各尽所能，各学所需，各教所知，以实现普及教育，进而实现民有、民治、民享的民主教育。

陶行知所提倡的民主教育主要表现为教育为公，民主教育的这种为公目的主要是指教育机会均等，并在此基础上达到天下为公的目的。陶行知提倡教育要使每个公民都能享有均等的机会，使每个公民都能接受免费的教育。可以说，民主教育是一种全民教育，或者说是完整意义上的国民教育。

这种为公目的主要包含两层含义：第一层含义是机会均等。在教育机会上，无论男女、老少、贫富、民族，都享有均等的权利。传统教育只重视男子的教育，忽略女子的教育，这种教育漠视女子的权利，是不合理的。因此，陶行知提倡女子教育，认为女子应该和男子一样，享有接受教育的权利。女子接受教育，不但对社会有意义，而且对家庭也有重大意义。受过教育的女子，获得了一定的知识和技能，具有良好的知识素养和道德修养，能够独立生活，并且与男子共同承担家庭责任和社会责任。同时，女子接受教育后，会更加重视对后代子女的教育，这对提升良好的家庭教育，培养后代成才具有重要意义。陶行知还提倡老少平等，认为无论老少，都应该接受教育。传统教育只重视"少年"的读书，认为读书是年轻人的事，民主教育要打破这种观念，不但年轻人要接受教育，老年人同样也要接受教育。因此，陶行知提倡"活到老，学到老"的终身教育。在贫富方面，陶行知认为，无论贫穷与富有，在教育面前，都应该享有平等的权利。陶行知所说的贫富平等，不仅包括经济上的平等，也包含出身、地位上的平等。民主教育主要是彻底改变那种只为"少数人"提供教育的现状，实现全体国民都能接受教育的目标。因此，陶行知提倡普及教育，主张教育是为大众的，而不是专为"少数人"特设的。在民族平等方面，陶行知认为，不论是内地、边疆，还是回满蒙藏，只要是中华国民，在教育面前都享有平等的权利。尤其对于少数民族，可以让他们学习自己的文字，办自己的学校，训练自己的人才，根据各民族的具体情况，制定相应的措施，使各族人民都能享受到均等的教育。民主教育为公目的的第二层含义是教育不是为一党一派服务的工具，而是为社会大众服务的。民主教育培养人才的目标是教育学生将自己所学的知识奉献给社会大众，而不是教育他们通过读书达到升官发财的目的。因此，陶行知提倡平民教育，注重培养平民的自立精神、互助精神、创造精神，把教育和培养公民精神结合在一起，以实现国家的强盛及民主教育的目标。

陶行知提倡教育为公，强调机会均等，也包含对人的特殊才能的培养。他认为，任何时代，任何社会，都会出现具有某些特殊才能的人，或者在某方面有突出才能的人。因此，对于这些人，就不能采用普通的教育方法，而应该采用因材施教的方法，使其才能得到最大限度的发挥和展现。当然，这种具有特殊才能的人，必须具有天下为公的民主精神和能够改造社会的过硬本领，把自己学到的东西更好地奉献给民主事业，促进社会的进步和民主的发展。由此可以看出，对特殊人才的特殊教育，不仅没有改变"教育为公""文化为公"的主旨，而且使这种教育的内涵更加丰富、科学、真实。

（二）民主教育的方法与内容

民主的教育方法能够提高学生的自觉能力，其形式不限，可以根据不同的学生采用不同的方法。但是，这些方法要客观，要科学，要使生活与社会联系起来。民主教育的方法主要有三个：第一，坚持穷学穷办的"穷方法"。近代中国社会生产力低下，经济衰弱，人民生活困苦。在这种情况下，人民的基本生活都无法保障，更不用谈教育了。因此，若要使穷人能够受到教育，就需要以"穷办法"办丰富的教育。"穷办法"包含物质上和人力上两方面的含义：在物质上，要想尽办法，利用一切可以利用的条件，使人民大众接受教育，比如没钱买教科书，就找别的物品替代，如招牌可以做课本、树枝可以做笔、桌面可以当纸张；在人力上，节约人力资源，动员接受过教育、有文化的国民，用"即知即传"的形式传授知识。这种"穷办法"不但能够使国民接受到广泛的教育，而且能够动员更多的有识之士参与到教育中来，扩大民主教育的范围。第二，把生活和教育联系起来。民主教育是整个生活的教育，生活决定教育，教育反作用于生活。民主教育与生活紧密相连，要真正普及民主教育，就要做到"来者不拒"和"不能来者送上门去"，也就是"招进来"和"送上去"。"招进来"是指民主教育学校的大门是敞开的，只要是愿意接受教育的人，都应该接收。"送上去"是指对于不能来上课的学生，可以上门去教。哪些是"不能来上课"的学生呢？农民和女子。当时的中国社会，经济落后，思想观念陈旧，对于这两类"不能来上课"的学生，可以派人到他们家中，宣讲民主教育理念，使他们早日接受民主教育。第三，手脑并用，在劳力上劳心。民主教育重视培养人们的创造力，这种创造力的培养就需要"手脑并用，在劳力上劳心"。陶行知在《手脑相长歌》中说明了"手"与"脑"的关系："人生两个宝，双手与大脑。用脑不用手，快要被打到。用手不用脑，饭也吃不饱。手脑都会用，才算是开天辟地的大好佬。"[1] 在中国社会发展的进程中，脑力劳动和体力劳动长期处于分离状态，教育上也是教劳心者不劳力，劳力者不劳心。体力劳动和脑力劳动的完全脱节，形成了只读书不做工的"书呆子"和只做工不读书的"田呆子"。因此，陶行知主张手脑并用，使脑力劳动和体力劳动相结合，在劳力上劳心，在劳心上劳力，以征服自然，实现民主教育，创造大同社会。

陶行知民主教育的内容全面而系统，主要体现在民主教育的课程与教材、学制、教师、行政管理等方面。

（1）民主教育的课程与教材。民主教育的教材要充分反映社会现实，要到大自然、大社会中去寻求"活"的教材。然后，利用这些教材，编写、组织课程。民主教育既要机会均等，又要注重人才培养。因此，民主教育在课程组织上，就必须做到普及与提高并重，不仅使普通民众受到教育，而且具有特殊才干的人也能发挥自己的才能。在内容设置上，要从现实国

---

①《陶行知全集》卷5《手脑相长歌》，四川教育出版社2005年第2版，第684页。

情出发。一方面当时的社会，经济落后，科学不发达，大部分民众都生活在贫穷困苦中，应该设置一些科学的生产，科学的活动。另一方面抗战时期，教育要拿出一切力量来争取抗战的胜利，要号召广大民众为抗日战争贡献自己的力量。在课程设置上，要有弹性，使学生有学的时间，也有思考的时间。

（2）民主教育的学制。学制的制定要以国情和个人发展为基础，遵循"三原则"：单轨出发、多轨同归和换轨便利。"单轨出发"是民主教育学制的立足点，即教育是为劳苦大众服务的，教育是人民自己的事业。"单轨出发"主要是指教育的初级阶段对全体人民的教育普及，然后，根据各人能力的不同和社会需求的各异，分成多轨，实现民主教育的多样性。然后，由单轨出发分成多轨，为社会奉献自己的力量，达到"多轨同归"，即同归于民主创造。此外，为了促进人才的成长，还要做到"换轨便利"，即给予发展中的学生在才干改变时及时调换"轨道"的便利，使其更好、更快地成才。陶行知在提出民主教育学制"三原则"的同时，还特别提到婴幼教育、成人教育以及留学教育。对于婴幼教育，他提出要广泛设立托儿所，把妇女从家庭中解放出来。对于成人教育，他主张增设补习大学和夜大学，提高社会劳动力的素质。对于留学教育，他认为能够在中国学到的就不应当出国学，或者请外国教授来中国教。只有当设备不能在国内设置的学科，才能派研究生外出留学。这样，就保证了民主教育的全民性和全面性。

（3）民主教育的教师。陶行知认为，民主是发挥创造力的有效条件，是解放国民创造力的保障，这种创造力的实现是通过教育来完成的。教育是对生活的改造，是对社会的改造。教育离不开教师，教师是教育的载体，是知识的传递者。因此，陶行知要求教师必须树立民主平等的意识，成为民主的教师。他认为民主教师必须虚心、宽容。"虚心"是民主教育教师必须具备的首要条件。只有虚心的教师，才能努力提升自己，使自己在思想上和行为上都符合民主教师的要求。"宽容"包含两层含义：一是对学生的宽容，主要体现在坚持师生关系平等，教学相长，帮助学生成长，最大限度地发挥学生的创造力；二是对社会的宽容，作为民主教师，要有教师的专业精神，不计较个人利益得失，不迷恋个人地位高低，能够担负起自己肩上的担子，任劳任怨，甘心做人民的"公仆"。民主的教师，要做到与学生共甘苦，教师要求学生做的事，自己要先躬行；要求学生学的知识，自己要先躬学；要求学生守的规矩，自己要先垂范。教师与学生要同学共进，教学相长。民主教育是为人民大众服务的，民主的教师要勇于打破师生界限，肃清形式、教条，放下先生的架子，深入到人民队伍中去，积极向人民学习，做民主的教师，不做专制的教师。

（4）民主教育的行政管理。民主教育管理的目的，一方面是为了实现"人民办学"的目标，鼓励人民自己办自己的学校，满足人民的需求，符合人民的要求，实现教育为民主服务的目的。另一方面是为了实现"学生自治"，鼓励学生自己管理自己的事。"学生自治"由学生制定管理章程和组织纪律，是学生自己管理自己，它能够让学生从自身出发，根据自己的切身生活体验，制定适合自己的管理办法，为学生提供各种各样的机会，培养学生的组织协调能力和自我管理能力。这样，既体现了民主和自由，充分发挥学生的才能，提高学生的创造力；又最大限度地发挥纪律的约束性，有利于对学生的集体领导。当然，这种"自治"不是放任自流，而是引导学生在共同治理的前提下，慢慢受到民主的熏陶，并根据自身实际情况制定出适合他们年龄段的管理办法，以实现学生自身的民主自治。民主教育的管理，还必须肃清官僚习气，清除摆架子、表资格的恶习，要发挥视察员和督学的作用，鼓励老百姓办学，严格考察学校是否合乎民主管理，并给予积极指导，传授办好学校的方法。民主教育要重视校长的办学成果，提高全校教师的积极性。一所学校办得好与不好，校长起到关键的作用。在办学过程中，校长要担负的任务有：培养在职的教师，促使教师进步；培养学生快速而丰富的进步；选拔为百姓服务的人，如小先生、艺友师等。整个社会是一所庞大的学校，学校只是这个大社会的一个课堂。陶行知认为校长是一个学校的灵魂，担负着学校发展的重要使命。校长要树立"社会即学校"的观点，把学校的发展纳入社会发展的大格局中，以学校的发展促进社会的发展。这样才能尽到校长的职责，体现民主的精神，培养出人才的幼苗。

三、创造教育

创造教育理论最早由美国教育家杜威提出，是以学生自由发现为主的科学探究式的教学方法。陶行知受杜威思想的影响，于 20 世纪 30 年代提出"要打倒传统的教育，同时要提倡创造的教育"[①]的主张，把创造教育应用于实际教学活动中，成为我国创造教育的开拓者和奠基人。

陶行知创造教育思想的目标，是创造真善美的"真人"和培养国民的创造力。他在《创造宣言》中指出："教育者不是造神，不是造石像，不是造爱人。他们所要创造的是真善美的活人。"[②]也就是说，教育者本身的工作也是一种创造，教育者本身也是进行创造的人。那些墨守成规、固步自封的人，不能称为真正的教育者。教育者创造的对象是具有"真善美"人格、德智体全面发展、智仁勇俱全的"真人"。创造教育就是要把"人"改造成"真人"，这种"真人"不但追求真理，爱护真理，而且能够把追求真理升华到为革命而献身的境界。陶行知的至理名言"千教万教教人求真，千学万学学做真人""去做真理的主人"等，都是这一思想的体现。培养"真人"的途径主要是道德教育，通过道德教育使学生兼具社会公德和个人私德。陶行知认为道德是人格的基础，是做人的根本。他提出的每日"四问"中就包含"道德有没有进步"这一问。可见，陶行知非常重视道德的作用，他以"爱满天下"的情怀，致力于培养公德和私德兼备的真、善、美之人。在育才学校，陶行知制定了"育才十二要"，以规范学生的行为。"育才十二要"的具体内容是："一、要诚实无欺。二、要谦和有礼。三、要自觉纪律。四、要手脑并用。五、要整洁卫生。六、要正确敏捷。七、要力求进步。八、要负责做事。九、要自助助人。十、要勇于为公。十一、要坚韧沉着。十二、要有始有终。"[③]"育才十二要"不仅仅是规范育才学校的学生，也可以推广到整个社会，以规范国民的道德和行为。

那么，什么样的教育者能够担当创造教育的重任呢？陶行知认为，担

---

① 《陶行知全集》卷 3《创造的教育》，四川教育出版社 2005 年第 2 版，第 450 页。
② 《陶行知全集》卷 4《创造宣言》，四川教育出版社 2005 年第 2 版，第 3 页。
③ 《陶行知全集》卷 4《育才十二要》，四川教育出版社 2005 年第 2 版，第 15 页。

当创造教育的教育者要具有创造性和开辟性，要是创造的教育家和开辟的教育家。创造的教育家具有创造的精神，敢于探索未发明的新理；开辟的教育家具有开辟的精神，勇于拓展未开化的边疆。陶行知把这种敢于探索未发明的新理、勇于拓展未开化的边疆的教育家称为"第一流的教育家"，这也是他心目中理想的教育家。他认为真正的创造教育就是要培养人民的创造力，这种创造力包含培养儿童的创造力和培养老百姓的创造力。儿童生来就具有一种创造的本能，这种创造力的种子蕴含在儿童幼小的心灵里。创造教育就是要在儿童这种自然生理的基础上，唤醒这种创造力的种子，使其生长得更加有力量，从而贡献于人类社会。创造的儿童教育，需要充分认识到儿童具有无穷的力量，儿童的世界是天真的、活泼的、充满了童真童趣的。儿童作为受教育的对象，不能把他们看作纯粹的接受知识的受众，而要把他们看作是独立的个体，了解他们身体发育和心理成长的特征，真正承认他们的创造力。陶行知通过亲身经历的一件事，说明儿童创造力的力量。有一次他到南通推广"小先生"制，写了一篇一分钟演讲词，其中有一段："读了书，不教人。甚么人？不是人。"他讲过之后，有一个孩子指出，应该把"不是人"改为"木头人"。理由是"不是人"三个字不具体，桌子可以不是人，椅子也可以不是人，而"木头人"就非常形象、具体。陶行知用这个事例告诉我们，儿童的见解有时也是很独到的，可以拿来借鉴，不能局限于世俗的成见，应该发现并充分认识儿童的创造力，进而解放儿童的创造力。

解放儿童的创造力需要遵循陶行知的"六大解放"论。一是解放儿童的眼睛。陶行知认为，在"六大解放"中，首先要解放儿童的眼睛，要敲碎封建的有色眼睛，使儿童能够看清事实，看清世界，认清自己要走的路。二是解放儿童的头脑。迷信、成见、曲解等往往能够禁锢儿童的创造力，教育者要帮助儿童撕掉精神上的"裹头布"，用民主的精神武装头脑。三是解放儿童的双手。双手是人类探索世界的载体，人类自从直立行走以后，双手便被解放出来。人类用这双手创造了工具、武器、文字等，并进行改造世界的活动，儿童天性活泼，对世界充满好奇，而传统教育中，对于孩子的教育束缚太多，严重地限制了儿童的创造力。所以，要把孩子的双手解放出来，把动手的机会还给孩子，培养他们勇于探索，善于发现的能力。四是解放儿童的嘴巴。儿童通过"问"与世界建立联系，要鼓励他们从问题的解答中获取知识。陶行知曾写过一首诗："发明千千万，起点是一问。禽兽不如人，过在不会问。智者问的巧，愚者问的笨。人力胜天工，只在每事问。"①陶行知指出，"问"是千万发明创造的起点，是获取知识的有效途径。五是解放儿童的空间。传统教育把学生关在笼子中，限制了他们的自由，扼杀了他们的天性。创造教育要把儿童从笼子中解放出来，让他们去接触大自然，与万物为友，扩大视野，自由地对宇宙发问，发挥他们内在的创造力。六是解放儿童的时间。学校教育把儿童的时间排得太紧，除了上课，还要应付各种考试，儿童的时间全部被繁重的学业占据了，他们便失去了学习、思考人生的机会，形成无意创造的倾向。这样长期教育，等他们到了成年，即使有时间，也不知道该如何发挥创造力了。只有还儿童以自由的时间，让他们有充分思考的空间，才能最大限度地发挥他们的创造力。儿童处在生理和心理发育最快的阶段，需要充分的营养供给。这种营养不但包括物质上的供给，还包括精神上和心灵上的滋养。儿童的双手、头脑、嘴巴、时间、空间都被解放出来了，获得了完全的自由，这时就要对他们的创造力加以适当的培养。要充分认识儿童的个体差异性，根据儿童的个性特点，因材施教，启发并培养他们的创造力。

创造的教育不但要培养儿童的创造力，还要培养老百姓的创造力。创造教育的目的在于培养自主、自立的共和国民，解放老百姓的创造力，能够最终实现创造的民主和民主的创造。陶行知重视老百姓的力量和创造力，认为每个人都或多或少的具有某种创造力，社会教育的作用就是开发个人的创造力。个人作为自然界的一分子，背负着促进人类文明进步的历史使命，陶行知把人生大事总结为四个字：促进文明。他把个人的人生大事融入到人类的历史使命之中，体现了创造力的最高层次：社会创造力。社会创造力是经济上的社会生产力、政治上的社会凝聚力和文化上的民主张力的共

---

①《陶行知全集》卷4《创造的儿童教育》，四川教育出版社2005年第2版，第450页。

同体现，它们互为前提，互为条件，共同构成社会创造力的有机整体。社会创造力的培养需要创造的社会教育，陶行知认为，创造的社会教育就是"在明大德，在亲大众，在止于大众之幸福"①。"大德"就是大公无私。"亲大众"就是使文化、精神、学术"下凡"，使其真正为老百姓服务。因此，陶行知提出"文化下凡四部曲"："一、钻进老百姓的队伍中去，与老百姓站在一条战线上，同甘苦，共患难；二、熟悉老百姓，要说出老百姓心中所要说的话；三、教老百姓；四、与老百姓共同创造。"②"止于大众之幸福"包括"福、禄、寿、喜"四个方面。"福"就是老百姓所需要的和平、安全、乐业。"禄"就是老百姓能吃饱穿暖，不受饥寒之苦。"寿"是指卫生、健康。"喜"是指与科学、学术"结婚"，皆大欢喜。"福""禄""寿""喜"四个方面共同体现了文化真正为大众服务。

陶行知认为要"止于大众之幸福"，实现"福""禄""寿""喜"，就必须解放老百姓的创造力。因此，他提出"六大解放"。这"六大解放"与儿童的"六大解放"不同，儿童的"六大解放"注重的是解放儿童的天性，而这"六大解放"注重的是对老百姓心智的开化。一是解放老百姓的双手。思想、语言、文字都是由双手创造的，解放老百姓的双手，能够挣脱传统的无形束缚，去创造更加美好的民主生活。二是解放老百姓的双眼。把老百姓的眼睛从封建色彩中解放出来，以客观的态度看清事实的真相。三是解放老百姓的嘴巴。防民之口，甚于防川。为政者不能禁止老百姓的言论自由，应该解放老百姓的嘴巴，让他们自由地表达自己的意愿。四是解放老百姓的头脑。一要祛除听天由命、迷信、成见和幻想等腐朽、落后的思想；二要撕掉"缠头布"，放开"裹脚布"，把老百姓的头脑解放出来，发挥更大的创造力。五是解放空间。全国各地设立的民众教育馆，把人民关在一个狭小的房子里，使教育受到局限。创造的社会教育应该把教育送到大自然、大社会、大森林中去，让老百姓各教所知、各学所好、各尽所能。

---

① 《陶行知全集》卷4《创造的社会教育》，四川教育出版社2005年第2版，第470页。

② 《陶行知全集》卷4《创造的社会教育》，四川教育出版社2005年第2版，第470—471页。

六是解放时间。教育是一个慢过程，要遵循其发展的规律，空出足够的时间，用于思考，用于创造，做更加有意义的工作。

陶行知的创造教育思想对实施素质教育，培养创造性人才具有积极意义。但是，由于受到当时的政治环境、经济发展现状，以及薄弱的理论基础限制，陶行知的创造教育思想，在当时的社会是不可能实现的。

政治上，国民政府为了维护和巩固其统治地位，对教育进行严格的监控，并通过控制教育培养为其服务的人才。1927 年，国民政府颁布了《党化教育大纲》，规定用国民党训练党员的方法来训练学生，对学校进行严格的控制，把学生的思想转变成国民党的思想，接受国民党的指挥。"宁汉合流"后，国民党政府重新规定了"党化教育"的内容，使教育完全沦为国民党一党专政的工具。国民党为了巩固思想上的统治地位，除了严格控制学校教育之外，对陶行知所提倡的民主教育也极力打压。比如，1930 年，国民政府强行查封了晓庄师范学校，陶行知教育试验的根据地被终止。在这样的政治环境中，实施创造教育这种新的教育，其艰难程度是可想而知的。

经济上，近代中国外有帝国主义的欺凌，内有军阀的连年混战，中国社会已经千疮百孔，民不聊生，社会经济遭受极大的破坏，发展速度极度缓慢，甚至停滞不前。人民生活极度困苦，吃饭穿衣都很困难，又何谈教育。再者，在传统社会中，受教育的权利只掌握在少数剥削阶级手中，广大的劳动人民根本没有享受学校教育的权利。具相关资料显示：1947 年，全国 80% 以上的人是文盲，农村人口文盲比重更大，学龄儿童的入学率不到 20%。全国仅有高等学校 207 所，学生 15 万人，1946 年中等学校在校学生 179.8 万人，小学在校生为 2285.8 万人。按当时全国 4.7 亿人口来计算，平均每万人中仅有高等学校学生 3 人，中等学校学生 38 人，小学生 486 人①。经济基础决定上层建筑，经济的发展水平对教育的发展水平也起着至关重要的作用。在人力、物力、财力得不到保障的前提下，发展创造教育也是步履维艰的。

---

① 《陶行知全集》卷 4《创造的社会教育》，四川教育出版社 2005 年第 2 版，第 470—471 页。

理论基础上，创造教育的理论是杜威提出来的，作为杜威的学生，陶行知对杜威的学说进行改造，直接应用于中国的教育事业中，是不符合客观规律的。杜威的这种创造教育的思想在当时还处于起步、探索的阶段，并没有形成指导实践的理论，更谈不上借鉴、学习了。再加上陶行知的创造教育思想，仅出现在他的一些讲演和著作中，还没有在实践中得到检验，也没有形成一个完整的理论体系，不能得到全社会的完全认可，"五四"新文化运动后，虽然得到了一些进步人士的赞同和拥护，并且取得了一定的成果。但是，对于中国广大的教育领域来说，这如同杯水车薪，在全社会没有形成规模，也没有产生强烈的反响。因此，陶行知的创造教育思想在当时的中国是不可能完全实现的。

四、社会改造

陶行知吸收并借鉴了西方的社会改造主义，并结合中国当时的实际国情，提出社会改造理论，希望通过社会改造，以教育的手段创造四通八达的社会，实现民主共和。陶行知的社会改造思想以"人"为起点，在其整个思想中，他一直把"人"放在第一位，认为"个人"是千万人的出发点，是一切社会活动的主体。陶行知的社会改造思想不但要把人改造成具有"真""善""美"品德的"真人"，而且还要改造整个社会，为中国寻找一条出路，创造未来新天地。

（一）陶行知社会改造思想的目标

陶行知社会改造思想的出发点是使国民为自己生利、为社会生利、为国家生利、为民族生利。其社会改造思想是对社会进行全方位的改造，从政治、经济、文化、教育等方面，培养国民精神，提高国民创造力，尤其通过教育的手段，实现对社会潜移默化的影响，遵循民主的原则，发挥个人和集体的创造力，为全民谋幸福,实现社会改造的终极目标——民主共和。

近代中国内忧外患，特别是鸦片战争以后，中国社会遭受了沉重的打击，沦为半殖民地半封建国家。面对千疮百孔的社会，一些有识之士极力寻找救国之道。陶行知放弃国外优越的条件，排除万难，回到祖国的怀抱，就是希望通过教育，寻求一条救国之路，实现对中国社会的改造。陶行知社会改造思想的目标主要表现在政治、经济、教育和科学理想等方面。

政治方面，建立民主共和政治。陶行知在对社会进行改造时，并没有把目光仅仅局限在教育领域，也把目光投向政治领域。他认为政治与教育密切相关，二者应该同时并进，同时革新。陶行知的政治思想经历了早期的共和理想、抗战时期的人民民主倾向以及战后争取民主的历程。在这一思想历程中，国共两党的民主态度对陶行知民主观的转变产生重要影响。他结合自己的亲身经历，认为在国民党的独裁统治下寻求民主是没有出路的。与之相反，共产党则一直在为争取民主而反抗独裁统治，这将会使中国社会走上真正的民主之路。陶行知始终把民主放在第一位，因此，他最终站到了共产党的一边，成为一位"党外的布尔什维克"。

经济方面，创造富的社会。陶行知对中国的国情有深刻的认识，1931年，他在《中华民族之出路与中国教育之出路》一文中指出，近代中国社会发展迟滞的重要原因就在于外国的经济侵略。帝国主义在中国一方面开设银行吸收中国资本，操纵金融；另一方面开办工厂，通过实业控制中国经济。近代中国的落后，除了帝国主义的入侵外，最主要的原因还是封建制度的腐朽，它制约和阻碍了经济的发展。陶行知认为，要发展经济就必须扫除国内外的障碍。他倡导全体民众联合起来，消灭封建势力的剥削和帝国主义的侵略。那么，如何实现中国经济的自由呢？陶行知提出"政富教合一"理论，即把政治、经济、教育结合在一起，在"遂民之欲，达民之情"的基础上合而为一。晓庄自卫团、妇女工学处就是很好的试验。这些团体都是试图把"政""富""教"三件事情结合起来，促进生产的发展。工学团的成立更是"政富教合一"的直接运用，它把做工、科学、政治融为一体，将工场、学校、社会连成一片。陶行知所主张的"政富教合一"是"教人民造富的社会，不是造富的个人"[1]，也不是为上层统治阶级服务，而是为了扩大广大民众的政治权利和受教育的权利。陶行知认为教育所担负的使

---

① 《陶行知全集》卷2《晓庄三岁敬告同志书》，四川教育出版社2005年第2版，第454页。

命"一是教民造富；二是教民均富；三是教民用富；四是教民知富；五是教民拿民权以遂民生而保民族"①。陶行知对中国当时的社会性质有了深刻的认识，他对中国经济发展问题的思考是建立在对中国国情分析的基础上。因此，他从改造中国社会的角度出发，把经济改造的目标确定为"创造富的社会，不造富的个人"。

教育方面，推广民众教育，实现教育普及化。在抗战建国的形势下，普及教育是当时的中国所亟须的，必须用教育动员全国人民的觉悟，使他们团结在抗战建国的纲领下，打败侵略者，实现民族的自觉与独立。然而，当时的中国教育面临极大的困境，在总人口中，大约有三分之一的人不识字，并且以壮年居多，这就给普及教育带来了困难。因此，他呼吁要多管齐下，普及文字教育、普及幼稚教育、普及小学教育、培养普及教育的人才。陶行知主张必须用适合中国国情的"穷办法"去普及教育，并提出许多具体的方法，主要包括以下几点：一是推行"小先生"制，动员全国小学生做"小先生"。"小先生"制在普及教育中具有很大的优势，它便于推动女子教育的普及，"小先生"教课，女子更容易接受；有利于焕发少年的中国精神，养成尊重知识和人才的美德；有利于打破知识私有的观念，以"即知即传人"的方式，实现教育平等；便于联络家庭与社会，促进学校与家庭的沟通，使教育伸展到社会的各个阶层。二是组建学校工学团，担负发展生产和服务社会的责任。陶行知认为普及教育中应该大力推广工学团。工学团是一个富有活力的新细胞，是一个以工养生、学以明生、团以保生的小工场、小学校、小社会，包含着生产的意义，平等互助、自卫卫人的意义，也包含教大众自己干、教小孩自己干的意义。工学团能够有效地实现普及教育，进而改造乡村、建设国家。三是培养师资力量，壮大"小先生"队伍。具体做法是：把小学和私塾利用起来，使他们成为"小先生"养成所；把学校变成传递先生养成所；对师范学校进行改造，开办短期农村改造讲习会；对于文化落后的地区，各级政府要给予实质、有效的补助；制定法律，保

---

①《陶行知全集》卷2《晓庄三岁敬告同志书》，四川教育出版社2005年第2版，第454页。

障普及教育的顺利推进。四是推广易学、易教的白话文，利用白话文引导人们去行动、去思考、去产生新的价值。白话文简单易学，便于人民接受，有利于普及教育的推广。普及教育是时代的需要，它能促进整个民族生活的现代化，人民大众应该树立一种"活到老、做到老、学到老"的坚定信念。陶行知指出，只要遵循普及教育的原则和要义，运用"小先生"制等行之有效的方法，克服困难，开辟新领域，就一定能够使教育得到普及。

科学方面，创造 20 世纪科学的中国。陶行知非常重视科学问题，他认为 20 世纪的中国应该是一个科学的中国，他呼吁国家和社会要充分认识科学、重视科学、应用科学。1914—1917 年，陶行知在美国留学期间，对西方科学的发展有了深刻的认识。他认为美国在近代得以迅速发展的原因，很大程度上得益于科学的发展。中国在科学方面太落后了，中国人大多缺乏"科学的头脑"，有的甚至不知道科学究竟为何物。中国古代文明原本高于西方，西洋人对于中国人"当然就有一种尊敬的态度"[1]。到了近代，中国的科学技术水平渐渐落后于西方国家，"他们那种尊敬的态度，就成了轻蔑的态度"[2]。陶行知不仅正视了近代中国科学落后的现实，而且认识到科学水平的高低，直接影响一个国家的世界地位。因此，他希望中国尽快缩短与发达国家的差距。陶行知指出："在二十世纪科学昌明的时代，应该有一个科学的中国。"[3]陶行知的科学观，不仅主张发展自然科学，也重视社会科学的发展。他认为科学就像一把锋利的刀，具有两面性，它既可以杀人，也可以用来切东西。我们应该善于利用科学这一工具，使它能够为人类做有益的事情，造福于人类。因此，陶行知大力倡导"科学下嫁"运动，提倡科学大众化，培养科学幼苗。

（二）陶行知社会改造思想的实现路径

社会是由个人组成的，陶行知认为改造了个人，也就改造了社会，他指出中国教育改造的头等大事是必须改造乡村教育。他以"捧着一颗心来，

---

①《陶行知全集》卷 4《说真话》，四川教育出版社 2005 年第 2 版，第 220 页。
②《陶行知全集》卷 4《说真话》，四川教育出版社 2005 年第 2 版，第 220 页。
③《陶行知全集》卷 3《儿童科学教育》，四川教育出版社 2005 年第 2 版，第 411 页。

不带半根草去"的奉献精神,投身到中国的乡村教育事业中,先后创办了晓庄师范学校和育才学校,以实践的形式践行其社会改造思想。

建设乡村社会,教育起着重要的作用。陶行知特别重视教育,他在开展平民教育运动中,逐渐发现中国教育的根本问题是农村教育问题。陶行知主张通过发展乡村教育与乡村社会相结合的途径,完成对乡村教育的改造,要把农民改造成"新农民",用"活"的乡村教育来发动广大农民建设新中国。当时中国的农村已经显露出种种弊端,农村教育现状堪忧。传统教育教人脱离农村,脱离生产劳动,教育与生产相脱节。在教学内容上交给儿童的都是些死板的书本知识;在教学方法上仍然是死读书、读死书。陶行知认为,这样的教育使中国的乡村教育走上了死路,中国的乡村教育必须把乡村社会生活的具体环境和条件联系起来,建立适合乡村实际生活的"活的教育"。"活的教育"就要用"活"的人去教"活"的学生,拿"活"的东西去教"活"的学生,拿"活"的书籍去教"活"的学生。陶行知把教育分成三种,即"死的教育""不死不活的教育"和"活的教育"。"死的教育"已经没有指望了,只有把它埋葬掉;对于"不死不活的教育"应该进行改造,使其渐渐地趋向于"活";而"活的教育",应该让它更"活"。

乡村教育改造是一个不断发展的过程,陶行知为乡村教育运动规划了三个发展时期:试验期、训练期和播种期。他认为乡村教育的改造要经过这三个时期才能完成,才能实现中国的新教育。

试验期是改造乡村教育的第一个时期,这一时期的重要任务是用乡村教育的教学方法设立各种试验学校。学校生活是社会生活的起点,改造社会环境要从改造学校环境做起。对乡村学校的改造并没有先例可循,再加上中国的乡村教育已经陷入"山穷水尽"的困境,办乡村教育是一个新事物。所以,只能用试验的方法试一试。试验的教育应该设立试验的学校,当时现有的学校都是按照一定的范式开设的,这些学校教学目的有规定,教育方法有规定。试验的教育要依托真正按照试验原理而开设的学校。因此,可以选择几个学校,按照试验原理进行真正的试验。试验教育是个很繁杂的过程,应该采用统计法,以简御繁,辅助试验教育。在教学过程中,以试验的教学法教学生养成一种独立思考的能力，培养学生的试验精神。乡村试验学校的典范就是南京燕子矶小学。燕子矶小学充满了活力，彰显了乡村教育"活"的精神，可以担当乡村教育改造的向导。

训练期是改造乡村教育的第二个时期，这一时期的重要任务是根据试验所得的结果，训练出更多适合于乡村生活的教师和其他人才。陶行知把适合于乡村生活的教师称为"活的乡村教师"，认为他们是改造乡村教育的主要力量。"活的乡村教师"不是满嘴"之乎者也"，脱离农民的私塾先生，而是能够深入农民生活，与农民打成一片的人民教师。他们有农夫的身手，能够做农活；他们有科学的头脑，能够把科学知识传授给农民；他们有改造社会的精神，能够把学校和社会连接起来；他们有健康的体魄，更有对艺术的追求和爱好。这样的"活的乡村教师"是乡村教育的载体，他们善于观察，敢于尝试。在教学过程中，采用"活的方法"即"教学做合一"的方法，把知识传授给农民，使之运用于生产实践中，达到改造乡村社会的目的。

播种期是改造乡村教育的第三个时期，这一时期的工作任务是依据受过训练人才的数量推广乡村教育，使乡村学校布满全国。经过试验期和训练期的积累，乡村教育已经日渐成熟，形成了特有的办学模式和规章制度，可以向全国范围推广。陶行知主张，要先训练乡村学校的师资，然后依靠这些受过师资训练的人才，将试验学校的模式推广开来。乡村学校的推广不是僵化的，也不是一成不变的，而是根据当地的实际情况，可以具体调整。乡村学校既可以重新开办，也可以基于有一定办学基础的学校"特约改造"。陶行知的目标是创设"一百万个"这样的乡村学校，改造"一百万个"乡村，使乡村教育遍布全国。1930年4月，国民政府武力封闭晓庄学校，陶行知遭到通缉，被迫流亡日本，乡村教育运动转入低潮。

陶行知社会改造的典范是晓庄学校和育才学校。晓庄学校原名晓庄试验乡村师范学校，于1927年3月5日正式开学。晓庄村原名小庄，位于南京北郊劳山脚下。校名"晓庄师范"四个字是由国民党元老谭延闿所题，两侧对联"认清问题，研究问题，解决问题，为好教育；发明工具，制造工具，运用工具，是真文明"由陶行知亲自书写。是年 7 月 16 日，陶行知主持制定晓庄小学课程，分设五项：语言文字、公民训练、自然农艺、健康卫生、正当娱乐。后据此对晓庄师范的"教、学、做"进行改定，把每天的实际生活规定为全部课程内容，周一至周五每天清晨 5 时起床，洗漱完毕，全体参加"寅会"，合唱《锄头舞歌》《镰刀舞歌》，然后师生轮流发表简短演讲，汇报学习心得，并制订全天的工作计划和学习计划。上午开展学术演讲和分组讨论；下午是分组研讨和分组活动；晚上为自修时间，看书、整理笔记、记日记、撰写学习心得等。每晚将近 10 时熄灯。周六下午安排军事训练，晚上安排生活周会，检讨一周来的学习、工作得失，并开展批评和自我批评。周日休息，师生可以自由活动。在晓庄师范学校，每周时间安排得特别紧凑，课程也丰富多彩，除了理论知识，还有实践活动，只是没有寒暑假。1928 年，该校分为"前方"和"后方"，"前方"是指各中心小学和幼稚园；"后方"是指晓庄师范学校本部。师生也分成"前方"和"后方"两部分，前后方定期轮换，以达到"教学做合一"的效果。是年 8 月 1 日晓庄师范学校正式更名为"晓庄学校"。

晓庄学校开学初期，师生主要从事建校劳动，陶行知把它称为一门课程，即"建校教学做"或称"征服天然环境教学做"。教学做内容包括：中心小学活动教学做；分任院务教学做；征服自然环境教学做；改造社会环境教学做；学生自动地教学做。其中，改造社会环境教学做，是把教育改造与社会改良融合在一起的教学做方式，它包括乡村自治、民众教育、合作组织、乡村调查和农民娱乐等方面。"教学做合一"的衡量标准是是否具有引导人劳作的力量，是否具有引导人思想的力量，是否具有引导人产生新价值的力量。"教学做合一"把"做"放在中心地位，强调"做"的重要性。这种"做"不是盲目的行动，而是"在劳力上劳心"的实践活动。因此，教师的"教"不只是用嘴讲，而是一个尊重学生、手脑并用、身体力行的教学实践过程。教育不是教人，也不是教人学，而是教人学做事，"教"与"学"必须通过"做"，统一于生活实践中。

育才学校是社会改造的又一典范。抗战后，陶行知从国外归来，看到在抗战中失去父母或家庭的难童流落街头，非常感伤。后来在重庆临时保育院参观时得知，有些难童会被阔人和教授们挑选去做干儿子，但是这些人非常挑剔，他们只要健全的儿童，麻子、癫痫、缺唇等患有残疾的难童都不在挑选之列。还有一次，陶行知在汉口保育院发现一个难童特别有音乐天赋。这些事情给陶行知很大的触动，他开始思考几年来普及教育中的遗憾，这些有残疾和特殊才能的孩子也应该接受到同等的教育，尤其是特殊的培养。于是，他便产生了创办育才学校的想法。1939 年 1 月初，在香港组成育才学校董事会，陶行知任校长。董事会通过了《私立育才学校校董会章程》和《创办育才学校意见计划书》，确立"研究天才教育，培养天才被难儿童，俾能成为国家有用之才"的办学宗旨。由赈济委员会拨款，在四川重庆附近的合川县凤凰山古圣寺，创办了一所难童学校——育才学校。是年 7 月 20 日，举行开学典礼。1940 年春增设自然科学组，由原东北大学化学系主任孙锡洪担任主任。1944 年 9 月，增设舞蹈组，由戴爱莲担任主任。育才学校课程分为必修课（基础课）和特修课（专业课），两部分课程相辅相成，达到"教学做合一"的效果。先后来校任教的知名人士有：艾青、李凌、吴晓邦等。来校举办讲座和进行指导的有：郭沫若、翦伯赞、田汉、何其芳、夏衍、周扬、徐迟、李可染、关山月、吴作人、金山、黎国荃等。

育才学校选拔有特殊才能的儿童，培养人才的幼苗，使有特殊才能的儿童得到爱护和培养，为抗战建国培养"追求真理的小学生，自觉觉人的小先生，手脑双挥的小工人，反抗侵略的小战士[1]"。陶行知在《育才学校教育纲要草案》中，明确规定了育才学校的性质："育才学校根据中华民国教育宗旨及抗战建国需要，用生活教育之原理与方法，培养难童中之优秀儿童，使成为抗战建国之人才。"[2]陶行知在《育才学校创办旨趣》中指出育才学校的"三个不是"：育才学校不是培养小专家，而是培养儿童的

第二章 陶行知思想研究

① 《陶行知全集》卷 4《育才学校创办旨趣》，四川教育出版社 2005 年第 2 版，第 378 页。

② 《陶行知全集》卷 4《育才学校教育纲要草案》，四川教育出版社 2005 年第 2 版，第 381 页。

特殊才能，根据他们的兴趣能力引导他们将来成为专才。育才学校不是培养学生做人上人、升官发财，育才学校的学生都从老百姓中来，还要回到老百姓中去。因此，要培养他们为国家、为民族谋幸福的理想，教育他们用学到的东西改造世界，造福全人类。育才学校不是丢掉普及教育来专门做特殊教育，而是把特殊教育作为普及教育的有益补充，丰富普及教育原定的计划。育才学校是生活教育运动中的典范，它丰富了普及教育的内涵，充实了普及教育的教学内容。

育才学校在创办的过程中，并不是一帆风顺的，它受到了国民党反动派的高官利诱和重重阻挠、封锁、迫害，甚至威胁恐吓。陶行知不怕威胁利诱，克服重重困难，号召全校师生团结起来，坚决把育才学校办下去。至抗日战争结束时，先后就读于育才学校的难童和儿童逾千人，其中不少人成为新中国建设中各方面的优秀人才。在中国共产党和进步人士的帮助下，育才学校坚持到了全国的解放。

第二节　政治思想研究

陶行知在政治上也取得了突出的成绩，是一位杰出的政治家。他在辛亥革命、抗日战争和战后民主斗争活动中，积累了丰富的斗争经验，形成了比较系统的政治思想。这些经验和思想是其教育理论和实践的源泉，在政治与教育相互促进的过程中，铸就了这位"无保留追随党的党外布尔什维克"①。

一、追求民主共和的政治理想

陶行知一生致力于追求民主共和的政治理想，在政治上，信奉自由主义和民主主义；在教育上，推行平民主义。陶行知政治思想的基本内涵是平等自由的共和精义，基本路径是教育救国和民主化教育模式，践行原则

---

① 周恩来：《周恩来选集》（上卷），《对进步朋友应多加关照》，人民出版社1984年，第238页。

是民主生活和国民自治。

　　陶行知曾就读的南京金陵大学不受中国政府控制，该校由纽约大学校董会签发文凭，学生毕业后可以直接升入美国大学研究院。陶行知在这里接受了完全的美式教育，濡染了西方民主政治文化，感受了独立自由的学术氛围。1914 年，中华民国已成立 3 周年，但整个国家毫无民主自由的新气象，陶行知以《共和精义》为题撰写毕业论文，该文被黄炎培誉为"秀绝金陵第一声"。陶行知在文中对共和精义做了较为全面的阐述，他把对民主政治的追求表述为"非共和之不足救国"的共和理想。所谓"共和"，在陶行知看来，就是以自己的意志来指挥自己的行动。他认为"自由""平等""民胞"是共和的三大信条，也是共和的精神和根本所在。首先，"自由"不是绝对的，它受法律的约束和道德的制约，存在于法律和道德之内。任何逾越法律、触犯道德的自由都不是真正的自由，而是假自由，陶行知称这种假自由为"自由之贼"。在陶行知看来，自由不仅仅指个人的自由，更重要的是指国家的自由。在中国缺乏民族独立、自由的情况下，国家的自由比个人的自由更为重要。陶行知在《平等与自由》一文中，赞同孙中山关于个人自由必须服从国家自由的观点。他认为当时的中国之所以一盘散沙，是因为不重视国家的自由，个人自由太过。但是，对于孙中山"革命成功以后，个人可以不要自由"的观点，陶行知并不赞同。他认为个人自由是不可以被取代的，并提出要于"出头处要自由"的主张。他认为个人出头的自由依靠个人的反抗与努力；国家出头的自由依靠民众的努力与奋斗，个人自由和国家自由都是不能被压迫的。其次，"平等"是每个人都应该享有的真平等。陶行知在《平等与自由》一文中，引用孙中山对"平等"意义的解释，他认为世界上的平等分为三种：真平等、假平等、不平等。"什么是不平等呢？帝、王、公、侯、伯、了、男、民的地位是一步一步高上去的。我的脚站在你的头上，你的脚又站在他的头上。这是叫做不平等。现在要打倒不平等，那是应当的。但是打不平等的人，往往要把大家的头一齐压得一样平，变成平头的平等，殊不知头上虽平，立足点却是不能平了。好像拿可以长得五尺高的树，和可以长得一丈高的树一齐压得一样平，

陶行知思想研究

岂不是大错吗？这种叫做假平等。真平等是要大家的立脚点平等，你的脚站在什么地方，我的脚亦站在什么地方。大家在政治上要站得一样平，经济上也要站得一样平。这是大家的立脚点平等。这才是真平等。"①陶行知赞同孙中山对平等的诠释，他认为真正的平等不是"一刀切"式的平等，而是国民在政治上、生计上、教育上都应该享受的平等权利和平等机会，是"站得一样平"的真正的平等。这种平等是个人自然发展能力的保障，即个人自由的保障。正如陶行知给友人的对联中所说"在立脚点谋平等，于出头处求自由"②。第三，"民胞"是共和之基。陶行知认为"民胞"就是"博爱"，有了博爱之心，国人就会以兄弟相视，国民就有了共同的目的、共同的责任和共同的义务。这样，大家都是平等的，没有高低贵贱之分，就会共同为共和而努力，自由平等才能真正得以实现。在共和三大信条中，陶行知把"民胞"视为"共和之大本"，他认为如果没有民胞主义作为共和之基，那么，希望达到共和就如同水中捞月。

陶行知在《共和精义》中，从三个方面阐述了共和内容：其一，共和主义强调个体对社会的作用。陶行知不但重视个体的平等，而且重视个体的价值。他认为国人存在个体的差异，有智愚弱强的不同，但是，他们都是共和国家的主人，他们的价值都是相同的。共和主义消除了贫富之分和阶级差别，每个人在机会面前都是平等的，都可以自由发挥个人才能，为全民谋福利。共和主义还强调个体对社会的责任。天下兴亡，匹夫有责。共和主义的目的就是要求全体国民群策群力，群运群智，群负群责，为国民谋福利。其二，共和主义强调个人价值与社会价值的统一。人民是社会的主体，个人为社会而生，社会为个人而立。个人价值只有放到社会中，才能得到充分地体现。其三，共和主义的政治强调民主。陶行知认为，政府是人民的政府，应该由人民自治以谋求福利。共和政治就是为全体国民谋福利，在共和政治下，人民的意志能够有效地得到满足和实现。共和政治重视共同目的和共同责任，人民持有共同的目的和责任，就减少了阻碍，

---

①《陶行知全集》卷1《平等与自由》，四川教育出版社2005年第2版，第102页。
②《陶行知全集》卷1《平等与自由》，四川教育出版社2005年第2版，第104页。

增加了功效。陶行知认为，治国不能没有首领，治共和国更不能没有首领，共和政治的首领不是君主世袭，而是由国民选举出亲民、新民、恤民的领袖，与国民共同治理国家。

陶行知认为共和国是实行共和制的国家，自由、平等、博爱是共和的本质。陶行知在哥伦比亚大学就读期间，深受以威尔逊、杜威为代表的美国社会政治文化新潮的影响。"这一文化新潮为陶行知在政治上展现了一个民主主义与自由主义的新世界；在教育上展现了一个教育革新运动的新世界；在哲学上展现了一个实用主义思想的新世界。"①1917年，陶行知回国后，就采用实用主义的方法，以推行平民教育为路径，以实现自由民主的共和国家为理想，开启了他的共和理想之旅。1922年，全国性教育团体——中华教育改进社成立，陶行知担任主任干事，大力推行平民教育。1923年夏，他与熊希龄的夫人朱其慧、晏阳初等组成中华平民教育促进会，在全国范围内大规模地推行平民教育运动。陶行知在给文溪的信中说："我要用四通八达的教育，来创造一个四通八达的社会。我这几年的事业，如开办暑期学校、提倡教职员之互助、提倡男女同学、服务中华教育改进社，都是实行这个目的。但是大规模的实行无过于平民教育。我深信平民教育一来，这个四通八达的社会不久要降临了。"②

1935年，在民族存亡之际，陶行知与沈钧儒等一批爱国人士共同发起、成立了以全面教育配合全面抗战为宗旨的全国各界救国联合会，提出国难教育、战时教育，主张教育要服务于抗战救国。抗战胜利后，蒋介石集团顽固坚持独裁专制，阻碍了民主国家政治主张的实现。陶行知一方面为了团结一切民主人士，与沈钧儒等人创立了民主同盟，利用政治组织的力量，与逆民主潮流的独裁专制作斗争；另一方面仍然以教育为阵地，创办社会大学，创刊《民主教育》，不遗余力地推进民主运动。

1936年7月至1938年8月，陶行知作为国民外交使节，远赴欧、美、

①章开沅、唐文权：《平凡的神圣——陶行知》，湖北教育出版社1992年，第97—103页。
②《陶行知全集》卷8《创造一个四通八达的社会》，四川教育出版社2005年第2版，第34页。

亚、非、拉各洲等 26 个国家，宣传中国人民的抗日主张，并进行募捐活动，争取同情和支持中国人民抗日的海外力量。1936 年 7 月 11 日，陶行知应邀参加在英国伦敦召开的国际新教育第七次代表大会。会后，他以国民外交使节的身份，出访英国、瑞士、比利时、法国、德国、意大利、土耳其、美国等国家，考察这些国家的文化教育状况，大力宣传中国的抗日救国主张，争取各国对中国人民抗战的支持和援助。1936 年 8 月 11 日，陶行知应邀与全国学联代表出席在瑞士日内瓦召开的世界青年和平大会。会议期间，他通过各种努力，取得了美国、英国、苏联、西班牙等国青年领袖在中国青年抗日意见书上签名的支持，让世界各国青年了解中国的抗战，支持中国的正义战争。1936 年 9 月 20 日，陶行知出席在法国巴黎召开的全欧华侨抗日救国大会，并发表《〈团结御辱的几个基本条件与最低要求〉之再度说明》主题演讲，他主张停止内战，团结起来，结成最广泛的抗日救国联合战线，打倒日本帝国主义，强调团结御辱是中华民族当前神圣任务的政治主张。1936 年 11 月 9 日，陶行知从英国抵达美国纽约，开始了在美国的国民外交和抗战宣传。1937 年 8 月 27 日至 9 月 25 日，他在墨西哥进行抗日救国宣传。1938 年 8 月 30 日，他结束了两年一个月的海外抗日宣传活动，回到中国香港。在这两年内，陶行知先后访问了 26 个国家，行程十万八千公里。陶行知的这段历程是极其艰苦而又光辉的，在国外的宣传宣讲活动中，他除了向世界各国人民控诉日本帝国主义的侵华罪行，揭露英美等国的绥靖政策，还向世界人民和海外侨胞送去了中国人民矢志抵抗外来侵略的意志和决心。陶行知的国民外交，有力地支援了国内的抗日救国运动，为促进中国的民族解放事业做出了不可磨灭的贡献。

二、政治思想的特点

陶行知一生致力于大众教育，目的在于培养具有共和精神的国民，创造名实相符的民主共和国家。陶行知的政治思想糅合了中西方政治理念，始终把人民放在第一位，主张通过教育和行知结合的政治实践，唤醒沉睡的国民，提高国民素养，希望通过"四通八达的教育，来创造一个四通八达的社会"，从而实现其民主共和的政治理想。

（一）人民第一，一切为人民

陶行知从小生活在贫民阶层，深知人民的疾苦。由于受中国传统文化特别是《孟子》的"民贵君轻"思想的影响，在陶行知的政治思想中，他始终把人民放在第一位。他的政治思想、教育思想、哲学思想和文化思想，都是以人民的利益为立足点，以实现民主共和为目标。陶行知始终围绕着为人民谋幸福这一宗旨，创办各类学校，开展各项实践活动。抗战胜利后，社会百废待兴，人民对民主的渴望更加强烈。陶行知把民主思想融入到教学中，通过民主的教师来传播民主的思想。他在谈到教师与民主运动的关系时，要求教师学习五大民主作风：一是民为贵，人民第一，一切为人民。二是天下为公。三是虚心学习，集思广益，以建立自己的主张。四是自己要说话，也让别人说话，最好是大家商量。五是民主未得到之前，联合起来以争取民主为己任；人民基本自由得到之后，依据民主原则共同创造。从这五大民主作风中可以看到，陶行知把"人民第一，一切为人民"放在第一位，这充分体现了他的"人民第一"的民主政治主张。由于中国专制制度缺乏民主的基础，因此，必须通过教育来肃清一切不民主，甚至反民主的积习，积极树立真正的民主作风。对于陶行知的这一观念，著名学者邓初民给予了高度的评价，他说："陶行知主义不是别的，正是'人民至上主义'，他能真正从人民大众的粗皮肤笨手脚中看出壮美，他真能从人民大众毛下浸汗的身上嗅出特别香味来。"①

（二）教育是立国之本

陶行知认为教育是共和国立国的根本，没有真正的公共教育，就不可能有真正的共和国。他主张通过教育的途径而非军事革命来创建一个民主国家，以教育改造社会，以教育拯救中国，把教育视为建设共和的重要手段。1916年，陶行知在美国哥伦比亚大学留学期间，获得利文斯通奖学金。他在致院长罗素的感谢信中谈到自己今后的打算，他说："余今生之唯一目的，在于经由教育而非经由军事革命创造一民主国家……余矢志以教育管理为

---

① 邓初民：《略论陶行知先生》，《重庆陶研文史》，2012年，第21页。

终生职业……受业愿向您及利文斯通捐助人保证……再经两年之培训，余将回国与其他教育工作者合作，为我国人民组织一支高效率之公众教育体系，以使他们步美国人之后尘，发展和保持一真正之民主国家，因此乃唯一能够实现的正义与自由的理想之国。"①陶行知认为，共和国立国的首要要素是拥有合格的国民，而且国民要有共同的目标和共同的利益。教育能够改造国民的劣根性，培养合格的国民。因此，陶行知极力推广普及教育，希望通过对民众知识的普及，提高人民的文化知识水平和觉悟，培养他们的现代意识，使整个中华民族成为一个好学上进的民族，实现民主教育和民主政治的思想；努力推进乡村教育，切实改良山穷水尽的中国乡村教育现状，改变封闭落后的中国乡村旧面貌，筑好建国安邦的稳固基石；极力推广生活教育，强调以生活为中心，将生活教育落到实处，在生活实践中发明新的生活工具，创造新生活；积极提倡创造教育，主张从中国的国情出发，建设中国的新教育。"自新"是中国新教育的第一要义，他尤其重视培养儿童的创造能力，使之日后能够更好、更有效地服务于社会。

（三）中西融合，取长补短

陶行知自幼接受中国传统私塾教育，在其思想中深深烙下了中国传统文化的印记。后来他又接受了西方教育，进入教会学校金陵大学学习，并在美国哥伦比亚大学留学，西方的政治文化对他也产生了深远影响。在中西文化的影响下，陶行知形成了较为稳定的知识结构和人生观、世界观。陶行知的政治思想基于两大源泉：一是中国的优秀传统文化。陶行知吸收了中国传统文化中关于治国理念的合理部分，有"民贵君轻"思想、"兼爱非攻"理念，以及哲学家王阳明的"知行合一"学说，等等。这些思想精华为陶行知的政治思想提供了思想源泉，他的人民第一、知行合一等理论观点，都受益于中国优秀传统文化的熏陶。二是西方民主政治思想。陶行知在美国哥伦比亚大学留学期间，正值美国进步主义教育的高潮期，他深受威尔逊、杜威民主主义思想的影响，特别是杜威的《民主主义与教育》

---

①《陶行知全集》卷6《我的学历及终身志愿》，四川教育出版社2005年第2版，第456页。

一书，对陶行知影响最大，他更加坚定了实现民主共和的政治理想，希望通过教育的途径，改变国人的面貌，创造出一个民主的国家，实现其民主共和的理想。

三、陶行知的颜色

20 世纪前半叶，中国社会阶级斗争激烈，党派纷争严峻。陶行知坚守教育超于党派之上，对各党派采取兼容并包的态度。但是，他所领导的各种教育革新运动，也不免成为各派政治活动较量的平台，陶行知也被认为染有某个党派的政治色彩，进而受到质疑，甚至遭受厄运。

1928 年 5 月 22 日，胡适出席南京国民政府大学院召开的第一次全国教育会议后，在返回上海的车上遇到王伯秋。胡适与王伯秋谈起陶行知对党化教育的看法，胡适在当天的日记中写道："他问起知行[1]，并说：'陶知行不是反对党化教育吗？现在他似乎早已迎头赶上去了！'这句话说着无数熟人，使我生不少感慨。有许多人确是'迎头赶上去了'，难免遭人轻视。知行似乎也感觉得一点，故在会场中我只见他发过一次言。"[2]陶行知一贯主张教育独立，反对教育党化，此时并没有加入或组建任何政治组织。但是，作为自由主义领袖的胡适却给他贴了标签，认为他染有党派色彩，至于是哪一个党派的色彩，胡适并没有说。1930 年 4 月，陶行知创办的晓庄师范学校以"印发反动传单"的噱头被勒令停办，陶行知也因"勾结叛逆，阴谋不轨，查有密布党羽、冀图暴动情事"[3]，遭到国民政府通缉。这里所说的"党"与胡适所说的那个"党"是否一致？还是另有所指？就成了一个谜团。陶行知在逃亡隐匿期间，友人曾试探他的党派政治立场，问他"是什么颜色"。1931 年 10 月 20 日，陶行知以"不除庭草斋夫"为笔名，撰文回应说："去年陶知行以勾结叛逆的罪名被中央通缉，这叛逆大概是指冯玉祥。西北军的制服是蓝色，通缉令下，首都即有蓝色知行之封号。胡

---

① 陶行知原名陶文濬，1911 年改为陶知行，1934 年复更名为陶行知。
② 曹伯言：《胡适日记全编》（第 5 卷），安徽教育出版社 2001 年，第 123 页。
③ 国民政府通缉令，《中央日报》，1930 年 4 月 13 日。

展堂在立法院讲演,独说他是国家主义派,突然将一身国粹党的黑衣罩在他身上。过了几个月,晓庄学生中有十几个共产党被捕,于是陶知行赤化之声,传遍都下。这时展堂给他那件黑衣服也立刻变为通红了。朋友们不放心,屡屡问他说:'你究竟是蓝色,是黑色,是红色?'他说:'我一样也不能否认,我的静脉是蓝的,我的头发是黑的,我的血是红的。'"①社会传言陶行知的党派立场,除了没有国民党外,大概有三个派别:冯玉祥派、国家主义和共产主义。一身披三色,对于陶行知来说,压力是很大的。那么,陶行知究竟是什么颜色呢?他并没有明确答复,而是给出一个具有想象空间的回答,这个回答可以理解为蓝色、黑色,也可以是红色,甚至任何一种颜色都不是。用另外一种说法,就是他包容一切党派,但又不属于任何党派,他是一个自由主义者。

关于陶行知的政治色彩谣言起于晓庄师范学校。其一,晓庄师范学校创校之初,受国家主义影响较大。赵叔愚、杨效春与陶行知共同创办晓庄师范学校,他们在政治上倾向于国家主义。但是,1928 年共产党员刘季平根据中共南京市委指示,把杨效春及其追随者赶走了。随后赵叔愚也去了中央政治学校。从此,国家主义派在晓庄师范学校"未能再抬起头来"。虽然杨效春是陶行知的得力助手,但是陶行知并没有庇护他。刘季平也证实了这一点,他说陶行知从不干涉大家的政治思想。由此可以看出,给陶行知披上国家主义的色彩,是牵强的。其二,陶行知与冯玉祥是安徽同乡,二人相识于 1927 年年底,冯玉祥当时主政河南,曾邀请陶行知到河南指导教育,并请其为西北军编辑《士兵千字课》。随后,冯玉祥以捐助晓庄师范学校部分建筑费作为酬谢。1928 年,冯玉祥调任南京中央政府,委托陶行知在晓庄"五柳村"附近建造茅舍,并取名"冯村"。冯玉祥曾和陶行知在茅屋谈论时事和教育问题。当时,晓庄师范学校经常遭受土匪骚扰,为了自卫,晓庄师范学校组建联村自卫团,冯玉祥曾借出十余支旧枪,支援自卫团,并派人指导训练。因此,说陶行知是冯玉祥派,只是民间猜测罢了。其三,自从以杨效春为首的国家主义被赶走以后,晓庄师范学校的

---

①《陶行知全集》卷 2《陶行知的颜色》,四川教育出版社 2005 年第 2 版,第 86 页。

共产党组织秘密发展，并逐渐壮大起来，1930年，成为校内最有影响力的政治派别。同年4月，晓庄师范学校党支部联合南京各校学生游行示威，声援下关工人罢工。陶行知对于学生的游行示威活动，虽然很同情，但从未干涉，也从未过问。所以，从这里可以看出，陶行知并非共产主义，也不是红色的。

如上所述，足以证明陶行知的自白所言不虚。他奉行自由主义，根本没有什么党派政治色彩。正是因为他的不干涉态度，使任何党派都可以怀疑他在保护各自的政治对立面。因此，当流言散开时，他的"不干涉态度"既不能为自由主义的胡适所接受，也不能为专制的国民党政府所容忍。所以，晓庄事件的发生就成为一种必然，它给陶行知烙上各种政治色彩提供了口实。

第三节　哲学思想研究

陶行知在政治上是个民主主义者，在教育上是个平民教育家，对中国的教育事业做出了不可磨灭的贡献。在哲学方面，陶行知没有发表过专门的哲学著作，也没有一个完整、严密的哲学体系，其哲学思想主要体现在他的教育学说中。对于陶行知的哲学思想，有不同的争论：邓初民认为，陶行知的哲学思想和唯物主义的基本原则是一致的，是日益趋向马克思主义和唯物主义的。戴白涛认为，陶行知的哲学思想和实用主义认识论区别不大。由于学术界主要关注陶行知的教育思想，对其哲学思想关注较少。因此，本节着重阐述陶行知哲学思想的形成、内容和特点，以展现其整个哲学思想的脉络。

一、杜威实用主义哲学对陶行知的影响

实用主义哲学否定规律的客观性，把人的经验作为衡量真理的尺度，认为有用的就是真理，没用的就是谬误。实用主义哲学实质上就是一种建立在唯心主义世界观和认识论基础上的哲学。杜威实用主义的经典表述就是"有用即真理"，他认为哲学的意义在于解决实际的生活问题，当时人

们面临的最大问题便是教育问题。因此，他把哲学和教育结合起来，用哲学的方法解决教育的问题，提出"教育即生活，学校即社会"的教育哲学理论。

杜威认为，知识是行动的工具，是人们为适应环境和改造环境而提出的假设。人作为最高级的生物，具有应付环境的思维能力，即"创造的智慧"。杜威哲学的一大目的，就是怎样使人能充分地利用和发挥这种创造的智慧，以达到应付环境和改造环境的最佳效果。杜威在《我们怎样思维》一书中提出"思维五步说"，他把思维的过程，即"实验—探索方法"，具体分为五个步骤：第一步，感觉到困难；第二步，困难的所在和定义；第三步，对不同的解决办法的设想；第四步，运用推理对设想的意义所作的发挥；第五步，进一步的观察和实验，它引导到肯定或否定，即得出可信还是不可信的结论。杜威的"思维五步说"为人们认识世界提供了有效的方法。从科学方法论的角度看，杜威的这种"以实验研究为模式的科学探索方法"是合理的，它在一定程度上揭示了科学发现的一般过程。

杜威的实用主义真理观具有实验的科学性，所以杜威又把实用主义称为实验主义。陶行知作为杜威的学生，受其思想影响很大，他接受并发扬了杜威哲学思想的合理部分，注重生活经验，认为生活经验是本源的、客观的。但是，陶行知摒弃了杜威的主观唯心论，走向唯物主义，将为资产阶级私有的教育转变为新民主主义的教育、人民的教育。

二、哲学思想的内容

陶行知的哲学思想是通过其教育活动体现出来的。陶行知以社会生活为主体、以实践为基础，结合中国的具体国情和教育实践，并对杜威哲学的合理因素进行改造和创新，形成了独具特色的生活教育理论。

（一）陶行知的知行观：行是知之始，知是行之成

陶行知的知行观主要体现在他的认识论方面，在陶行知的整个思想体系中，既有唯物主义的因素，也有唯心主义的因素。但是，在其后期的思想中，朴素唯物主义因素占主要地位，这主要体现在他的知行关系问题上。

在中国哲学史上，"知"与"行"的关系问题一直以来都备受争议。王阳明首次提出"知行合一"学说，认为"知"与"行"的关系是相互包含、不可分离的，并主张"知是行的主意，行是知的工夫；知是行之始，行是知之成"，反对将"知"与"行"割裂的观点。王阳明主张"知行合一，知行并进"，重视理论思维和独立思考。陶行知早年非常推崇其学说，为了表示对这位理学大师的崇拜，曾用"知行"作为笔名，在《金陵光》上刊发言论。

陶行知在长期的实践过程中，随着对实际生活认识的逐渐深入，对王阳明的唯心主义知行观产生了怀疑。他认为王阳明的知行观与国民的实际生活格格不入，按照这种学说继续做下去，必然会处处碰壁。他时常说自己如同"摸黑路"，甚至到了山穷水尽的地步。在后来的实践活动中，陶行知总结经验教训，逐渐摒弃了这一唯心主义观点，并对王阳明唯心主义知行观进行了批判。

1927 年，陶行知在晓庄学校寅会上发表题目为《行是知之始》的演讲，他说："阳明先生说：'知是行之始，行是知之成。'我认为不对。应该是'行是知之始，知是行之成'。"[①] 他指出"知"与"行"的关系应该是"行"在"知"前，"行是知之始，知是行之成"。为了论证这一观点，他举出了大量的科学发现和生活中常见的事例。比如：富兰克林发明避雷针，是因为他放了一个特殊的风筝，才得知电可以通过一根线，从空中引到地上；瓦特发明蒸汽机，是由于他看见蒸汽推动壶盖，由此推导出蒸汽也可以推动机器；伽利略证明自由落体的运动规律，是由于他将轻重不同的球放在比萨斜塔上，使其自由下落，看到它们同时落地而受到的启发。还有在生活中常见的事例，如烫了手才知道火是热的；冰了手才知道冰是冷的；吃过糖才知道糖是甜的。陶行知列举了这些科学发现和日常生活中的事例，充分论证了"行"在"知"前、"行是知之始，知是行之成"的结论。为了表明与王阳明思想的彻底决裂，他把自己的名字由"知行"改为"行知"，并一直沿用至今。

---

① 《陶行知全集》卷 2《行是知之始》，四川教育出版社 2005 年第 2 版，第 4 页。

陶行知的"行—知—行"的认识论带有朴素的唯物主义因素。他引用《墨子》中提出的三种知识，对"知"进行分析，从而论证其"知行合一"观点。他说："'墨辩'① 提出的三种知识：一是亲知，二是闻知，三是说知。亲知是亲身得来的，就是从'行'中得来的。闻知是从旁人那儿得来的，或由师友口传，或由书本传达，都可以归为这一类。说知是推想出来的知识。"② 陶行知认为，在这三种知识中，"亲知"是一切知识的根本，是知识的真正来源，"闻知"和"说知"必须安根于"亲知"才能发生效力。为了说明这一观点，陶行知分别举了两个事例。事例一：他以"三八主义"的演讲为例，说如果对着一群毫无机器工厂劳动经验的青年演讲"8小时工作"的原理，对他们来讲，如同耳边风。因为他们没有"亲知"做基础，"闻知"在这里对接不上。假使其中有一位青年曾在工厂劳作过，他就会有切身的体验，对于"8小时工作"原理就会有切身的了解。事例二：福尔摩斯探案的事例。福尔摩斯依据墙上的手印，断定凶手是没有手掌的。依据这一推断，果然找到了凶手。他的这一推想是看到挂在门口做招牌的大铁手，如果没有这一"亲知"，他如何能够推想出来呢？以上两个事例，分别说明了"闻知"和"说知"都要安根于"亲知"才能发生效力。基于此，陶行知提出教育的"二亲"原则，即亲近人民和亲近万物。他说与人民亲近是做人的第一步，与万物亲近是格物的大门口。只在书本上学习做人、格物的道理是不够的，书本和锯子、锄头一样，只是一种工具，要想习得做人、格物的大道理，必须亲自实践，获得"亲知"。所以，行是知之始，知是行之成。陶行知将其"知行合一"认识论应用于教育和实践中，提出"教学做合一"和"劳心与劳力结合"的教育理论。

陶行知特别重视"行"的重要性，他根据中国的具体国情，提出生活教育理论，主张"知行合一""教学做合一"，以及"劳心与劳力相结合"的教育理论，把教育从高高的庙堂之上拉向了普通的大众民间，使教育既

---

① 墨辩，书名，指《墨子》中的《经》上下和《经说》上下四篇。《陶行知全集》卷2《行是知之始》，四川教育出版社2005年第2版，第4页。

② 《陶行知全集》卷2《行是知之始》，四川教育出版社2005年第2版，第5页。

深入生活，又指导生活，从而培养人民的民主意识，以达到民主共和的理想政治。

（二）陶行知的经验论：直接经验是了解一切事实的基础

直接经验是指亲身参加变革现实的实践而获得的知识；间接经验是指从书本或他处获得的知识，是经过别人加工了的经验，是对真理的主观描述。直接经验和间接经验都是人们认识世界和了解世界的方法。陶行知以哥伦布发现新大陆的事实为例，来说明直接经验的重要性。他认为要想了解哥伦布发现新大陆的大概情形和影响，只有拿直接经验做基础，深切了解别人所写、所讲的哥伦布的故事。否则，任人说得天花乱坠，写得满纸玲珑，也只能当成耳边风或是走马观花，体验不出真实的感受。陶行知指出，用以了解哥伦布发现新大陆的直接经验很多，比如坐过海帆船，渡过海，在海里遭遇过风暴，受过别人的阴谋加害，看过野人生活，住过荒凉的大陆等。如果没有渡过海，也要渡过江、湖或河，或看过池塘；如果没有坐过海帆船，也要坐过民船、花船、小划船，或者看过下雨时堂前积水上竹头木屑的漂泊。倘若这些直接经验一点也没有，那就根本不可能了解哥伦布的探险情形。

陶行知重视直接经验的作用，并把直接经验作为了解一切事实的基础。经验是知识的来源，人们在认识世界和改造世界的时候，总要先学习知识。就知识本身而言，它分为"真知识"和"伪知识"。思想与行为结合而产生的知识是真知识；不是从经验里发展出来的知识便是伪知识。真知识是从经验里得来的，这种经验可以是直接经验，也可以是间接经验。从直接经验里获得知识的情形，如：切身感受冰的冷、火的热，就能知道冰是冷的，火是热的。然后，摸着冰就会觉得冷，靠近火就会觉得热，这样通过自己的直接经验，知道"冰是冷的""火是热的"，这就是真知识。如果只是听别人说"冰是冷的""火是热的"，没有通过自己的切身体验，就是"伪知识"。从间接经验里获取知识就是把别人经验里发生的知识转化为自己的知识，转化的前提就是要把别人的知识转接到自己的经验里。比如：在厨房里烧过火的人，或是在火炉边烤过火的人，或是手被烫过的人，就能切身体验到热带是热的；在冰房里待过的人，或在冰窖里待过的人，或是做过雪罗汉的人，也可以切身感受到北冰洋是冷的。对于这些人，他们所认为的"热带是热的、北冰洋是冷的"的知识，虽然是从书本上看来的，或是从别人那里听来的，但是能够通过间接的感受体验出来，也属于真知识。相反，如果自己对于冷热的感受没有丝毫经验，那么，这些知识即使学而习得，也不能算作"真知识"，而是与他无关的"伪知识"。陶行知还认为，文字知识也有"真"的文字知识和"伪"的文字知识之分。文字是经验的代表，凡是能凭着自己的经验发表文字，有独到的见解和议论，就属于"真"的文字知识。比如老子、孔子、孟子、庄子、荀子等，都是凭借着自己的经验，著书立说，为后人留下大量的经典著作，这些都是"真"的文字知识。

既然知识有"真知识"和"伪知识"之分，那么，我们应该如何获得"真知识"，去除"伪知识"呢？陶行知认为，去伪存真的最有效办法就是在行动中追求"真知识"。行动是"真知识"的来源，是获得"真知识"的途径，是"真知识"发展的不竭动力。只有在行动中获得的知识，才能成为自己知识的有机组成部分。他以游泳为例，说明行动的重要性。他认为，游泳是一件需要自己亲自行动才能有所收获的事情。要想学会游泳，就必须亲自下水，依据所学的游泳知识，来回实践，反复练习。如果只是听讲如何游泳的知识而不去行动，那是无论如何也学不会游泳的。陶行知重视直接经验的作用，主张通过行动来获取真知，并把别人的经验"嫁接"到自己的知识体验中，使之开出更美的花，结出更好吃的果。

随着中国社会矛盾的加剧，陶行知的思想也发生了重大的转折。尤其是"九一八"事变之后，中国社会遭到日本帝国主义铁蹄的蹂躏，民族危机日益加重，而国民党反动派却采取"攘外必先安内"的反动政策。面对这种情景，陶行知极为愤慨。后来，在中国共产党抗日救国政策的感召下，他积极投身到抗战救国的伟大斗争中，开展国难教育运动，把教育和中国人民的革命斗争紧密地结合起来，从此，陶行知从教育救国的道路走向了民族民主革命的道路。

抗日战争爆发后，陶行知把斗争的矛头指向日本帝国主义和汉奸卖国贼。为适应抗战形势的需要，他提倡战时教育，反对以蒋介石为首的国民党反动派消极抗日、积极反共的政策。陶行知在《育才二周岁前夜》一文中指出："育才是中国抗战中所产生的一所试验学校，应该是要在磨难里成长为一个英勇的文化作战集团。"①

抗战胜利以后，陶行知坚决反对蒋介石的独裁统治，以及由他所发动的反共反人民的内战，他奋不顾身地投身到共产党领导下的群众运动，提倡民主教育，争取民主和平，把教育活动和民族民主革命运动结合起来，逐步形成一个符合民族和人民需要的民族、民主教育体系。陶行知的群众观点也有所发展，由重视农民群众到关注包括工人、农民在内的整个劳苦大众。同时，他还看到了人民群众的力量，认为只有人民群众都觉悟并联合起来，才能推动社会的进步和发展。陶行知始终把为人民服务作为他的教育宗旨，并为之奋斗终身。

三、哲学思想的特点

陶行知的哲学思想是教育思想的理论基础，陶行知哲学思想主要具有以下几方面的特点：第一，重视行动的实践性。陶行知的哲学思想是在研究与吸纳优秀传统文化的合理因素，以及借鉴西方现代理论的基础上，通过实践活动逐渐形成的。陶行知重视行动的重要性，他提倡教育改造，推广平民教育，创办乡村教育，推行普及教育，倡导民主教育，投身于新民主主义革命。在这些行动、实践中，逐渐形成了以实践为特点的哲学思想。钱俊瑞这样评价陶行知："陶先生极端重视实践。重视理论与实践结合的精神，是使他的事业与思想不断往前发展的基本原因之一。他坚决反对教条，反对束缚人们头脑的腐朽东西，他的战斗口号是'打倒裹头巾'。他强调实践是理论的源泉，理论是实践的总结与指导。"② 第二，为人民服务的人民性。人民性是陶行知教育思想的核心内容，也是其哲学思想的鲜明特点。陶行知一生所从事的教育活动，以及兴办的各类学校，其主要目的都是为

---

①《陶行知全集》卷4《行是知之始》，四川教育出版社2005年第2版，第406页。
②钱俊瑞：《一代巨人陶先生》，载于江苏省陶行知教育思想研究会编：《纪念陶行知》，湖南教育出版社1984年，第38页。

了人民，服务于人民。李维汉这样评价陶行知："全心全意为人民服务，教育了人民又锻炼了自己的思想、才能、道德、文章，成为一个完人。"①第三，勇于创新的创造性。陶行知的创造性不仅体现在他的教育思想中，而且体现在其哲学思想中。陶行知的创造精神与他的人民意识是分不开的，他提倡创造教育，主张通过培养创造力，解放头脑，解放双手，实现人民当家做主的终极目标。陶行知鼓励每一个人用自己的血汗和热情浇筑创造之花，他说："只要有一滴汗，一滴血，一滴热情，便是创造之神所爱住的行宫，就能开创造之花，结创造之果，繁殖创造之林。"②

陶行知的哲学思想从前期的唯心主义到后期的唯物主义，从不够成熟到比较成熟，是一个不断发展的历史过程。同时，陶行知的哲学思想又有一定的矛盾性和复杂性，他的唯心主义思想中含有唯物主义的因素，唯物主义思想中又含有唯心主义的因素。但总的看来，陶行知的哲学思想具有一定的客观性和历史进步性。

第四节　文化思想研究

陶行知不但是中国近代伟大的人民教育家，而且是"20 世纪中国综合性的文化巨人"③。陶行知从改造中国社会和文化教育的需要出发，坚持民主精神，融合中西文化的精华，形成了具有鲜明时代性的文化思想，是近代中国先进知识分子融合中西文化的杰出典范。

一、文化思想的形成及特征

19 世纪中叶以来，中西文化处于相互交融和强烈碰撞之中，生活在这一时期的陶行知也受到文化冲击的影响。陶行知早年接受中国传统文化教育，为其奠定了思想文化基础，青少年时期进入教会学校学习，开始接触

---

① 李维汉：《对人民忘了自己》，载于江苏省陶行知教育思想研究会编：《纪念陶行知》，湖南教育出版社 1984 年，第 299 页。

② 《陶行知全集》卷 4《创造宣言》，四川教育出版社 2005 年第 2 版，第 6 页。

③ 周洪宇：《陶行知大传》，人民教育出版社 2016 年，第 161 页。

西方文化。后来，赴美留学，受杜威思想的影响，他开始系统地学习西方文化知识，并通过对中西文化的对比，寻求一条救国之路。陶行知的文化思想，是在其思想学说和文化实践中逐渐形成和发展的，他曾说："我的生活教育的思想，大半都是从资产阶级、大地主以及老百姓中的启发而来的。自然，我的思想，不是抄他们的，他们有的只启发我想到某一面。有的我把它反过来，就变成了真理。有的是不能想出来的，是要群众动手才能看到。动手最重要，这个东西创造出一切。"[1] 从陶行知的这段话中可以看到，他的思想学说来源于两个方面：一是以实践为依据，通过总结实践而得来的经验；二是对中西文化的合理吸收和批判继承。

五四新文化运动中，陶行知批判传统的旧教育体制和理论，介绍西方的新教育，主张有选择地吸收和借鉴外来文化，反对不问国情、"仪型他国"的倾向。陶行知的文化思想是在五四时期的文化论战中形成的，文化论战分三个阵营：东方文化派、西化派和唯物史观派。东方文化派以梁漱溟、张君劢为代表。他们对西方文化全盘否定，对中国传统封建文化全盘肯定，认为中国文明高于西方文明，只有东方文化才能拯救西方文化。这种完全否定西方文化的做法，阻碍了新文化运动的发展。面对东方文化派的挑战，以胡适为代表的西化派和以瞿秋白为代表的唯物史观派做出了有力的反击。胡适反对东方文化派把文化分为物质的和精神的两种类型，并指出其谬误所在，认为没有一种文明单纯是精神的或是物质的。在激烈的论战中，作为西化派和唯物史观派的同道，陶行知也撰文反对东方文化派，他从胡适、瞿秋白等人的文化思想中汲取了有益成分，并结合自己的文化实践和切身体会，明确地阐述了自己的中西文化观。他指出："现在有一班人，开口就说：西方的物质文明比东方好，东方的精神文明比西方高。这句话初听似乎有理，我实在是百索不得其解。"[2] 陶行知认为，无论在东方世界，还是在西方国家，不存在单一的物质文明或者精神文明，精神文明和物质文

————————

① 柳湜：《记最后一夜——回忆陶行知先生》，载于《陶行知全集》卷4《创造宣言》，四川教育出版社 2005 年第 2 版，第 682 页。

②《陶行知全集》卷1《生活工具主义之教育》，四川教育出版社 2005 年第 2 版，第 98 页。

明是以"工具"为媒介"合而为一"的。他认为世间万物可以分为两大类，一类是自然，即没有经过人工加工的；一类是文化，即人类利用工具所创造的。陶行知非常重视"工具"的作用，他说："精神与物质接触必定要靠着工具。工具愈巧则精神愈能向着物质发挥。工具能达到什么地方即精神能达到什么地方。"①陶行知在这里提出了一个重要观点：生产工具在文化中占有重要地位。他的这一见解，对于探讨人类文化的本质和反驳地方文化派具有重要意义。周洪宇教授指出："东方文化派的根本谬误就是不承认人类文化本质的同一性，把地域上不同的各民族的文化看成是完全不能相通的东西，以此作为他们拒绝西方文化的立足点。"②陶行知的观点虽然还不能说完全正确，但与唯物史观派的观点有相通之处，为其理论发展到新民主主义文化奠定了基础。20世纪30年代，接受了社会主义的陶行知，便自觉地运用唯物史观分析人类文化的本质问题。他从广义和狭义两个方面来解释人类文化，从广义上看，"除了大自然之外，凡是人类所创造的一切都是文化了。凡是可以用来生产、战斗、交通、享乐、治理、思想的工具以及这些工具所引起的变化都可以当作文化看待了"③。从狭义上看，文化就是记录思想、传达思想、发展思想的一种符号和工具。陶行知认为文化是人类政治、经济思想的反映，它记录了人类历史发展的过程。

1936年6月，陶行知在《生活日报》上发表《文化解放》一文，在文中，他对文化的本质、功用以及文化解放的对象、任务、工具、方法、途径等问题做了重要论述，进一步发展了其文化思想。

文化的创造者是大众，其成果应该由大众享受。所以，陶行知认为应该把文化从小众的手里解放出来，让大众更好地运用这一斗争武器，实现自身的解放和民族的解放。如何将"小众"的文化解放为"大众"的文化？陶行知提出"六大解放"。第一，认识上的解放。即把文化从错误歪曲的观念里解放出来，发挥其真正的作用。第二，工具的解放。中国的思想符

---

① 《陶行知全集》卷1《生活工具主义之教育》，四川教育出版社2005年第2版，第98页。

② 周洪宇：《陶行知大传》，人民教育出版社2016年，第160页。

③ 《陶行知全集》卷3《文化解放》，四川教育出版社2005年第2版，第391页。

号主要是汉字，大众文字的解放是大众文化解放的钥匙。要达到工具的解放，就要推行大众易写易认的新文字，使大众在短时间内就能够读书、写信、看报，提高大众的思想觉悟。第三，方法的解放。废除灌注式的教授法，开展自由讨论；打破知识封锁，把白话文解放为大众文；破除教而不做或学而不做的陋习，在行动上推进大众文化。第四，组织上的解放。把文化从"模范监牢"里解放出来，提倡"社会即学校"，使教师、学生和大众站在一条民族自救的大路上，充分传达并发展大众文化。第五，时间上的解放。时间是文化战的最大关键，时间解放是大众文化解放的焦点，它要求把学生从汉奸教育、奴化教育、亡国教育中解放出来，将大众从繁忙的劳作中解放出来，争取时间来推动大众文化。第六，新文化创造的解放。新文化创造是社会进步的特征，也是推动社会进步的动力。新文化创造的解放就是把新文化从文化界"刽子手"的虎口里解放出来，促进新文化的发展。他说："大众文化是大众的文化，是大众为自己推动的文化，是大众为自己谋幸福除痛苦而推动的文化。大众文化的解放是要大众运用集体的力量来争取的。它绝不是小众可以送来的礼物。并且民族解放、大众解放、文化解放是一个分不开的运动。必得要联起来看、联起来想、联起来干，才会看得清楚，想得透彻，干得成功。"①

陶行知关于文化问题的主张，比较科学地界定了文化的概念，阐明了人类文化的本质、物质文明和精神文明的关系、文化与政治经济的关系，以及文化解放思想，具有鲜明的时代特征。20世纪40年代，陶行知在科学地总结中西文化论争的基础上，明确提出了民主的、大众的、科学的、创造的"四大方针"，为中国文化的发展指明了方向，也标志着陶行知文化思想的成熟。

二、陶行知对中西文化的态度

在对待中西文化的态度上，陶行知不像东方文化派那样固守传统，完全排斥西方文化；也不像西化派那样否定传统文化，全盘西化；而是采取

---

① 《陶行知全集》卷3《文化解放》，四川教育出版社2005年第2版，第395—396页。

批判继承的态度，取其精华，弃其糟粕，达到中西文化的融合。

陶行知自幼接受中国传统文化教育，对传统文化有深刻的认识。其青少年时代又接受了西方严格、正规的教育，接受了新知识，形成了新的认识和思维方式。在中西文化共同的熏陶下，陶行知比其他大多数人具有更高远的目光，他把中国文化放置于近代世界文化的大平台上加以判断，认为当时的中国文化落后于西方文化。因此，他主张要积极向西方学习，大力引进西方的先进文化，为中国的文化建设服务。西方的先进国家，久的长达几百年，短的也有数十年，他们可供参考的经验是非常丰富的。对于西方文化，既不照搬照抄、全盘西化，也不能固步自封，一味拒绝；而要明辨善择，批判地继承，有选择地吸收、借鉴。因此，陶行知提出，在学习西方文化时，应有一种"自新、常新、全新"的意识。"自新"意识即在坚持民族主体性的前提下，主动地吸收西方先进文化，从根本上实行自我改造。"常新"意识即始终保持开放的状态，不断地学习西方先进文化知识，消除"今日新的事，到了明日未必新；明日新的事，到了后日又未必新"的弊端。"全新"意识即不但有外表形式的新，还要有内在精神的新，要达到"内外一致，不偏不倚"①。对待中国的传统文化，陶行知认为既不能全盘否定，一味抛弃，也不能不辨真伪，全盘吸收，而应该以批判继承的态度，取其精华，弃其糟粕。

陶行知对中西文化的博取兼收、批判融合，丰富了其文化思想的内涵，也为其教育思想、政治思想、哲学思想奠定了理论基础。

三、陶行知对近代中国文化发展的贡献

在中国近代发展的历程中，陶行知不但对我国的教育事业做出重要贡献，在文化发展上也有突出的成就。主要体现在：改革中国语言文字、发行创办教育刊物、倡导新图书馆运动。

（一）改革中国语言文字

文字是文化的载体，人类文化以书面文字的形式得以保存下来，代代

---

① 《陶行知全集》卷1《新教育》，四川教育出版社2005年第2版，第266页。

相传，对于个人、民族、国家都是非常重要的。陶行知在推行国难教育的过程中，非常重视文字的作用，他号召教育工作者组织起来，共同解决国难。在这一行动中，最大的难题就是方块汉字，汉字难认、难写、难学，短期内很难收到好的成效。如果要学好它，也需要花费很长的时间和精力。为了广泛发动群众，以救国难，陶行知提倡使用"新文字"，他认为："中国大众所需要的新文字是拼音的新文字，是没有四声符号麻烦的新文字，是解脱一个地方语的独裁的新文字。"① 这种包含地方方言的新文字，简单易学，平常人每天只需花一小时，坚持半个月，就能"写新文字的信，看新文字的报，读新文字的书"②。普及新文字，不但能缩短学习时间，还省钱。陶行知对义务教育所要花费的金钱与新文字教育进行对比："义务教育培养一个小孩每年平均要花八块九毛钱。民众教育培养一个成人要花一块八毛钱。上海一带运用小先生教汉字每人也要花三毛钱，三万万人的普及最粗浅的初步汉字教育至少就得九千万元。……倘若推行新文字，每人三分钱，连黄包车夫也出得起。"③ 因此，新文字不管从时间上看，还是从金钱上看，都是普及大众教育的最有效、最经济的方法。陶行知极力倡导推行新文字，使它成为大众文化和民族解放运动的重要工具。为此，他还提出了具体办法：根据新文字方案，编辑最廉价的课本、指导书；运用到各级学校，广泛推广新文字教材；编造不同难度和级别的新文字读物；用新文字做报头编印书报；根据新文字方案创制新文字速写和新文字打印机；除已经发表的北方话和上海话新文字方案外，还要继续进行其他地区和少数民族方言的调查，以编造新文字方案。陶行知希望，通过新文字的普及，推动普及教育，唤醒大众，挽救垂危的祖国。

（二）发行教育刊物，推动教育事业的发展

陶行知在开展教育活动时，为了宣传民主与自由，创办与主编的报刊多达十几种，并亲自参与编写大众教育教材，为中国新闻出版事业做出了

① 《陶行知全集》卷3《大众的文字》，四川教育出版社2005年第2版，第404页。
② 《陶行知全集》卷3《大众的文字》，四川教育出版社2005年第2版，第405页。
③ 《陶行知全集》卷3《大众的文字》，四川教育出版社2005年第2版，第405页。

不可磨灭的贡献。陶行知反对"沿袭陈法"和"仪型他国",主张改革旧教育,发展新教育,并对外国教育中的"新"事物持批判的态度。1919 年,陶行知在《新教育》上发表《普鲁士教育之基本改革》,对其教育宗旨、教育行政、学校组织、教员、课程的改革做了系统介绍。1921 年,陶行知担任《新教育》主编,他指出该刊在刊载评论性文章时,应当着眼于介绍西方最新的教育发展趋势和动态,对教育评论进行正确引导,并希望通过出版评论性的刊物,推动中国教育的发展。1925 年 12 月 4 日,《新教育评论》经过认真筹备正式创刊,主编陶行知在创刊号上发表了《本刊之使命》的发刊词,以"交换经验,沟通思想"为目的,将该刊办成全国教育界人士通力合作、广泛交流的园地。1927 年 1 月,陶行知和赵叔愚以中华教育改进社的名义创办了《乡教丛讯》,陶行知任主编,赵叔愚任责任编辑。该刊为半月刊,每月 1 日和 16 日出刊,每年 24 期。其办刊宗旨是发动中国乡村教师,共同研讨推动乡村教育发展的策略与措施,团结广大乡村教师为发展中国乡村教育事业共同努力。《乡教丛讯》是晓庄乡村师范学校成立前后的有力宣传工具,对推动我国乡村教育运动做出了不可磨灭的贡献。1930 年 2 月 1 日,由陶行知为主席的中国乡村教育先锋团创办教育周刊《乡村教师》,办刊宗旨是促进乡村教师之间的交流与沟通,以实现"小的村庄与大的世界沟通"的目的。1930 年 4 月 7 日,晓庄学校被勒令停办,《乡村教师》也被迫停刊。《乡村教师》在促进乡村教师交流、提高乡村教师水平、激发乡村教师热爱教育事业等方面,发挥了重要作用。

1934 年 2 月 16 日,陶行知创办《生活教育》,在中国教育界广泛宣传生活教育理论,陶行知希望该理论能够作为中国教育发展的指导性理论。《生活教育》每期封面都有他的亲笔题诗,正文包括事实言论、世界大势、科学新知、教学报告等,内容丰富,图文并茂,深受时人欢迎。为了广泛宣传大众教育,1936 年 5 月 10 日,陶行知与郭一岑共同创办《大众教育》。陶行知在创刊号上阐述了新文字在大众教育中的功能和作用,对推广新文字和普及大众教育起到了推动作用。1924 年 6 月 29 日,由陶行知等人筹办的《平民周刊》正式创刊,该刊是《申报》的副刊,所刊文章短小通俗,主要面向人民大众，是普及大众文化和宣传民主思想的重要文化阵地。1921 年，陶行知开始书籍与专著的编辑工作，1922 年年底，他被聘为《教育大辞书》的特约编辑，开始在编辑出版界崭露头角。1936 年 3 月，陶行知亲自参加《上海新话方案》的起草及《上海新话文字课本》的编辑工作，为当时的新文字改革提供了很好的范例，有力地推动了中国新文字改革运动。1923 年，与朱经农汇编《平民千字课》，同年 6 月，编辑《南京平民教育概况》。1924 年，与程其保合编《民国十三年中国教育状况》。此外，由陶行知倡议翻译或主编的书还有很多，他为中国近代教育事业和出版事业做出了突出贡献。1945 年年初，因革命需要，周恩来授权陶行知创办大孚出版公司，该公司成立后，出版了我国第一部历史著作《中国史纲》。

陶行知办报纸、创刊物，以及从事出版工作，处处都是站在人民大众的立场上，为人民说话，帮人民办事，替人民呼号。"陶行知一生的新闻出版生涯，充分展示了他为民主而呼号的办刊思路"。[①]

（三）倡导新图书馆运动

陶行知是近代中国最早参与图书馆事业的热心人之一，是推动中国掀起新图书馆运动的先驱。他把自己的图书馆建设理念融入到实践活动中，倡导通过图书馆进行文化普及教育。20 世纪 20 年代，中国新图书馆运动蓬勃兴起，各地公共图书馆、通俗图书馆、学校图书馆相继建立。为推动中国图书馆事业的发展，在陶行知、戴志谦、沈祖荣等人的努力下，1921 年 12 月全国最大的教育集团——中华教育改进社成立。1922 年 7 月 3 日至 8 日，中华教育改进社第一次年会期间，成立了图书馆教育委员会。陶行知与图书馆界的知名人士共同指导全国各地的图书馆建设。1924 年 3 月，北京图书馆协会成立。之后，全国各地的图书馆协会如雨后春笋般相继成立，为推动图书馆事业的发展奠定了坚实的基础。为了更好地指导地方图书馆建设，1925 年 4 月 25 日，在上海召开中华图书馆协会成立大会，全国各地方图书馆协会代表和学者参加了成立大会，有力地推动了新图书馆运动。

陶行知在兴办学校教育的过程中，非常重视图书馆的作用，希望通过

---

① 周洪宇：《陶行知大传》，人民教育出版社 2016 年，第 393 页。

教育图书馆来促进普及教育事业的发展。1924 年 1 月，陶行知亲自组织与发起，创建安徽东原图书馆活动。该图书馆建立在清代著名学者戴东原（即戴震，1724—1777 年，字东原，清代哲学家、思想家）纪念馆基础上，故而得名。1928 年，晓庄学校乡村图书馆落成，为造就智德双全、手脑并用的人才提供文化养料。由于陶行知办馆宗旨明确，管理科学，尽管该馆规模不大，但其影响很大，在全国拥有很高的知名度，是当时南京学校藏书多、影响较大的教育图书馆之一。1939 年陶行知创办育才学校时，同样把建立图书馆放在重要位置。到 1944 年，该校图书馆已拥有图书 2 万多册，为学生提供了丰富的精神食粮。图书馆的广泛建立，受到固定场地的限制，为克服这一难题，陶行知提倡建立流通的图书馆，以增强图书馆的灵活性与服务性。为此，陶行知专门撰写了《流通图书馆与普及教育》一文，作为全国流通图书馆的指导方针，他说："流通图书馆的意义，只要看一看它的名字就能明白一个大概。从藏书到看书，从看书到借书出去看，这过程是代表了图书馆发展之三阶段，也就代表了普及教育发展之三步骤。让人借书出去看是流通图书馆的特性。但是借给谁看，怎样借法是成了问题。这些问题如果不弄明白，则流通图书馆不免要做成知识分子及有暇阶级的高等听差，负不起普及教育之使命。……流通图书馆的对象是大众，它必须为劳苦大众充分的服务，才算是一个真正的流通图书馆。"①

陶行知在发展教育事业的同时，非常重视图书馆事业的发展。他一方面积极推动图书馆社团组织的建立，另一方面亲自创办图书馆，将图书馆建设与普及教育有机结合起来，不但扩大了图书馆的规模，而且促进了普及教育的发展。因此可以说，陶行知是"中国新图书馆运动的发动者之一，也是中国图书馆事业的奠基者和开创者之一"。②

---

① 《陶行知全集》卷 3《流通图书馆与普及教育》，四川教育出版社 2005 年第 2 版，第 324 页。

② 周洪宇：《陶行知大传》（下卷），人民教育出版社 2016 年，第 401 页。

第三章　陶行知思想的历史地位与影响

近代中国内忧外患，政治、经济、文化、社会各方面均遭到沉重的打击，国家、民族的命运到了千钧一发之际。面对千疮百孔的社会现状，社会各界进步分子和有识之士，奔走呼告，积极投身于救国、强国的社会活动中。陶行知主张教育救国，希望通过教育，唤醒国民意识，改变中国社会现状。陶行知把毕生的精力都奉献给了中国的教育事业，在中国教育史上占有重要地位。从 20 世纪 20 年代至今，国内外对陶行知的研究一直兴盛不衰，陶行知的教育思想在国际上也产生了重大影响。

第一节　历史地位

陶行知把自己的一生都献给了人民教育事业，其思想对中国近代社会产生了重大影响。特别是他提出的"生活即教育""社会即学校""教学做合一"生活教育理论三大主张，对我国教育事业产生深远影响。陶行知不但在我国教育界占有重要地位，而且在政治、思想、文化等方面也有突出贡献。他是"中国近代历史上集教育、思想、政治和文学四大家于一身的综合型文化巨人"[①]，被毛泽东誉为"伟大的人民教育家"。陶行知对近代中国的贡献主要体现在以下几个方面：

第一，提出生活教育"三大基石"，开创了中国教育的新局面。陶行知自 1917 年秋回国至 1946 年 7 月去世，30 年里一直从事教育实践活动，

---

① 周洪宇：《陶行知历史定位新论》，载于《华中师范大学学报（人文社会科学版）》2007 年第 2 期。

先后创办晓庄学校、生活教育社、山海工学团、育才学校和社会大学。他提出"生活即教育""社会即学校""教学做合一"的生活教育理念，开创了中国教育的新局面。他提倡平民教育、普及教育、乡村教育、民主教育、儿童教育、职业教育、师范教育、女子教育、科学教育、道德教育、创造教育、终生教育等，使教育惠及每一个人。他撰写出版了《中国教育改造》《生活教育论集》等大量教育论著，为后世留下了宝贵的教育资料。他创办的育才学校培养了李鹏、张劲夫、刘季平、董纯才、戴伯韬、张宗麟等大批杰出人才，他们积极投身于社会实践，为新中国的建设和发展做出了重要贡献。其中，成就最大的就是李鹏总理。

李鹏原名李远芃，生于上海，祖籍四川成都，李硕勋烈士遗孤。1939年夏，吴玉章向陶行知推荐李鹏进重庆育才学校社会科学组学习，李鹏受到陶行知亲切的关怀和照顾。李鹏在育才学校经常参加讨论会、辩论会，为其后来的政治生涯打下坚实的理论基础。1988年4月至1998年3月，李鹏担任国务院总理，成为育才学校最杰出的代表。1946年，从报纸上看到陶行知逝世的消息，李鹏深感悲痛，当即写了一篇文章《陶行知先生与育才学校》，发表在《晋察冀日报》上，表达了对陶行知先生的深切怀念和感激之情。从政后的李鹏不忘陶行知的培养之情，为传承和发扬陶行知精神做出了重要贡献。1985年9月5日，中国陶行知研究会和基金会在北京举行成立大会，李鹏出席大会，并在大会上讲话；1991年8月1日，陶行知100周年诞辰前夕，为安徽歙县"行知公园"亲笔题写园名；1991年10月3日，又为陶行知生平事迹展览题词："学习研究运用发扬陶行知教育思想，为发展社会主义教育服务。"李鹏总理的做法正是陶行知"爱满天下"博大胸襟的体现。陶行知以"捧着一颗心来，不带半根草去"的伟大情怀，构筑了其丰富的精神世界，为其教育思想提供了源头活水。

第二，立足于人民群众，树立了"人民第一，一切为人民"的民主作风。陶行知一生奔走于教育救国之路，他所经历的事件、运动和参与的活动，不但体现了他的教育思想，也反映了他的政治思想。陶行知深受中国传统文化的影响，始终把人民放在第一位。他的政治思想、教育思想、哲学思想和文化艺术思想，都是以人民的利益为立足点，以实现民主共和为目标。陶行知一生参与了很多政治活动，比如：1911 年，辛亥革命爆发，陶行知参加了屯溪湖余家庄起义，起义胜利后担任县议会的秘书。1919年五四运动，陶行知公开发表爱国演说，组织学生开展爱国运动。1927 年创办南京晓庄师范学校，建立乡村教育先锋团，发起并领导生活教育运动，开展反帝反封建活动。1935 年与沈钧儒等人共同发起组织上海文化界救国会，倡导并领导全国文化教育界救国运动。1945 年 10 月被选为中国民主同盟中央委员和中央常委，担任中国民主同盟教育委员会主任，领导全国民主教育运动。陶行知将其教育思想融入到政治活动中，把教育作为实现民主政治的重要手段。一切属于人民，一切由人民来做主，陶行知始终把人民放在第一位，人民第一，人民的利益高于一切。这与毛泽东"为人民服务"的观点是一致的。陶行知"人民第一"的观点也为我国当今的民主制度建设提供了借鉴。

第三，根植于中国传统文化，形成了独具特色的知行观。陶行知的"知行合一"观，是在王阳明知行学说的基础上提出来的。"知"就是知识，这里应该是动词，指学习理论知识；"行"就是行动，实践，亲身体验。只有把"知"和"行"统一起来，达到"知行合一"的境界，才能获取真知识。陶行知非常重视"行"的重要性，认为"亲知"就是从"行"中得来的，它比"闻知"和"说知"更具体。陶行知将"知行合一"认识论应用于教育和实践中，提出"教学做合一"和"劳心与劳力结合"的教育理论，强调以社会生活实践活动作为生活教育的方法。陶行知的"知行合一"和"教学做合一"为我国当前的教育改革和教学法的改革提供了借鉴。

第四，创作独具一格的诗歌，开启一代新诗风。陶行知一生著述颇丰，除教育类文章之外，还有诗歌、小说和散文。陶行知一生共创作 800 多首诗歌，这些诗歌不仅通俗易懂，而且内涵深刻，寓意丰富，具有较高的思想性和艺术性。陶行知的诗歌内容取材广泛，贴近生活。有呼唤民主，激发中华儿女战斗力的诗。如：1945 年 8 月 22 日刊载于《新华日报》的《民主进行曲》，依据《义勇军进行曲》的调谱写："起来！不愿做奴隶的人们！拿我们的生命，争取我们新的自由。民主团结，到了最需要的时候，每个人民被迫着发出最大的吼声！起来！起来！起来！我们万众一心，要做中国的主人。前进！要做中国的主人，前进！前进！前进！进！"① 有揭露黑暗统治，同情民众疾苦，反映底层人民生活的诗。如："穿的树皮衣，吃的草根饭，背上背着没卖掉的孩儿饿煞喊爹爹。牵着牛大哥，去耕别人田。太阳晒在赤膊，心里如滚油煎。九折三分，驮利纳粮钱。良民变成匪，问在何处伸冤？人面蝗虫飞满天，飞满天！无有农夫谁能活天地间？"② 有揭示教育规律，提出教学方法的诗。如《每事问》："发明千千万，起点是一问。禽兽不如人，过在不会问。智者问得巧，愚者问得笨。人力胜天工，只在每事问。"③ 陶行知的诗与他的人生活动是分不开的，其诗多取材于生活，是现实生活的真实写照，体现了陶行知思想的博大。其诗采用白话文，通俗易懂，富于生活化，开启独具一格的一代新诗风。

陶行知把自己的一生无私地奉献给了自己的祖国，为我国的教育事业、民族解放事业做出了突出的贡献。陶行知的思想博大精深，内涵丰富，是我国教育史上的丰富宝藏。当然，任何思想都不是完美无瑕的，陶行知的思想也有其局限性。其一，在半殖民地半封建的中国，他的思想难免会刻上时代的烙印。陶行知对中国社会的认识，还不能以阶级斗争的观点来看待问题，早期他对教育问题的看法存在非阶级和超阶级的倾向。他片面地夸大了教育的作用，认为通过教育可以改变国民的本性，实现教育救国的理想。马克思主义认为，在阶级社会中，教育是具有阶级性的，是为一定的社会政治制度和经济基础服务的。如果脱离阶级和社会制度谈教育，都是不切实际的空想。陶行知所主张的教育救国论，脱离了阶级和当时中国半殖民地半封建的社会性质，在帝国主义、封建主义和官僚资本主义的反动统治下，是行不通的。其二，他所提倡的"知行合一"中的"行"，主要是指行动，与马克思主义哲学中的实践内涵是不一样的，陶行知还没有认识到实践的重要性。其三，陶行知专注于教育，却没有重视对人性和心

①《陶行知全集》卷7《民主进行曲》，四川教育出版社2005年第2版，第881页。
②《陶行知全集》卷7《农夫歌》，四川教育出版社2005年第2版，第15页。
③《陶行知全集》卷7《每事问》，四川教育出版社2005年第2版，第49页。

理的研究。因此，对陶行知思想的研究，不但要肯定其伟大的成就，而且要正视其思想的局限性，科学、合理、客观地研究其思想。

第二节　陶学的影响

陶行知是世界一流的教育家，从 20 世纪 20 年代至今人们对陶行知的研究一直兴盛不衰，成果丰硕，据统计，"从 20 世纪 20 年代至 2014 年国内外发表陶行知研究的文章多达近 8000 篇，出版的相关著作多达 300 余部"[①]。陶行知思想不但对中国产生了重要影响，而且在世界上也有很大影响。陶行知的教育思想在中国教育史上占有重要地位，对其思想的研究也具有重要的理论意义和实践价值，近一个世纪以来，特别是近 30 年来，随着陶行知研究的解禁，涌现出一大批陶行知研究成果，从理论上和实践上发展了陶行知思想，使其逐渐成为一门系统的学问——陶行知学。

国内陶行知研究大致可以分为三个时期：

第一时期：20 世纪 20 年代至 40 年代中后期，为陶行知思想的宣传与推广期。这一时期陶行知思想的影响主要集中在他所创办的晓庄师范学校、山海工学团和育才学校的教师和学生，他们跟随陶行知开展生活教育运动，大力宣传和推广陶行知的教育理论与实践。陶行知去世后，出现了一批以纪念他为主的文选、著作和文章，大多出自于这一批教师和学生。

第二时期：20 世纪 40 年代至 70 年代中后期，为陶行知思想的纪念与批判期。1946 年陶行知去世后，社会各界人士纷纷发文纪念陶行知，肯定、赞扬其对民族所做的贡献。1950 年 11 月新北京出版社出版了由生活教育社主编的《陶行知先生四周年祭》，收录了社会各界人士纪念陶行知的文章。1950 年上海电化教育出版社出版了由孙明经主编的《人民的教育家陶行知》，以传记的形式介绍了陶行知的教育理论与实践。1950 年年底电影《武训传》上映后，在全社会引起了强烈的反响。这部电影是陶行知生前倡导拍摄的，主要是肯定武训行乞办学的精神。戴伯韬、马侣贤、陈怡鑫等人撰文对该

① 周洪宇：《陶行知大传》（下卷），人民教育出版社 2016 年，第 402 页。

电影予以高度评价，并提倡学习武训的办学精神。在文化界对电影《武训传》的赞叹声中，出现了不同的声音，他们认为武训精神不可取，不值得宣传，甚至批判这种精神，并将矛头直接指向陶行知，认为陶行知称赞武训是一种错误。1951年5月20日《人民日报》发表了社论《共产党员应当参加关于〈武训传〉的批判》，使情况发生了根本变化，后来《人民日报》又发表了一系列批判武训的文章，并逐渐演变为对陶行知的批判，陶行知的不少学生和好友也被迫加入到批判的行列，认为陶行知的教育思想是错误的，是小资产阶级的改良思想。1956年下半年，对陶行知教育思想的批判形势有所好转，学者们从不同角度提出要对陶行知的教育思想与实践做客观评价，并对其在中国教育史上的地位重新评价。1957年夏至1958年夏，受"反右派运动"的影响，文化教育界再次对陶行知进行批判。由于受到"左倾"思潮和阶级斗争扩大化的影响，不少当年对陶行知思想进行公正评价的学者相继被打成右派，很少有人再发表关于评论陶行知的文章。此后近20年中，陶行知研究成为文化教育界的"禁区"。十一届三中全会后拨乱反正，才开始对陶行知客观研究。1979年春，著名教育家陈鹤琴致函第一次全国教育科学规划会议，建议对陶行知进行全面系统地研究。此后，学者们纷纷撰文从不同角度公正、客观地评价陶行知的教育思想与实践。

第三时期：20世纪80年代至21世纪初，为陶行知思想的研究与实验期。这一时期是陶行知研究的高峰期，涌现出大批的专著、论文、研究社团以及大型纪念会议等，从不同的角度，以不同的形式研究陶行知思想。1981年3月，教育科学出版社出版了由中央教育科学研究所编辑的《陶行知教育文选》，该文选选编了陶行知的部分代表作，为研究陶行知教育思想提供了基础性材料。1984年至1985年，湖南教育出版社陆续出版了由华中师范大学教育科学研究所主编的《陶行知全集》第1—6卷，1992年出版第7、8卷，《陶行知全集》首次将陶行知的论著、诗歌、书信、教材、译著、日记等分类整编，是"中国近代教育史上的一座宝库"[①]，在陶行知

---

① 张劲夫：《中国近代教育史上的一座宝库：祝〈陶行知全集〉出版》，载于《人民日报》1986年4月24日。

研究上具有里程碑意义。1991 年，四川教育出版社出版了由中国陶行知研究会组织编写的《陶行知全集》第 1—10 卷，后来又出版了第 11、12 补遗卷，为研究陶行知思想提供了丰富而全面的史料。1991 年，人民教育出版社出版了周洪宇教授主编的《陶行知研究在海外》，该书首次汇集了境外关于陶行知研究的成果，详细介绍了境外陶行知的研究概况，展示了陶行知对全世界的影响。除此之外，还有大量的文集和专著不断涌现，增加了陶行知研究的深度和广度。自 20 世纪 80 年代至今，关于研究陶行知的论文高达 6000 余篇，从研究者来看，参与者多，层次高，观点新；从研究内容上看，数量多，研究范围广，研究深度高，运用史料丰富。这一时期对陶行知的研究达到高峰，其研究规模是史无前例的。

陶行知是近代以来具有广泛世界影响的教育家，他所倡导的生活教育理论和实践对世界其他国家，特别是发展中国家的教育改革与发展产生了不同程度的影响。长期以来，陶行知的生平事迹和思想不仅得到中国学术界的重视与研究，而且也吸引了很多海外学者的关注。20 世纪 80 年代以来，随着中外文化教育交流的进一步扩大，海外学者对陶行知的研究成果更加丰硕。不断召开的大型国际学术交流会，加强了国内外学者的交流，为国外学者研究陶行知思想提供了更加丰富的资料和信息。中国不断接纳留学生，扩大了研究陶行知思想的群体，为海外学者和留学生从中国搜集关于陶行知的资料，提供了良好的机会。国外关于陶行知思想的研究主要集中在日韩和欧美。目前在日韩陶研界，不论是老一代学者，还是年轻学者，对陶行知思想研究都抱有极大的热情，他们齐心协力，相互合作，开拓了陶行知研究的新局面。陶行知研究在欧美学术界也日益受到重视，研究速度明显加快，欧美学者对陶行知的研究涉猎范围很广，前期主要集中在陶行知与杜威及进步主义教育的关系、陶行知与王阳明及中国传统文化的关系问题上。近年来已经开始重视研究陶行知与本国教育思想家的比较，从新的视角研究陶行知思想。

陶行知思想，特别是其教育思想是我国宝贵的文化财富，对其研究，虽然不平衡，但总的趋势是：研究国家和地区越来越多，研究队伍越来越大，研究成果越来越丰硕，国际学术界越来越重视对陶行知思想的研究。随着中国的崛起以及文化强国战略的实施，国际上对中国文化教育的关注也越来越高，国内外对陶行知思想的研究还将取得更大的发展和突破。"陶行知不仅是属于中国的，而且是属于全世界的！"①

---

① [日] 斋藤秋男：《陶行知是属于世界的》，载于《行知研究》1984 年 9 月。

陶行知文选

教育思想

我的学历及终生志愿——致 J．E．罗素①
（1916 年 2 月 16 日）

亲爱的罗素院长②：

2 月 11 日手示敬悉，欣喜何似。所嘱就自身曾受训练及终生事业之计划向利文斯通奖学金捐助人作一简略报告，自当乐于从命。

余现年二十有二，生于徽州，此乃一鲜与外界交往之地。余之早期汉学教育受业于家父及其他师长，至十四岁始入一中华耶稣内地会学堂，受教于唐进贤师（Mr．Gibbs），彼当时为仅有之西学教员也。两年后，该学堂因唐进贤师返回英国而停办，余乃不得不冒险前往杭州意欲习医。旋以医学堂严重歧视非基督教徒，甚至事关学科问题亦然，余乃撤回注册，而入学仅三日耳。余于失望之余，仍返徽州专习英文，复经一年，然后前往南京入金陵大学，校中基督教徒与非基督教徒均受欢迎，此乃余今日仍乐于称道之事也。三年后，一次革命爆发③余返徽州，任徽州议会干事④甫及半载，回南京复学。蒙学友之助及大学当局之信任，余倡办《金陵光》学报中文报并任主笔。1913 年，余成为一基督信徒⑤，因得包文博士（Dr．Bowen）、汉克博士（Dr．Henke）之指导，复因詹克教授（Prof.Jenk）讲授"基督教义之社会意义"予余印象至深，有以致之也。1914 年 6 月，亦即余就学于南京之第五年末，余获学士学位。8 月，蒙父母及友人相助，余启程赴伊利诺伊大学攻读一年，除获可贵之诸多教益外，复得余辛劳之副产物，即硕士学位是也。于伊利诺伊一年中之下半年期间，余曾任学生俱乐部干事。

三年前，余选就哥伦比亚大学为余在美之最终目标，然因资力不济而未能及时来校就读。余今生之惟一目的在于经由教育而非经由军事革命创造一民主国家。鉴于我中华民国突然诞生所带来之种种严重缺陷，余乃深信，如无真正之公众教育，真正之民国即不能存在。余矢志以教育管理为终生事业，始于去夏，是时正值基督教男青年会于日内瓦湖举行夏季大会，余于此受极大启迪。余曾查阅既知之所有学府，再次发现贵院乃其中最佳去处。然而，选定一学府为一事，有无充足资力进入该学府则为另一事。自1915 年 1 月家父逝世以还，家庭全部负担即加于我身，余之经济状况乃陷于极大困境。所幸者，在余决定来师范学院之前不多时，蒙我国政府授予"部分奖学金"，连同其他种种援助，至少已予我以作一起步之足够勇气。然而，纽约生活费用之高，竟超出余所预料。留纽约半载，已觉余之准备不足以供顺利完成学业之用，因之，蒙孟禄博士介绍，余乃着手申请利文斯通奖学金，并已蒙慷慨授予。衷心谢领此项厚礼之余，受业愿向您及利文斯通捐助人保证，在斯特雷尔教授及其他科、系教职员之教导下，再经两年之培训，余将回国与其他教育工作者合作，为我国人民组织一高效率之公众教育体系，以使他们能步美国人之后尘，发展和保持一真正之民主国家，因此乃惟一能够实现的正义与自由的理想之国。

如蒙告知居于纽约附近之若干捐助人姓名，俾便设法一一前往拜会，则对余当为一极有意义之事。

谨致最佳祝愿及问候。

陶文濬敬上

1916 年 2 月 16 日于哥伦比亚大学哈特莱学生宿舍 1010 室

【注释】

①1916 年 2 月 16 日致美国哥伦比亚大学师范学院院长 J.E. 罗素的信函。

②J.E. 罗素：当时任美国哥伦比亚大学师范学院院长。

③一次革命：指 1911 年孙中山领导的资产阶级民主革命，即辛亥革命。

④任徽州议会干事：据安徽省陶行知纪念馆《陶行知纪念馆五岁》97页所载，已故休宁县教师程管侯1954年亲笔写的《自传》中有"1911年，31岁，宣统三年，辛亥，参加余德民、陶行知、汪章瑞、程则裴等在屯溪湖余家庄起义……余德民失败走依黎宗岳"的记载。起义领导人余德民之子、祁门县退休干部余芳提供的书面材料亦说：解放后听父亲余德民口述参加起义的有平民教育家陶行知、金慰农、余家榴先生等。

⑤基督信徒：此系由英文 Christian 翻译过来，可作基督徒、基督教徒、基督信徒以及按基督教义行事的人解。据陶行知的亲属和友人提供的回忆材料（其中有其儿子陶宏、陶晓光，老同学、金陵大学原校长陈裕光，同辈亲属、当时曾长时间在一起工作的曹子云等）说明：陶行知曾经信仰基督教义，但他从未参加基督教会组织的教仪活动。

生利主义之职业教育①

（1918年1月15日）

自本社②标解决生计问题为进行之方针，一般学者往往以文害辞，以辞害意，误会提倡者之本旨。推其原因，多由于不明生计二字之界说所致。惟其不明乎此，故或广之而训作生活，或狭之而训作衣食；驯至彼一是非，此一是非，议论纷纭，莫衷一是。不徒反对者得所藉口，即办学者亦无所适从。其隐为职业教育前途之障碍，良非浅鲜。孔子曰："名不正则言不顺；言不顺则事不成。"故欲职业教育之卓著成效，必自确定一正当之主义始。

夫职业教育之成效既有赖于正当之主义，则问何谓正当之主义，生活乎？衣食乎？抑生活衣食之外别有正当之主义乎？

生活主义包含万状，凡人生一切所需皆属之。其范围之广，实与教育等。有关于职业之生活，即有关于职业之教育；有关于消闲之生活，即有关于消闲之教育；有关于社交之生活，即有关于社交之教育；有关于天然界之生活，即有关于天然界之教育。人之生活四，职业其一；人之教育四，职业教育其一。故生活为全体，职业为部分；教育为全体，职业教育为部分。

以教育全体之生活目的视为职业教育之特别目的，则职业教育之目的何以示别于教育全体之目的，又何以示别于他种教育之目的乎？故生活之不能为职业教育独专之主义者，以其泛也。

　　生活主义固不适于职业教育之采用矣。衣食主义则何如？大凡衣食之来源有四：职业、祖遗、乞丐、盗窃是也。职业教育若以衣食为主义，彼之习赖子、乞丐、盗窃者，不亦同具一主义乎？而彼养成赖子、乞丐、盗窃者，亦得自命为职业教育家乎？此衣食主义之不适于职业教育者一也。不宁惟是，职业教育苟以衣食为主义，则衣食充足者不必他求，可以不受职业教育矣。此衣食主义之不适于职业教育者二也。且以衣食主义为职业教育之正的，则一切计划将趋于温饱之一途。此犹施舍也。夫邑号朝歌，墨翟回车③；里名胜母，曾子不入④。学校以施舍为主旨，则束身自好者行将见而却步矣。此衣食主义之不适于职业教育者三也。凡主义之作用，所以指导进行之方法。若标一主义不能作方法之指针，则奚以贵？故衣食之可否为职业教育之主义，亦视其有无补助于职业方法之规定耳。夫学校必有师资，吾辈选择职业教员，能以衣食为其资格乎？学校必有设备，吾人布置职业教具，能以衣食为其标准乎？又试问，职业学校收录学生，可否以衣食为去取？支配课程，可否以衣食为根据？衣食主义之于职业教育方法，实无丝毫之指导性质。有之，则吾不知也。衣食既不能为职业教育方法施行之指导，则其不宜为职业教育之主义，又明矣。此衣食主义之不适于职业教育者四也。不特此也，吾人作事之目的，有内外之分。衣食者，事外之目的也；乐业者，事内之目的也。足衣足食而不乐于业，则事外虽无冻馁之虞，事内不免劳碌之患。彼持衣食以为职业教育主义者，是忽乐业之道也。此衣食主义之不适于职业教育者五也。且职业教育苟以衣食主义相号召，则教师为衣食教，学生为衣食学，无声无臭之中隐然养成一副自私之精神。美国人士视职业教育与学赚钱 (Learning to earn) 为一途，有识者如杜威 (Dewey) 先生辈，咸以其近于自私，尝为词以辟之。吾国当兹民生穷蹙之际，国人已以衣食为口头禅，兴学者又从而助长其焰，吾深惧国人自私之念，将一发难餍矣。此衣食主义之不适于职业教育者六也。是故衣食主义为众弊之渊薮，欲职业教育之有利无弊，非革除衣食主义不为功。

衣食主义既多弊窦，生活主义又太宽泛，二者皆不适用于职业教育，然则果应以何者为正当之主义乎？曰，职业作用之所在，即职业教育主义之所在。职业以生利为作用，故职业教育应以生利为主义。生利有二种：一曰生有利之物，如农产谷，工制器是；二曰生有利之事，如商通有无，医生治病是。前者以物利群，后者以事利群。生产虽有事物之不同，然其有利于群则一。故凡生利之人，皆谓之职业界中人，不能生利之人，皆不得谓之职业界中人。凡养成生利人物之教育，皆得谓之职业教育；凡不能养成生利人物之教育，皆不得谓之职业教育。生利主义既限于职业之作用，自是职业教育之特别目的，非复如生活主义之宽泛矣，此其一。以生利主义比较衣食主义尤无弊窦之可指，故以生利主义为准绳，则不能生利之赖子、乞丐、盗窃与养成之者，皆摈于职业教育之外矣，此其二。学校既以生利为主义，则足于衣食而不能生利者无所施其遁避，此其三。父母莫不欲其子女之能生利，职业教育苟以生利为主义，自能免于施舍之性质，自好者方将督促子女入学之不暇，又何暇反加阻力乎？此其四。职业既以生利为作用，吾人果采用生利主义以办职业教育，则生利之方法，即可为职业教育方法之指针，此其五。职业教育既以养成生利人物为主义，则其注重之点在生利时之各种手续，势必使人人于生利之时能安乐其业，故无劳碌之弊，此其六。生利主义侧重发舒内力以应群需，所呈现象正与衣食主义相反。生产一事一物时，必自审曰："吾能生产乎？吾所生产之事物于群有利乎？"教师学生于不知不觉中自具一种利群之精神，此其七。不特此也，能生利之人即能得生活上一部分之幸福；而一衣一食亦自能措置裕如。不能生利之人，则虽有安富尊荣亦难长守。故惟患不能生利，不患不得生活之幸福与温饱。然则生利主义既无生活主义之宽泛，复无衣食主义之丛弊，又几兼二者之益而有之，岂非职业教育之正当主义乎？

一、生利主义之职业师资

职业教育既以养成生利人物为其主要之目的，则其直接教授职业之师资，自必以能生利之人为限。盖己立而后能立人，己达而后能达人，天下未有无生利经验之人而能教育人生利者。昔樊迟请学稼，子曰："吾不如老农。"请学为圃，曰："吾不如老圃。"孔子岂故为拒绝哉？亦以业有专精，事有专习，孔子之不知农圃，亦犹老农老圃之不知六艺耳。由是以推，无治病之经验者，不可以教医；无贸易之经验者，不可以教商。凡百职业，莫不皆然。故职业教师之第一要事，即在生利之经验。无生利之经验，则以书生教书生，虽冒职业教师之名，非吾之所谓职业教师也。

然职业教师不徒负养成生利人物之责，且负有改良所产事物之责。欲求事物之改良，则非于经验之外别具生利之学识不可。无学识以为经验之指导，则势必故步自封，不求进取。吾国农业数千年来所以少改良者，亦以徒有经验而无学识以操纵之耳。故职业教师之第二要事，是为生利之学识。

兼有生利之经验、学识，尚不足以尽职业教师之能事。盖教授生利之法，随业而异。有宜先理想而后实习者，有宜先实习而后理想者，有宜理想、实习同时并进者。为职业教师者自宜熟悉学者之心理，教材之性质，使所教所学皆能浃洽生利之方法，而奏事半功倍之效。故职业教师之第三要事，为生利之教授法。

准如前说，则健全之职业教师，自必以经验、学术、教法三者皆具为标准。三者不可得兼，则宁舍教法学术而取经验。盖无学术、教法而有经验，则教师尚不失为生利之人物，纵无进取良法，然学生自能仪型教师所为，以生产事物。既能生产事物，即不失职业教育之本旨。如无经验，则教授法无由精密，纵学术高尚，断不能教学生之生利。既不能生利，则失职业教育之本旨矣。是故经验学术教法三者皆为职业教师所必具之要事，然三者之中，经验尤为根本焉。

职业教师既以生利经验为根本之资格，则养成职业师资自当取材于职业界之杰出者。彼自职业中来，既富有经验，又安于其事，再加以学术教法，当可蔚为良材，概之收录普通学子，为事当较易，收效亦当较良且速也。

职业教师既以生利之经验、学术、教法三者为资格，则如何养成此种教师之方法，亦在吾人必须研究之列。大概养成职业师资之法有三：（一）

收录普通学子教以经验学术与教法；（二）收录职业界之杰出人物，教以学术与教法；（三）延聘专门学问家与职业中之有经验者同室试教，使其互相砥砺补益，蔚为职业教师。夫经验所需之多少，随职业而异；其需经验较少之职业，利用第一法。如普通师范学校之教师有二三年之经验者，即可作教授之基础。故收录普通学子而养成之，为事甚易。其次，则商业学校教员，似亦可以利用此法。但农工等职业之教师，性质迥异，非富有经验，不足以教生利。舍难就易，似不如采用第二法，精选职业界之杰出者养成之。彼既从职业中来，自必有相当之经验，再教以实用之学术教法，为事自顺。然此法效力之大小，常视国中教育普及之程度为差。其在欧美教育普及之邦，职业中人，大半受过八年之公共教育，既有普通知能以植其基，则于学术、教法自易领悟。中国则不然，教育未普及，农工多数不识文字；既不识文字，则欲授以学术教法，自有种种困难。然而职业界之杰出者，终不乏粗识文字之人。当事者苟能精选而罗致之，则有用之职业师资，或能济济而出也。此外则有延聘学问家与经验家同室试教一法。当今职业师资缺乏，为其备选者，或有学术而无经验，或有经验而无学术，速成之计，莫如合学问家与经验家于一炉而共冶之；既可使之共同试教，又可使之互相补益，则今日之偏材，经数年磨练之后，或能蔚成相当之师资，岂非一举两得哉？然一班二师，所费实巨，况学术、经验贵能合一，若分附二人之身，终难免于隔膜。故此计虽有优点，不过为过渡时代权宜之策耳。总之，职业教师最重生利之经验，则养成之法，自宜提其要领，因已有之经验而增长之，方能事半功倍也。

二、生利主义之职业设备

孔子曰："工欲善其事，必先利其器。"无利器而能善其事者，吾未之前闻。职业教育又何独不然？必先有种种设备，以应所攻各业之需求，然后师生乃能从事于生利；否则虽有良师贤弟子，奈巧妇不能为无米之炊何！故无农器不可以教农，无工器不可以教工。医家之教必赖刀圭。画家之教必赖丹青。易言之，有生利之设备，方可以教职业；无生利之设备，则不可以教职业。然职业学校之生利设备可分二种：一、自有之设备；二、利用职业界之设备。但无论设备之为己有，为利用，学生教师莫不可因以生利。故设备虽有己有利用之分，而同为学生教师生利之资则一。余尝游美之麻撒朱赛州 (Massachusetts)，视其乡村中学校附设之农业科，多利用学生家中之田园设备，使各生在家实习，命之曰家课 (Home Projects)，教员则自御汽车，循环视察，当场施教。农隙则令学生来校习通用之学术。故校中自有之设备，除课堂点缀以外，实属寥寥无几；校外则凡学生足迹所至，皆其所利用之设备。论其成效则不特设备之经费可省，而各家之农业皆藉学生而间接改良之。此盖利用他人生利设备以施职业教育之彰明较著者也。

三、生利主义之职业课程

职业学校之课程，应以一事之始终为一课。例如种豆，则种豆始终一切应行之手续为一课。每课有学理，有实习，二者联络无间，然后完一课即成一事。成一事再学一事，是谓升课。自易至难，从简入繁，所定诸课，皆以次学毕，是谓毕课。定课程者必使每课为一生利单位，俾学生毕一课，即生一利；毕百课则生百利，然后方无愧于职业之课程。职业课程既以生利为主，则不得不按事施教，欲按事施教，则不得不采用小班制。故欧美之职业实习班至多不满十五人，凡以便生利课程之教授也。不特每课为然，即各课之联络，亦莫不以充分生利为枢机。客有学蚕桑者，学成执蚕桑业，终岁生利之期两三月而已，余则闲居坐食，不数年而家计渐困，卒改他业。此能生利而不能充分生利之过也。故职业课程之配置，须以充分生利为标准，事之可附者附教之，事之可兼者兼教之。正业之外，苟能兼附相当之业，则年无废月，月无废日，日无废时矣。此之谓充分之生利。根据此旨以联络各课，是为充分生利之课程。

四、生利主义之职业学生

有生利之师资、设备、课程，遂足以尽职业教育之能事乎？曰，未也。学生择事不慎，则在校之时，学不能专；出校之后，行非所学。其弊也：

学农者不归农;学商者不归商。吾国实业教育之所以鲜成效,固由于师资、设备、课程之不宜于生利,然其学生择业之法之不当,亦其一因也。大凡选择职业科目之标准,不在适与不适,而在最适与非最适。所谓最适者有二:一曰才能;二曰兴味。吾人对于一业,才能、兴味皆最高,则此业为最适;因其最适而选之,则才能足以成事,兴味足以乐业,将见学当其性,用当其学,群与我皆食无穷之益矣。故能选最适之业而学者,生大利不难,岂仅生利已哉!择业不当,则虽居学习生利之名,而究其将来之生利与否,仍未可必。故欲求学业者归业,必先有精选职业之方法。方法维何?曰,职业试习科是也。职业试习科,包含农工商及其他业之要事于一课程,凡学生皆使躬亲历试之。试习时期可随遇伸缩,多至半载,少至数星期皆可。但试习之种种情形,必与真职业无异,始可试验学生之真才能真兴味。一参假面具则试验科之本旨失矣。试习之后,诸生于各业之大概既已备尝,再择其最有才能最有兴味之一科专习之。彼其选择既根本于才能兴味,则学而安焉,行而乐焉,其生利之器量,安有不大者哉?

五、结论

职业学校有生利之师资、设备、课程,则教之事备;学生有最适之生利才能兴味,则学之事备。前者足以教生利,后者足以学生利:教与学咸得其宜,则国家造就一生利人物,即得一生利人物之用,将见国无游民,民无废才,群需可济,个性可舒。然后辅以相当分利之法,则富可均而民自足矣。

故职业教育之主义在是,职业教育之责任在是,余之希望于教育家之采择试行者,亦莫不在是。谨贡一得,聊献刍荛,幸垂教焉。

【注释】

①本篇在1918年1月15日《教育与职业》第1卷第3期发表时,有编者按语云:"作者所谓'生利',当作'生产'。再进一步讲,'生产'云者,增加物力之谓。而'生利'当作增加物力之有益于群生者。"并有

编者识："留美硕士陶知行君，为伊利诺伊大学硕士，毕业后加入哥伦比亚大学教育学院，得都市总监学位,回国后任南京国立高等师范教育学教授。本社同人以陶君研究职业教育有素，请其言论。陶君慨允担任义务撰述员，同人感之，并志数语，以为介绍。"

②本社：指中华职业教育社。1917年成立于上海，主要负责人为黄炎培。

③邑号朝歌，墨翟回车：朝歌是商朝都城，纣王歌舞作乐之地。墨翟非乐，所以一见朝歌就回车。事见《史记·鲁仲连邹阳列传》。

④里名胜母，曾子不入：胜母是鲁国地名。曾参事母至孝，听说鲁国有个胜母里，他就不到那里去。事见《史记·鲁仲连邹阳列传》。

师范生应有之观念①
（1918 年 5 月）

鄙人承贵两校之嘱，来与诸君畅谈，不胜快乐。鄙人最喜同学生谈话，因十余年来，无日不做学生；即现在当教员，亦未尝不是做学生，盖不学则不能教。既为学生，则与诸君均为同志，同志相谈，自必非常快乐。诸君均为师范生，所研究者为教育，而鄙人所研究者，亦为教育，尤为同志中之同志，所以更为快乐。诸君平日在校，已受良好之教训，固无庸鄙人多谈。惟是同志相聚，亦不可不有所研究，尚希诸同志加以指正为荷。今日所讲之题，即《师范生应有之观念》。

一、教育乃最有效力之事业

教育能改良个人之天性。人之性情有善有恶，教育能使恶者变善，善者益善。即个人性情中，亦有善分子与恶分子，且善分子中亦含有恶。如爱，乃性情中之善分子也；而爱极生妒，变善为恶矣。恶分子中亦含有善。如怒，乃性情中之恶分子也，然文王一怒而安天下，用恶为善矣。教育乃取恶性中之善分子，去善性中之恶分子。如开矿然，泥内含金，金内亦杂有泥。开矿者取泥内之金，去金内之泥，然后成为贵品。教育亦若是矣。

教育能养成共和之要素。共和国有两大要素：一须有正当领袖，一须有认识正当领袖之国民。盖领袖有正当者，亦有不正当者。正当领袖，能引导国民行正当之事业；不正当领袖，能诱致国民行不正当之事业。故又必须养成能认识正当领袖之国民，领袖正当则从之，领袖不正当则去之。由是，正当领袖之势力日张，而不正当领袖之势力日蹙。所以教育能巩固共和之基础也。

教育能传播非遗传的文化。人之言语非生而知之者，必由渐习而后能。然亦只能说一国之语，如中国人只能说中国语，而不能言德、美、俄、日等国之语。如欲能言德、美、俄、日等国之语，必由专习而后能。推而言之，世界文化无虑千万，皆父母所不能遗传者，而教育能一一灌输之。鄙人谓教育能造文化，则能造人；能造人，则能造国。今人皆云教育能救国，但救国一语，似觉国家已经破坏，从而补救，不如改为造国。造一件得一件，造十件得十件，以致千百万件，莫不皆然。贫者可以造福，弱者可以造强。若云救国，则如补西扯东，医疮剜肉，暂虽得策，终非至计。若云教育造国，则精神中自有趣味生焉，盖教育为乐观的而非悲观的也。

教育为最有可为之事。古今名人莫不由研究教育而出。如达尔文、杜威、威尔诺刻等，皆由研究教育而出者也。但须有决心，有坚志，则成事何难？惟此尚是第二事。我等第一要知：人是人，我是我。天既生我，则必与我以一种为人所乐能为之能力。不然，既有他何必有我！天既生孔子，万事皆孔子所能为，则又何必生我而为古人之附属物？由此观之，则我等当自立，当自强，为我之所能为，不随人学步，庶不负天生我之意。教育既然如此，则我师范生当作何种之观念？以鄙人看来，男师范生与女师范生之观念，当有不同。欧战发生后，德法发生一莫大之问题。因其平时男教师比女教师为多，一旦战事发生，国内乏男子担任教育事业，影响于儿童者甚大。中国亦如此。但美国、加拿大则不然，其小学教师皆以女子充当，其男子皆任兵役以卫国家，所以战事发生后，教育依然不受影响。再，女子与儿童有天然亲爱之感情，非若男子之爱护儿童出于勉强也。但高等小学则有不同，因此须养成其进取勇敢之精神，激发其军国民之志气，故须利用男教师。此男女教师不同之点也。然其共同之点，则在以教育为专门职业。地理、历史、哲学、医学、生理学等，虽皆为教育家所利用，而教儿童则非修专门之教育的科学不可。今世界上有四种教育家：一、政客教育家，藉教育以图政治上之活动；二、空想教育家，有空想而未能实行；三、经验教育家，以经验自居，不肯研究理论；四、科学教育家，则实用科学以办教育者。中国现在的教育家只有政客、空想、经验三种，但教育以科学教育为最重要，故男女师范生当专心致志、抱定主义、以教育为专门职业，则何人不可几，何事不可为耶？

二、教育乃一种快乐之事业

《论语》曰："有朋自远方来，不亦乐乎？"非当日孔子言教育之快乐耶？孔子一生诲人不倦，至于发愤忘食，乐以忘忧，不知老之将至。现任教育者，无不视当教员为苦途，以其无名无利也。殊不知其在经济上固甚苦，而实有无限之乐含其中。愚蒙者，我得而智慧之；幼小者，我得而长大之；目视后进骎骎日上，皆我所造就者。其乐为何如耶！故办教育者之快乐，当在手续上，而不在其结果之代价。换言之，即视教育为游戏的作业、作业的游戏也。至于劳碌动作，以求结果之代价者，则宜摈弃于教育界外。

三、各种教育之职业皆须视为平等

现在教员一般心理，每以大、中学校之等级高，高小、国民学校之等级低，于是以教大、中学校为荣，而以教高小、国民学校为贱。不知大学要紧，中学要紧，而高等小学、国民小学、幼稚园尤要紧。以鄙人主张，凡大学、中学、小学等教员，国家须有同等之酬劳，社会须有同等之待遇。然常人心理，多不明小学之紧要，师范生亦有不明此理者。由是，他人固不以平等看待，即自视亦觉小学教员不如大学、中学教员之价值。甚至去而不为，放弃其应做之职业。故欲救此弊，先须视各种教育之职业皆为平等，此师范生所当注意者也。

四、教育为给儿童需要之事业

教育者，乃为教养学生而设，全以学生为中心，故开办学校、聘请教师，无一非为学生也。若无学生，焉有学校？既无学校，焉有教师？然则教师与学生，焉可无同情耶？同情谓何？即以学生之乐为乐，以学生之忧为忧；学生之休戚即我之休戚，学生之苦恼即我之苦恼是也。鄙人曾参观一校，终日仅一见教师之笑，不可谓不威严矣！吾人若设身处地为其学生，必也视之为判官、为阎罗，如芒刺之在背矣。此教师不能与学生同情之故也。现中国教师之大弊，即在于此。此又我师范生所当注意者也。

五、教育为制造社会需要之事业

教育为改良社会而设，为教育社会人才而设。故学校非寺院岩穴也，教员非孤僧隐士也。夫既为社会而设，若与社会不相往来，何以知社会之需要？中国前此之弊，即在于此，亦我师范生所宜注意者也。

六、教育为师范生终身之事业

现在为教师者，男则因赋闲无事，遂暂为之；女则因尚未适人，而暂为之。事既得，家既成，则远翔而不顾。视办教育如用雨伞，雨则取以遮盖，晴则置之高阁；视居学校如寓客栈，今日寓此，明日便去，虽有蚊蚤之为害，不过今宿，又何必大事驱除！教育中亦有害虫，教师之责，所宜驱除，岂可以暂为，遂视同秦越而不作整顿之计耶？昔英女皇依里萨伯②终身不嫁，人问之故，辄以英吉利即吾之夫一语以对。意相加富尔终身不娶，人问之故，辄以意大利即吾之妻一语以对。故鄙人今亦有二语告于诸君，即男师范生应以教育为之妻，女师范生应以教育为之夫，有此定力，则赴汤蹈火，在所不辞，鞠躬尽瘁，死而后已。吾身不成，吾子绍之；吾子不成，吾孙绍之；子子孙孙，世世代代，相续无间，海可枯而吾之志不可枯，石可烂而吾之志不可烂。西藏，极西边极穷苦之地也，有须吾办教育者，吾即往西藏而不辞。蒙古，极北边极穷苦之地也，有须吾办教育者，吾即往蒙古而不辞。不要名，不要利，只要教育好；不怕难，不怕死，只怕教育不好。师范生乃负此志者，故与别种学生不同。读书要当作教书读，求学要当作教学求。蚕食桑叶，消化而吐出能为锦绣之丝；师范生求学，亦当融会贯通而吐出有益于人之事业也。

以上所说，皆属泛论。尚有一问题，与诸君商酌，庶上说皆可解决而变为切实。曾子曰："吾日三省吾身。"诸君亦当自省为何不入他校而入师范学校？岂为师范学校豁免学膳费而来乎？抑为求学之故，无他校可入，不得不入师范学校乎？或迫于父母之命，不得已而入师范学校乎？将负大才能、抱大兴味而后入师范学校乎？假如因免学膳费，因无他校可入，及因父母所迫而入，姑且无论。若因负大才能抱大兴味，其将何以自待？吾见今日师范毕业者，有一部分人不办教育，或办教育而不尽心力者，皆由初未能自省也。然则，以上所说均成空谈矣。鄙人此番之话，方为负大才能抱大兴味而入师范学校者言之，望诸君皆注意焉。如有误谬之处，不妨指出纠正，实甚欣幸。

【注释】

①本篇系 1918 年 5 月陶行知向安徽省立第一师范学校和省立第一女子师范学校师生所做的演讲。记录者陈世勋、谢荣冠、陈硕果、吕璜、郑上元、王式禹。经陶行知审阅后铅印成册，未在报刊上公开发表。新中国成立初，安庆市图书馆名誉馆长蒋元卿同志，从收购的旧书刊堆中发现此文。现据原印本重新标点，将篇首原有的"陶先生曰"四字删去。

②依里萨伯：通译伊丽莎白。

教学合一①

（1919 年 2 月 24 日）

现在的人叫在学校里做先生的为教员，叫他所做的事体为教书，叫他所用的法子为教授法，好像先生是专门教学生些书本知识的人。他似乎除了教以外，便没有别的本领；除书之外，便没有别的事教。而在这种学校里的学生除了受教之外，也没有别的功课。先生只管教，学生只管受教，好像是学的事体，都被教的事体打消掉了。论起名字来，居然是学校；讲起实在来，却又像教校。这都是因为重教太过，所以不知不觉的就将它和学分离了。然而教学两者，实在是不能分离的，实在是应当合一的。依我看来，教学要合一，有三个理由：

第一，先生的责任不在教，而在教学，而在教学生学。大凡世界上的先生可分三种：第一种只会教书，只会拿一本书要儿童来读他，记他，把那活泼的小孩子做个书架子、字纸篓。先生好像是书架子字纸篓之制造家，学校好像是书架子字纸篓的制造厂。第二种的先生不是教书，乃是教学生；他所注意的中心点，从书本上移在学生身上来了。不像从前拿学生来配书本，现在他拿书本来配学生了。他不但是要拿书本来配学生，凡是学生需要的，他都拿来给他们。这种办法，固然比第一种好得多，然而学生还是在被动的地位，因为先生不能一生一世跟着学生。热心的先生，固想将他所有的传给学生，然而世界上新理无穷，先生安能尽把天地间的奥妙为学生一齐发明？既然不能为学生一齐发明，那他所能给学生的，也是有限的，其余还是要学生自己去找出来的。况且事事要先生传授，既有先生，何必又要学生呢？所以专拿现成的材料来教学生，总归还是不妥当的。那末，先生究竟应该怎样子才好？我以为好的先生不是教书，不是教学生，乃是教学生学。教学生学有什么意思呢？就是把教和学联络起来：一方面要先生负指导的责任，一方面要学生负学习的责任。对于一个问题，不是要先生拿现成的解决方法来传授学生，乃是要把这个解决方法如何找来的手续程序，安排停当，指导他，使他以最短的时间，经过相类的经验，发生相类的理想，自己将这个方法找出来，并且能够利用这种经验理想来找别的方法，解决别的问题。得了这种经验理想，然后学生才能探知识的本源，求知识的归宿，对于世间一切真理，不难取之无尽，用之无穷。这就是孟子所说的"自得"，也就是现今教育家所主张的"自动"。所以要想学生自得自动，必先有教学生学的先生。这是教学应该合一的第一个理由。

第二，教的法子必须根据于学的法子。从前的先生，只管照自己的意思去教学生；凡是学生的才能兴味，一概不顾，专门勉强拿学生来凑他的教法，配他的教材。一来先生收效很少，二来学生苦恼太多，这都是教学不合一的流弊。如果让教的法子自然根据学的法子，那时先生就费力少而成功多，学生一方面也就能够乐学了。所以怎样学就须怎样教；学得多教得多，学得少教得少；学得快教得快，学得慢教得慢。这是教学应该合一的第二个理由。

第三，先生不但要拿他教的法子和学生学的法子联络，并须和他自己的学问联络起来。做先生的，应该一面教一面学，并不是贩买些知识来，就可以终身卖不尽的。现在教育界的通病，就是各人拿从前所学的抄袭过来，传给学生。看他书房里书架上所摆设的，无非是从前读过的几本旧教科书；就是这几本书，也还未必去温习的，何况乎研究新的学问，求新的进步呢？先生既没有进步，学生也就难有进步了。这也是教学分离的流弊。那好的先生就不是这样，他必定是一方面指导学生，一方面研究学问。如同柏林大学包尔孙先生（Fr.Paulsen）②说："德国大学的教员就是科学家。科学家就是教员。"德国学术发达，大半靠着这教学相长的精神。因为时常研究学问，就能时常找到新理。这不但是教诲丰富，学生能多得些益处，而且时常有新的材料发表，也是做先生的一件畅快的事体。因为教育界无限枯寂的生活，都是因为当事的人，封于故步，不能自新所致。孔子说："学而不厌，诲人不倦。"真是过来人阅历之谈。因为必定要学而不厌，然后才能诲人不倦；否则年年照样画葫芦，我却觉得有十分的枯燥。所以要想得教育英才的快乐，似乎要把教学合而为一。这是教学应该合一的第三个理由。

总之：一、先生的责任在教学生学；二、先生教的法子必须根据学的法子；三、先生须一面教一面学。这是教学合一的三种理由。第一种和第二种理由是说先生的教应该和学生的学联络；第三种理由是说先生的教应该和先生的学联络。有了这样的联络，然后先生学生都能自得自动，都有机会方法找那无价的新理了。

【注释】

①本篇系陶行知在《世界教育新思潮》专栏发表的系列论文之一，主张教学合一。不久，他进一步提出事怎样做就怎样学，怎样学就怎样教。后来发展成为"教学做合一"的完整体系。本文原载于 1919 年 2 月 24 日《时报·教育周刊·世界教育新思潮》第 1 号，署名：教育硕士陶知行。

②包尔孙：通译包尔生。

试验教育的实施①

（1919 年 4 月 14 日）

试验主义与新教育的关系，在第一期《新教育》月刊上已经论过。现在所要继续研究的问题，就是怎样将这实验的教育实行出去。照我看来，建设试验的教育，约有四种主要办法。

一、应该注意试验的心理学

心理学是一切教学方法的根据，要想在教学上求进步，必须在心理学上注重试验。现在中国各级师范学校所教的心理学，不是偏重书本的知识，就是偏重主观的研究。推其结果，不独没有发明，就是所教所学的，也是难于明了。所以现在第一件要事，就须提倡试验的心理学。大学校的教育科和高等师范学校，都应当设备相当的心理学仪器。至于初级师范学校，也应当拣那必不可少的设备起来，使教员学生都有试验的机会。心理学有了试验，然后那依据心理的教育也就不致蹈空了。

二、应该设立试验的学校

我们现在所有的学校，大概都是按着一定的格式办的，目的有规定，方法有规定。变通的余地既然很少，新理安能发现？就以师范学校的附属学校而论，有为实地教授设的，也有为模范设的，但为试验教育原理设的，简直可以说没有。所以全国实行的课程、管理、教学、设备究竟是否适当，无人过问，也无从问起。为今之计，凡是师范学校及研究教育的机关，都应当注重试验的附属学校；地方上也应当按着特别情形，选择几个学校，做试验的中心点。不过试验的时候，第一要得人，第二要有缜密的计划。随便什么学校，如果合乎这两个条件，就须撤消一切障碍，使它得以自由试验。如不得其人，又无缜密的计划，那仍是轻于尝试，不是真正的试验了。

三、应当注意应用统计法

教育的原则，不是定于一人的私见，也不是定于一事的偶然。发明教育原理的，必须按着一个目的，将千万的事实征集起来，分类起来，表列起来，再把它们的真相关系一齐发现起来，然后乃能下他的判断。这种方法，就叫做统计法。试验教育是个很繁杂的事体，有了这种方法，才能以简御繁，所以统计法是辅助试验的一种利器，也是建设新教育的一种利器。研究教育的人，果能把这个法子学在脑里，带在身边，必定是受用无穷的。所以研究教育的机关，就须按着程度的高下，加入相当分量的统计法，列为正课，使那从事研究的人，能得一个操纵事实的利器。

四、应该注重试验的教学法

试验的教学法，有一个最要之点，这要点就是如何养成学生独立思想的能力。现在通用的方法，只是赫尔巴的五段教授[②]，总嫌他过于偏重形式。最好是把杜威的思想分析拿来运用。按照杜威先生的意思：第一，要使学生对于一个问题处在疑难的地位；第二，要使他审查所遇见的究竟是什么疑难；第三，要使他想办法解决，使他想出种种可以解决这疑难的方法；第四，要使他推测各种解决方法的效果；第五，要使他将那最有成效的方法试用出去；第六，要使他审查试用的效果，究竟能否解决这个疑难；第七，要使他印证，使他看这试用的法子，是否屡试屡验的。这几种方法，只是一套手续。有了这个方法，再加些应有的设备，必能养成学生一种试验的精神。

上面所举的四种方法当中，前三种是改造教育家应有的手续。他们的目的在使担任教育事业的人，得了一种精神方法，能够发明教育的原理。

第四种是改造国民应有的手续,他的目的在使普通国民,得了一种精神方法,能够随时、随地、随事去做发明的工夫。总而言之,会试验的教育家和会试验的国民都是试验教育所要养成的。

【注释】

①本篇原载于 1919 年 4 月 14 日《世界教育新思潮》第 8 号。

②赫尔巴的五段教授:赫尔巴,通译赫尔巴特。五段教授,指预备、提示、联想、总括、应用五段。这是赫尔巴特学派关于课堂教学阶段的理论,通称"五段教学法"。19 世纪末至 20 世纪初盛行于欧美,传入中国后,曾对中国旧时中小学教育产生过一定影响。

第一流的教育家①

(1919 年 4 月 21 日)

我们常见的教育家有三种:一种是政客的教育家,他只会运动,把持,说官话;一种是书生的教育家,他只会读书,教书,做文章;一种是经验的教育家,他只会盲行,盲动,闷起头来,办……办……办。第一种不必说了,第二第三两种也都不是最高尚的。依我看来,今日的教育家,必定要在下列两种要素当中得了一种,方才可以算为第一流的人物。

一、敢探未发明的新理

我们在教育界做事的人,胆量太小,对于一切新理,小惊大怪。如同小孩子见生人,怕和他接近。又如同小孩子遇了黑房,怕走进去。究其结果,他的一举一动,不是乞灵古人,就是仿效外国。也如同一个小孩子吃饭、穿衣,都要母亲帮助,走几步路,也要人扶着,真是可怜。我们在教育界任事的人,如果想自立,想进步,就须胆量放大,将试验精神,向那未发明的新理贯射过去;不怕辛苦,不怕疲倦,不怕障碍,不怕失败,一心要把那教育的奥妙新理,一个个地发现出来。这是何等的魄力,教育界有这种魄力的人,不愧受我们崇拜！

二、敢入未开化的边疆

从前的秀才以为"不出门能知天下事"，久而久之，"不出门"就变做"不敢出门"了。我们现在的学子，还没有解脱这种风气。试将各学校的"同学录"拿来一看，毕业生多半是在本地服务，那在外省服务的，已经不可多得，边疆更不必说了。一般有志办学的人，也专门在有学校的地方凑热闹，把那边疆和内地的教育，都置之度外。推其原故，只有一个病根，这病根就是怕。怕难，怕苦，怕孤，怕死，就好好的埋没了一生。我们还要进一步看，这些地方的教育究竟是谁的责任？我们要晓得国家有一块未开化的土地，有一个未受教育的人民，都是由于我们没尽到责任。责任明白了，就放大胆量，单身匹马，大刀阔斧，做个边疆教育的先锋，把那边疆的门户，一扇一扇的都给它打开。这又是何等的魄力！有这种魄力的人，也不愧受我们崇拜。

敢探未发明的新理，即是创造精神；敢入未开化的边疆，即是开辟精神。创造时，目光要深；开辟时，目光要远。总体来说，创造、开辟都要有胆量。在教育界，有胆量创造的人，即是创造的教育家；有胆量开辟的人，即是开辟的教育家，都是第一流的人物。大丈夫不能舍身试验室，亦当埋骨边疆尘，岂宜随便过去！但是这种人才，究竟要到什么时候才能出现？究竟要由什么学校造就？究竟要用什么方法养成？可算是我们现在最关心的问题。

【注释】

①本篇在 1919 年 4 月 21 日《世界教育新思潮》第 9 号发表时，该专栏主笔蒋梦麟有如下按语："陶先生，你讲的一席话，我读了便觉精神提起来。这种话我久不听见了，可算是教育界福音。"

活的教育①

（1921年8月）

教育可分为三部：

A. 死的教育；

B. 不死不活的教育；

C. 活的教育。

死的教育，我们就索性把它埋下去，没有指望了！不死不活的教育，我们希望它渐渐地趋于活。活的教育，我们希望它更活！

我今天且讲这活的教育。什么叫做活的教育？活的教育是什么？这个问题本来是很大的，我不容易下定义，我也不能定概观。不过我总觉得活的一字，比一切什么字都要好。活的教育，更是教育中最不可少的现象。比譬：鱼在岸上，你若把它陡然放下水去，它的尾和鳍，都能得其所哉，行动不已。鸟关在笼里，你若把它放到树林里去，它一定会尽其所能，前进不已。活的教育，正像鱼到水里鸟到树林里一样。再比譬：花草到了春天受了春光、太阳光的同化和雨露的滋养，于是生长日速。活的教育，好像在春光之下，受了滋养料似的，也就能一天进步似一天。换言之，就是一天新似一天。

我现在把这活的教育，再分做三段讲：

我们教育儿童，第一步就要承认儿童是活的，要按照儿童的心理进行。比方：儿童性爱合群，有时他一个人住在那地方，觉得有点寂寞的样子，在那儿发闷！我们就要找个别的小孩子同他在一块儿玩玩。普通儿童之特性，大多都富于好奇心。当他还不知道说话和走路的时候，他时常手舞足蹈的，跃跃欲有所试的样儿，忙个不歇。这可就是他的好奇心了。假若我们要弄些什么东西给他玩，他一定玩那好看的，不玩坏的。他起初间或也还可以拉杂的玩一路，后来知道好，他就只专玩好的了。在这里拿一点，在那里拿一点，只要与他合意，他一定非要不可。有时我们要是给他一个表，他必定将它翻来覆去的仔细观看，他并且还要探知里面的秘密，就打破砂锅问到底。我们同小孩子玩的时候，假以木筷搭个架子，小孩子看着，必定以为很好玩。后来我们忽然把它推倒，那小孩子就更以为好玩了，欢喜了。假若我们再进一步，以这架子，不由我们推倒，让小孩子自己去推，那末，这时小孩子的欢喜，我敢断定更比从前要欢喜得多了。诸如此例，我不能细举。还有一件最紧要的，就是：我们如果承认教育是活的，我们教育儿童，就要根据儿童的需要的力量为转移。有的儿童天资很高，他的需要力就大些；有的儿童天资很钝，他的需要力就小些。我们教育儿童，就能按他们的需要的力量若何，不能拉得一样。比方：吃饭，有的人饭量大些，他要吃五碗或六碗；有的饭量小些，他只能吃一两碗。我们对于他，就只能听其所需，不能定下死规。要是我们若规定了，比如吃两碗的定要逼他吃五碗才及格，那末，这一定就要使人生病了！学校里教育儿童，也像这样，不能下死规强迫一律，不但学校是要如此，就是社会上的工作亦莫不要像这样。我们人的需要力，有大有小，我们只求其能够满足他的需要就是了。所以教育儿童和承认儿童是活的，首先就要能揣摩儿童的心理。

儿童不但有需要，并且还有能力。他对于种种事体的需要有大小，他的能力亦有各种不同。男女遗传下来的生理不能一样，他们的能力亦不能一样。我并不是说女子比男子差些，我是说男女各有各的优点。就是男子与男子两相比较，亦有许多相异的能力，有因年龄不同的，有因环境不同的，有因天性不同的。由这许多的不同，所以其结果的能力，就大有差别。我们教育儿童，就要顺导其能力去做去。比如：赛跑，这就是一件凭能力的事。我们认定几个人同时同地立在一块，听指挥者发号令，就一齐出发，让他们各凭充分的能力自由前进，不加限制，然后谁远谁近，自可显见。而他们的能力的大小，也就由此可以证明了。设使我们要是下个定规，规定三人赛跑，跑一百二十码或二百四十码，快慢都要一样，不许谁先谁后，那末，那个能力充足能跑二百四十码，他自然是很舒畅，不甚为难；而那只能跑得六十码或一百二十码的，他一定是很苦的了，甚至还要受伤呢！这是从运动方面着想的。至于教授方面，亦多类此。设有许多儿童，同在一堂，当教授的人，就要按照各个儿童的能力去教授。要是规定了今天讲一课，明天讲一课，每课虽是都一字一句的分析解释，在那天资聪颖的小孩子咧，他固然能够领受到他的脑袋里去，并且还有闲空；若在那秉性鲁笨的小孩子，那就等于对牛弹琴了，一些儿也不懂得。这种教育，正像规定三人赛跑一般，还能算得是活的教育吗？我们现在既是想讲活的教育，就要知道儿童的能力是不相同的，我们要设法去辅助他，使他能力发展，有如我们看见某处一个学校园，那里内的花卉长得非常整齐好看，我们心下羡慕他，我们也就可以仿照他，将我们自家的学校园也培植得像那一样。这是培植花园的方法，办教育也是如此。我们大家设若不相信，恐怕做不到，我们可再看。譬如有一块草地，那地上所生长的草，都是参差不齐的，我们若任它自然去生长，那就越长越不齐了，假若我们要用机器把它逐次地推铲，那末，这一定要不了多少功夫，就会使他平坦了。我们办教育也就像推草一样，也要用方法去使之平，这是对于草是这样——对于普通的儿童是这样；若对于树木，——对于天资特敏的小孩子，那就不行了。树木的生长力强些，他的性子也猛些，我们对于他，也要按其能力去支配他，使其生长适度。若任其自然生殖，则其枝干必日渐伸张，后来越长越高，甚至把屋棚都要捣破了！学校里起风潮，就像大树捣毁屋棚，是一样的，都是由于办教育的人，平日对于这教育的趋向没有注意，对于那天资高尚的儿童，没有按得其能力去教育。这就是我们没有承认儿童有活的能力。

活的小孩子与死的小孩子有不同的特点。小孩子他所吃下去的滋养料不同，他们所受的利益也就不能一致。活的小孩子，他秉性活泼些，他对于一切的事实上，也就进步得快些。死的小孩子，他的脑筋滞钝些，并不是说小孩子的确是死的。是言其能力不能有多大的发展，虽活也等于死的一般。我们办教育的人，总要把小孩子当作活的，莫要当作死的。地球看起来，好像是个不动的东西，其实他每天每时都在旋转不已。小孩子也像这样。表面上看起来，也好像是很平常的，没有什么进益，其实他的能力知识，没有一天不在进行中求活。我们就要顺着他这种天然的特性，加以极相当的辅助和引导，使他一天进步似一天，万不能从中有所阻碍或停滞，不使前进，把他束缚了起来。束了若干时，然后又陡然把他解放掉，这一定要受危险的。这好像人家有个小孩子，他把他在今年做了一件衣服，等到五年后，他还拿给这小孩子穿，那小孩子体干长大了，衣服小了，以这小的衣服去给大的孩子穿，那衣是一定要破裂的。纵或可以勉强穿得上，而小孩子的身体，也就束缚得紧紧的了，血脉也就不能调和，就要生病了！由此可知小孩子的衣服是年年要换的；小孩子的知识学问，也是年年天天要换的。现在设有一个人，忽然妙想天开，他说："我有个小孩子，我不要他年年换衣，当他还只有五岁的时候，我就把他做件十六岁时候的衣服，周身都把他绉起来，年年穿，年年放，一直放到十六岁的时候，都还可以穿。"这个法子，勉强一看，觉得也还不大坏，并且又很经济的。但是仔细看来，那就觉得不像了，就是精神上也有点不好看。古时的衣服，不能适合于现在；现在的衣服，未必又能适合于将来！时势的变迁，是有进无已的。办教育的，就要按着时势而进行，依合着儿童的本能去支配。有许多教科书，在从前要算是很新很适用的，在现在却变成了腐败不堪了。我们讲活的教育，就要本着这世界潮流的趋向，朝着最新最活的方面做去。中国教育最大的毛病，就是不能普及。从前俄国的西伯利亚也是这样，但比较中国要好些。中国社会上失学的人，也不知有多少，就以普通人民计算，总有三分之一不识字的。我们现在要想将这些人重新给以教育，那除非要从国民（小学）一年级教起。但是他们都是壮年的居多，要是都放在国民（小学）一年级教，那又好像十六岁的孩子穿五岁时候的衣服了。这种教育，可算得是死的教育。活的教育就不能这样了。活的小孩子，他生长快，他的进步也快。他一时有一时的需要，一时有一时的能力。当教育家的，就要设法子去满足他的需要，就要搜罗相当的材料去培植他。这就是我们所讲的活的教育第二件。

我现在再讲活的教育要些什么材料。这材料也可以分做三段说：

一、要用活的人去教活的人

我们要想草木长得茂盛，就要天天去培植他，灌溉他；我们要想交结个很活泼的朋友，就要我们自己也是活泼的。我的影响，要能感到他的身上；他的影响，也要在我身上，这才可以的。比如：我俩起先是不相识的，后来遇到了好几回，在一块儿谈了一次，于是两下的脑筋里都受了很深的影响，两下的交情，也就日渐浓厚了。当教员的对于学生也要这样，也要两下都是活的，总要两下都能发生的密切的关系。教员的一切，要影响到学生身上去；学生的一切，要影响到教员身上去。一个会场有的人好谈话，有的人好笑，我们看了心下一定也会生了一种影响。比如，我一人在台上讲演，大家都坐在下面听，我的脑筋中已经印象了许多听讲演的人；想大家的脑袋中，也会印象到了我讲演的人，这也就是一种活的表现。活的教员与活的学生，好像汽车一样，学生比譬是车，教员比譬是车上司机器的。机器不开，车自然不动。教员对学生，若不以活的教材去教他，他自然也就不能进步。现在的教员，不像从前了。他像把汽车上机子开了，车子在跑了。但是还有些教员，他的性子未免太急，他把车上的机器开猛了一点，车子行得太快，刚刚要想收机，忽然前面碰到了石头或其他的人，这时就要发生很大的危险了。活的教员，正同司汽车的一般，要把眼睛向前看准了。若闭着眼睛乱开机，那就要危险极了！学生向前进，教员也要向前进，都要一同并进。若徒以学生前进，而教员不动，或者学生要进而教员反加以阻碍，这可谓之死的人教活的人，不能谓之活的人教活的人。

二、拿活的东西去教活的学生

我们就比如拿一件花草来教授儿童，将这花草把他解剖开，研究其中的奥妙，看他是如何构造的。小孩子对于这事，觉得是很有趣味的。我们能以这种种东西去教他，不但能引起他活泼的精神，并且还可以引起他的快乐。我们还可以拿活的环境去教他，比方沙漠本是干燥的，我们可以设法使他出水；大海有时候变成陆地；太平洋里航船到美洲，本不大便利，于是就有人开了巴拿马运河；火车行山路不便，就会把山打个洞。这就是拿活的环境去作教育上材料的。文化进步，是没有止境的；世界环境和物质的变化，也是没有一定的。活的教育，就是要与时俱进。我们讲活的教育，就要随时随地的拿些活的东西去教那活的学生，养成活的人材。

三、要拿活的书籍去教小孩子

书籍也有死的有活的。怎样是活的书籍？我觉得书籍所记载的，无非是人的思想和经验，那个人的思想、经验要是很高尚的，与人生很有关系的，那就可算是活的书籍。若是那著书的人思想、经验都没有什么价值，与人生没有关系，那就是死的书籍。我们教授小孩子，对于书籍的死活，就不能不慎重；所教授的书籍，要有统系的，前后都能连贯得起来，不是杂乱无章的，这才是活的教育。若只知道闭着眼睛教死书，也不顾那书适用不适用，这样我敢说就是死的教育。我们教授儿童的书籍，好像人家传财产样，普通有两个常法子：（甲）是传财的法子。比譬一家，他的家主不愿管事（或临死时）了，要把家事完全推及小家主，将所有存蓄的银钱，都要对小家主说个明白，叫他慎重。（乙）是传产的法子。就是有本账簿子，说我所有的产业，都登在这账上面。那天那家主把他的后人带到各田庄上去看，说是某田是租给某人的，某庄子是某人承租的，那块山场是由某人保承的，某处房屋是谁租着做什么事的。这样一件一件地指示给他看了，又与他那账簿子再对照一下，那末，这个财产的根本，他那小家主已经明白了。这笔家私就没有人能够会糊倒他占得去了。我们办教育的传文化的人，也是这样，也要把书籍像传财产一样，要把所教授的东西，都能使他领会得到，能连贯得起来，使小孩子的脑筋有个统系，不致混乱，这种教育才配说是活的。从前有许多讲教育的，没有统系。所以使一般学生听了，只是囫囵吞枣，一点不能受益。这也就是死的教育，不是活的。活的教育要拿活的书籍去教。现在还有许多教员先生们，他对书籍还不十分注意。当他初当教员的时候，也还肯买一两本书看看，到了后来，他不但不买，连从前所有的几本书，都借给人去了。这样教员，教育界中也不知道有多少。他既不能多买书看，对于一切新知识，他自然是不知道的。他既不能有新的知识，那一定没有新的教材能供给学生，只是年年爬起来卖旧货！这种教育中的败类，真不知害了多少青年。我们现要希望教育成活的，当教员的就要多看书——多看些活的书，好去供给学生的需要，养成新而且活的学生。这就是我讲的 Education of life。

现在要讲到活的教育的方法，我可提出两个最时髦的法子就是：

(1) 设计教授法。活的教育，最好而且最时髦、最紧要的，就是总要有个目的。这我在上面也曾说到了一点。我们教授儿童，先要设定一个计划，然后一步一步地向着所计划的路上去做。若是没有个计划，那就等于一只船放到了江中没有舵，进退左右，都没有把握！倘不幸遇了一阵大风，那一定逃不了危险的！办教育的人，要能会设计，预知学生将有风潮，就先要设一方法，使那风潮却从无形中消灭，不致使他发泄。知道学生程度不齐，就要设一种计策，使之能齐，总期各方面都无损，且能获益。这种设计，各学校的情形，各有各的不同，各地方亦有各地不同，这可听大家因时制宜，我不能断定。

(2) 依计划去找实现法。这个方法大致是根据上面来的。我们订了一个计划，不能就算了事的，必定还要依照这计划去实行去。我现在可拿个浅近的事作个比譬：就如农人种豆子，他先也要订个计划，以几亩田能要几多种子，要多少肥料，又要多少人工去做，要经多少时期才能完工；什么地方种绿豆适宜些，什么地方种黄豆适宜些；还有甚地不适于种豆子，适于种山芋。这样计划了一番，然后兴工动作，按这所计划的进行，这必定是有条有理，不致乱忙；而所收的结果，也一定是很丰厚了。由此类推，办教育亦莫不是这样。一个学校，也先要订个计划，然后去依计划实行。例如那级学生，今年应当注意什么功课，某级学生今年应当添什么功课和减什么功课，某教授教授法不好应当怎样。能这么一样一样的计划好了，然后又按照这个进行，那个学校没有办不好的道理。推之修桥修路和其他种种建设，都能依着这样进行，求到所希望的目的，那末，天下事绝没有不可能的。现在我看有许多地方，他一开个什么会，他预先没有计划。到了临时开会了，不是招待员左右乱跑，就是会场上布置得不周全，往往令来宾有兴而来，败兴而归，这都是由于预先没有一定的计划。俗语所谓："平时不烧香，急时抱佛脚。"这事决不会办得好的。我们谈教育的，就是在这上面注意注意。无论是办大学也好，中学也好，国民小学也好，总要预先有个计划，然后依着计划去找实现。有时计划定得不好，应随时变更。

比如：我们讲化学，今天就要计划明天化学堂上要些什么东西试验，我们预先就要预备好着，省得临时仓皇失措。诸如此类我也不必多举，我总觉得设计教授法是活的教育上最不可少的，依计划去找实现法，那更是一件要紧的事了。这就是我所讲的 Education by life。

我现在又要讲我们为什么要讲活的教育。因为活的教育，能使我们有种种活的能力。我们人生有高尚的，有低微的；有暂时的，有永久的；有完全的，有片面的。我们要使暂时的生活，能够叫他永久；片面的生活，要使他能完全；低微的要使他高尚。怎样叫做完全？我们在国家是公民，在社会上有朋友亲戚，在家庭里有父母兄弟姊妹，在学校里有同学，有师长。我们一身，对于自己，对于各方面都要顾到。如果一方面不能顾到，这还是片面的。怎么叫做高尚的？我觉得人们的身体和精神是两样的，各有各的生活。身体上的生活固然要紧，精神上的生活也是要紧的。设使两者要去其一，那就是我们最不幸的一件。我们总要使得我们的身体、精神，都是很健全的、愉快的。这可就算是高尚的生活，反之就是低微的生活，都是有关系于教育上的。再，怎样谓之永久和暂时的生活？我们人的寿命有长短不一，有二三十岁就死的，有七八十岁才死的，有十几岁就死的，也有八九十多岁才死的。说者多谓生死有定，但这可不能为凭。我想人的生命的长短，大致是关系于人的操作和卫生上的。从来人的死，多是由病的。考病之由来，不外两种：（一）是由人的操动过度致伤身体而殒命；（二）是由人的卫生上没有讲求，以致生出了许多毛病，终至因而送命。决没有无病无灾而好好就会死的。纵有，也是很少很少的，但亦必定有其他原因。要说人的生死有定，何以人不好好的就死，而偏要生病才死咧？这种无稽之谈，我是不盲目崇拜的。我觉得人的生活，所以有暂时和永久的，都是根据于卫生和操作的关系。我们现在讲活的教育，就要明白这种关系，然后好去预防他，保护他，谋永久的生活。我在上海、南通参观各工厂，有许多六七岁的小孩子，都跟在他的母亲父亲身边做工，我看他们那些小孩子，都是很瘦的，精神也很衰败的。这都是那些贫民没有钱给儿童受教育，国家亦没有钱能办这种义务教育。有些资本家倒是很有钱的，但他只知道营业获利，不肯拿钱来办这可怜的教育，所以那些小孩子就没有机会受教育，只得附随其阿父阿母作工以度日。五六岁的小孩子，尚有许多生理器官还没有长完全，现在竟居然要他工作，这种不适宜的使用，一定会使那小孩子身体不得强健，甚至还要早死的。譬如树上的果子，还没有成熟，你就把他摘下去吃，那是一定吃不得的。小孩子还没有成人，就要使用他，他的前途一定是很有限的，将来一定要发生危险的。像这样只顾眼前不顾后来，就可谓之暂时生活，不是永久的生活。现在讲活的教育，就不能不注意这一层。

活的教育，有属于抽象的，叫做精神上活的教育。比方一个人死了，他的机能死了，他的躯干倒了，他的精神是没有死，还存在空中，能使我们还受到他的影响。这也似乎是种渺茫之谈，我本不敢怎么样的贡献于大家，因为各个人的观念不同。但是，有时我觉得大家也可以公认这话有点的确。例如：孔子是死了，他的精神还没有死，其影响存在我们大家身上。我们大家的脑袋中都还印象了有个孔子。历来许多大英雄、大豪杰，他的身子虽已腐化了，但他的勇气、毅气，还是贯传着，在我们大家的脑海中。这也就是精神上还没有死。他的精神可以一代一代的向下传，可以传许多人，不只传一人。一个活泼学生的精神，可以传应到许多学生。比如，我的精神传应着在大家身上，也可以传应到社会上去。这种传应，并是很快的。我们讲活的教育，对于这精神上的传应，也要注意，也要求活的精神。精神也有死有活的，活的精神，就是能使人感受了他，可以得到许多的教训。社会一日不死，各方面的精神传应，也是不死的。我觉得社会上受了这种精神的教育，也不知道有多少。这精神上的教育，最易感动人的，能联络一切。我从前有许多朋友住在一块，后来别了好多年，没有见过面，形式上要算疏忽了，但是精神上还是没有分离。这就是一种活的精神的表现。我希望讲活的教育，也要把这活的精神当作活的教育里一件材料。这就是我讲的 Education for life。

【注释】

①本篇系陶行知 1921 年在金陵大学暑期学校的演讲。记录者：汪忠一、

马延乾。原载于 1922 年 1 月 18—19 日《时事新报·学灯》。

创造一个四通八达的社会①
——给文渼的信
（1923 年 11 月 13 日）

渼妹：

前在安庆接到家书，承嘱于修改后奉还，此事拟于到武昌后办理，一二日之内即可寄出。家中所需物品可以带京，请函冬弟②购办。

知行一点钟内可以抵汉，拟于二十三日回安庆，二十四日赴芜湖。回京日期当在十二月初。

知行近日买了一件棉袄，一双布棉套裤，一顶西瓜皮帽，穿在身上，戴在头顶，觉得完全是个中国人了，并且觉得很与一般人民相近得多。

我本来是一个中国的平民。无奈十几年的学校生活，渐渐的把我向外国的贵族的方向转移。学校生活对于我的修养固有不可磨灭的益处，但是这种外国的贵族的风尚，却是很大的缺点。好在我的中国性、平民性是很丰富的，我的同事都说我是一个"最中国的"留学生。经过一番觉悟，我就像黄河决了堤，向那中国的平民的路上奔流回来了。

平民教育的宗旨是要叫种种人受平民化。一方面我们要打通层层叠叠的横阶级。如贫富、贵贱、老爷小的、太太丫头等等，素来是不通声气的，我们要把他们沟通。又一方面我们要把深沟坚垒的纵阶级打通。纵阶级的最昭著的是三教九流七十行，江南江北、浙东浙西、男男女女等等都有恶魔把他们分得太严。这种此疆彼界也非打通不可。民国九年，南京高师办第一次暑期学校的时候，胡适之、王伯秋、任鸿隽③、陈衡哲、梅光迪诸先生和我几个人在地方公会园里月亮地上彼此谈论志愿，我说我要用四通八达的教育，来创造一个四通八达的社会。我这几年的事业，如开办暑期学校、提倡教职员学生之互助、提倡男女同学、服务中华教育改进社，都是实行这个目的。但是大规模的实行无过于平民教育。我深信平民教育一来，这个四通八达的社会不久要降临了。

我这一个多月来随便什么地方都去宣传平民教育。四天前，我到南昌监狱里去对四百个犯人演讲，我说人间也有天堂地狱。若存好的念头，心中愉快，那时就在天堂；若存坏的念头，心里难过，那时就在地狱。我说到这里，忽然得到一个意思。这个意思就是天堂地狱也得要把它们打通。后来我想了一句上联送自己："出入天堂地狱。"下联没有想出来，请你给我对起来罢！

这次在轮船上觉得很安逸。记得前年我们到牯岭去，轮船上一夜数惊。我们生在此时，有一定的使命。这使命就是运用我们全副精神，来挽回国家厄运，并创造一个可以安居乐业的社会交与后代，这是我们对于千万年来祖宗先烈的责任，也是我们对于亿万年后子子孙孙的责任。

这时我在汉口南洋宝酒楼。这是个徽州馆。我在这里吃牛肉面，吃的饱得很，只费了一角五分钱。

再过半点钟，我就要渡江到武昌去了。我现在康健快乐。敬祝你和全家康健快乐！

十二年十一月十二夜写起

十三日早晨写了

【注释】

①此为陶行知 1923 年 11 月 13 日写给妹妹陶文渼的信。

②冬弟：即曹子云。

③任鸿隽：即任叔永。

平民教育之重要与办法①

（1925 年 10 月 20 日）

知行在讲演平民教育之前，有两层意思要向大家声明的：

第一，平民教育像饭菜一般，人的口要吃饭菜，人的脑筋也要吃东西的，所吃的东西就是"知识"。总会所编《平民千字课》，是输入平民的知识的，可以说它就是平民脑筋所要吃的饭菜。但究竟合不合全国平民的口味，还不知道的。

第二，知行好游，足迹颇广，到处喜欢考察平民教育施行的状况，随时所得到的经验，由此处带到彼处，好像送礼物一般，没有其他贡献。湖南的平民教育，当然办得很好，因为是平民教育发祥之地。凡事必经过试验时期而达于运动成功时期。平教的试验时期，第一就是长沙。后来朱其慧先生等大发宏愿，要把平教推行到全国，将来定可运动成功的。我也是极力作平教运动的一个，今幸有机会得到平教发祥试验卓有成效之地，定可以有许多经验给我带回去，辗转送到别处作参考。

今天所要说明的，就是平民教育之重要和办法。

平民教育重要之点有三：

一、关于个人方面之重要

人和禽兽最大的分别，就在：人能读书写字，禽兽不能读书写字。人类因为能够读书写字，所以虽离开几千几万里的地方，可以彼此通消息，虽远隔几千年前或几万年后的时间，可以使思想经验不断的流传影响，而演进世界的文明。这种特别的处所，便是"人之所以为人"。若不能读书写字，便非完全的人，简直和禽兽无甚区别！然则我们要用什么法子使不能读写的非完全的人而成为能读能写、智力完全的人呢？惟一的方法，就是平民教育。

二、关于国家方面之重要

我曾经说过："中华有民国而无国民。"所以招牌挂了十多年，只闹得一塌糊涂，快要倒闭！那末，我们要如何才能够使四万万同胞都成为"民国的国民"？要如何才能够使中华九万里河山，确成为"国民的民国"？——简单一句，要仗平民教育。四万万同胞中，除却太老的太少的和已经读过书的成人外，其余都该赶紧施以平民教育。因为他们本是壮健中坚的国民

附录　陶行知文选

分子，却不知道中华民国是什么；或存或亡，与自己有何关系；换句话说，简直不知道自己是"民国的国民"，中华是"国民的民国"！如果读过千字课，了解这一些，那末四万万同胞完全具有主人翁的知识能力，民国的基础就稳固了。

三、关于世界和平之重要

欧战以后，世界各国都感莫大的痛苦而渴望永久的和平。世界教育会，要想用教育方法来减少世界的战争以促进和平。因为社会上不曾读书明理的人容易打架，一国有多数这类的人，便容易酿成一国的纷乱；国际间便也容易因之而惹起无谓的交涉；如是有好多免得了的战争也免不了！各国名流既欲用教育方法来促进世界和平，而尤趋重于平教方面。这种趋重平教的态度，我可以举两个事实作证：

(1) 爱尔兰世界教育会议——今年世界教育会在英国爱尔兰开议。中国派了五个代表，——日本十个，其余各国的代表都较中国多——却替中国很得了荣誉。为什么呢？他们五人把中国一年有二百万不识字的平民得受了平民教育的经过情形报告大会，各国代表都觉得"难能可贵"，很表示钦佩和愉快。这是各国代表认为我们中国快有平教普及的希望，于中国于世界的和平都有莫大关系的原故。

(2) 檀香山会议——这次会议，中国派去代表二人；平教总会晏阳初君系派去代表之一。各国代表，初以为中国内乱频仍，危及外人的处所很多，没有代表列席的资格。后经晏先生等对各国代表演说，略谓"中国内乱日多固应负一责任，但是各国往往有无聊政客，用种种手腕去挑拨中国的内乱，甚至有暗助枪械以助长内乱者，也应该负一部分责任"。他更把施行平教的详情报告，又演放长沙、南京等处平教运动以及对于商店、工厂、军队、监狱、尼庵、僧寺等处实施平教的影片。大家听了看了，都很惊异，次日会议便一致欢迎中国代表列席。而对于中国所提"废除一切不平等条约""关税自主"等案，都表示赞成。各国对于中国平教的信仰何以如此？因为中国国民若无管理国家的知识能力，则"庖代""瓜分"之祸难免，而世界大战将又发生矣。反是，则中国独立不倚，于维持本国和平外，并可与各国互相维持世界和平。这可见平教与世界关系的重要了。

平民教育，据我个人的观察，大约有以上三个重要之点。现在再把这三个重要之点简括来说说：（一）关于"个人"，使"完成其人之所以为人"；（二）关于"国家"，使中华四万万同胞，都成为"民国的国民"，九万里河山，确成为"国民的民国"；（三）关于"世界"，可以使国际战争减少，促进永久和平。

平教既如此重要，我们便要研究他的办法，使他容易普及才好。但究其实，并不繁难，通常的办法，不外两种：

（一）平民学校——这个办法，想在坐诸君大概都是个中人，经验富足，无须我来多讲。

（二）平民读书处——这个办法，和平校不同：平校是集合几十个学生随班上课，有一定的地方、教员和钟点，等等的；读书处便不然，并无一定，随便拿一个家庭作单位，拿一个工厂、军队、商店，以及露天的场所等等都无不可以作单位。范围可大可小，时间可早可迟，人数或少至两三人，或多至两三千人，都可。例如：一家有一人读了书，便可作施行平教的根本人物，认得字而不大通的，也可以当教员……只要他眼睛认得字，看懂了，便一个一个读起了，使大家听得懂，就行了。例如千字课第一句"一个先生"——通的人一看，就明了他的意思；那不通的人，起初一个一个的分开读，"一""个""先""生"，这声音入到耳里，自会恍然有悟，也明白是"一个先生"的意思了。——这叫做"以眼教口""以口教耳"；"耳"作"先生"。是读书处办法中一个根本的原则。第二个原则，便是："社会有此需要"。——平校有一定的例规，有好些人不能如愿去读书，如作工的、喂乳的、看门的，作夜工的……都不能按时上课，那就全仗平民读书处来补救他，随随便便可以施教。一人教两人，两人教四人，如此施教，马上可以教育许多人。比方七口之家，有一个半通半不通的人，偶然闲着，便拿一本千字课叫姊姊站那边，妹妹站这边，也各拿一本千字课。自己读一句"一个先生"，姊姊妹妹也齐声跟读一句，以下"十个学生……"

一路读去。读的时候，两边都可看见，指点。一字，一句，一本的陆续熟念，他俩也全懂了。并可以"如法炮制"的各教两人。且他俩不必读完之后才可教人，跟着熟读一点钟之后，下一点钟就可以当教员。这样办法，七口之家，可于四个月或八个月至多十二个月内读完四本《平民千字课》。这是平民读书处补救平民学校的最大功用。大凡能进平校的固好，否则可走这一条路。

（一）平教经费列入省预算；

（二）就是"平教特作县长考成之一法"；

（三）实施军队平教。

这三个希求，当承赵省长[②]答认实行，想赵省长为提倡民治最力之人，当然不至于诳我们！（众鼓掌）。

我所以特向赵省长提出这三个希望，求的理由，（一）（二）不必说；——但政府规定平教经费列入预算外，社会方面也应自动的筹款——（三）项现加以说明。常人有言："秀才遇了兵，有理讲不清。"这因为中国的兵，多不识字，不曾读书明理的原故。这实在有赶紧施教之必要！人民固然要知道爱，兵为卫国保民者，尤其要知道爱国爱民而不相扰害才好。古有"儒将"，如今实在于"儒将"之外，更要"儒兵"！但是我们要向军队中施行平教，非得长官之谅解并提倡赞助不可。赵省长既惠然允许了我的要求，诸君尽可体其至意而力行之！尤盼望全中国的军民长官，闻风兴起！注意实行。

总而言之，我对于平教的办法，希望政府和社会各方面通力合作。长沙为平教发祥地，应该为全省各县之模范！更当为全中国各省之模范！

我说到这里，偶然回忆一件事：前年游到西湖灵隐寺。寺里五百罗汉都望着我笑，好像表示欢迎我的样子。好，他们笑，我也笑。同时默想这五百罗汉如果堆着笑容去施行平教，愚民一定容易被他们感悟，真所谓"生公说法，顽石点头"。唉！只可惜他们笑只是笑，只是一样地呆笑，再也不言不动，闲着什么都不管，于是我不觉大失所望！

今天又看见许多向我笑的。却不比那寺里五百罗汉的呆笑，乃是此地的"活罗汉"。既然是活罗汉，那自然是有求必应的。我于是合掌致敬，希望五百活罗汉，大发慈悲！救苦救难！超度众生。（众鼓掌）

"众生"是什么？就是湖南全省民中那不识字的二千多万平民；全中国有三万万年长失学的平民。我希望在坐的五百活罗汉，超度他们！

我现在要问一问活罗汉：要超度他们，何时开始？终不应听听，笑笑，就罢了！要作平教运动，现在就要赶紧作！那末从何入手？就请从自己家里入手，或从自己学校里入手罢。其他若商店，若旅馆……由城市而及于乡村，或由乡村而及于城市，积渐由全县而全省，处处促进平教，平教自然普及了。这是我所馨香虔祝之至的！也许是大家应尽的责任！（众鼓掌）

【注释】

①本篇原载于 1925 年 10 月 21 日《大公报》长沙版的《教育临时增刊》第 10 至 13 号，题为《陶知行先生讲演平民教育》，记录者：逸。发表时有前言："昨日午后五时，湖南平民教育促进会敦请陶知行先生在第一中校讲演平民教育，到会听讲者五百余人。首由蒋育寰君报告陶先生之历史，并请陶先生出席讲演。兹将陶先生演说辞笔记于后。"

②赵省长：即赵恒惕。

师范教育下乡运动①

（1926 年 1 月 8 日）

上月十四、十五两日，江苏省立师范分校联合会在黄渡举行第二届常会，他们的附属小学也组织了一个联合会，于十五日举行成立典礼。这两件事是关心乡村教育的人应得注意的。

中国的师范学校多半设在城里，对于农村儿童的需要苦于不能适应。城居的师范生平日娇养惯了，自然是不愿到乡间去的。就是乡下招来的师范生，经过几年的城市化，也不愿回乡服务了。所以师范学校虽多，乡村学校的教员依然缺乏。做教员的大有城里没人请才到乡下去之势。这种教员安能久于其职，又安能胜乡村领袖之重任呢？江苏义务教育期成会袁观澜、顾述之二先生觉得乡村教师需要之急，而培养之法更不能不改善，所以发起每个师范学校在乡间设立分校，以为造就乡村师资之所；每分校并设附属小学一所，以资乡村师范学生之实习。现在一师、二师、三师、四师、五师都设有分校和分校的附属小学。这个师范分校联合会和分校附小联合会就是这些师范学校的分校和分校附小组织成功的。他们的宗旨在联络、研究、共谋各该校教育上之改进及乡村教育之发展。我国师范学校以合作及研究精神图谋乡村教育之发展的实以此为起点。

这次分校联合会总共商议了四十一个案件，内中有好几个案件都是很关重要的。这次会议最出色的一件事，就是各种乡村教育问题之分门研究，如公民科、史地科、国语科、数学科、教育科、农业科、理科、音乐科、图画手工科、体育科、童子军，各门的课程大纲，及农场作业分配，推广农村教育，学业成绩考查法，训育、健康教育、师范生实习等问题，都有委员会负责研究。这种分门的研究总比囫囵的空谈要切实些。

我以为，乡村师范学校负有训练乡村教师、改造乡村生活的使命。师范学校在乡村里设分校，在乡村的环境里训练乡村师资，已经是朝着正当的方向进行了。我们的第二步办法，就是要充分运用乡村环境来做这种训练的工夫。我们要想每一个乡村师范毕业生将来能负改造一个乡村之责任，就须当他未毕业之前教他运用各种学识去作改造乡村之实习。这个实习的场所，就是眼面前的乡村，师范所在地的乡村。舍去眼面前的事业不干而高谈将来的事业，舍去实际生活不改而单在书本课程上做工夫，怕是没有多大成效的。我们不要以为把师范学校搬下乡去就算变成了乡村师范学校。不能训练学生改造眼面前的乡村生活，决不是真正的乡村师范学校。

江苏师范分校尚属试办性质，他的效果，尚难预测。但他们对于乡村教育那点通力合作、分门研究及实地试验的精神，却是很宝贵而为全国师范学校所应取法的。

【注释】

①本篇原载于 1926 年 1 月 8 日《新教育评论》第 1 卷第 6 期。

创设乡村幼稚园宣言书^①

(1926 年 10 月 29 日）

从福禄伯^②发明幼稚园以来，世人渐渐的觉得幼儿教育之重要；从蒙梯梭利^③毕业研究幼儿教育以来，世人渐渐的觉得幼稚园之效力；从小学校注意比较家庭送来与幼稚园升来的学生性质，世人乃渐渐的觉得幼儿教育实为人生之基础，不可不乘早给他建立得稳。儿童学者告诉我们，凡人生所需之重要习惯、倾向、态度，多半可以在六岁以前培养成功。换句话说，六岁以前是人格陶冶最重要的时期。这个时期培养得好，以后只须顺着他继长增高的培养上去，自然成为社会优良的分子；倘使培养得不好，那末，习惯成了不易改，倾向定了不易移，态度决了不易变。这些儿童升到学校里来，教师需费尽九牛二虎之力去纠正他们已成的坏习惯、坏倾向、坏态度，真可算为事倍功半。至于不负责的教师，那里顾得到这些。他们只一味的放任，偶然亲自看见学生做坏事，也不过给儿童一个消极的处分。于是坏习惯、坏倾向、坏态度蓬蓬勃勃的长，不到自害害人不止。这是必然的趋势。

有志儿童幸福的人和有志改良社会的人看此情形，就大呼特呼的提倡广设幼稚园。但提倡的力竭声嘶，而响应的寥若晨星。都市之中尚有几个点缀门面，乡村当中简直找不到他们的踪迹。这也难怪，照现在的情形看来，幼稚园倘不经根本的改革，不但是乡村里推不进去，就是都市里面也容不了多少。

依我看来，现在国内的幼稚园害了三种大病：一是外国病。试一参观今日所谓之幼稚园，耳目所接，那样不是外国货？他们弹的是外国钢琴，唱的是外国歌，讲的是外国故事，玩的是外国玩具，甚至于吃的是外国点心。中国的幼稚园几乎成了外国货的贩卖场，先生做了外国货的贩子，可怜的儿童居然做了外国货的主顾。二是花钱病。国内幼稚园花钱太多，有时超过小学好几倍。这固然难怪，外国货哪有便宜的。既然样样仰给于外国，自然费钱很多；费钱既多，自然不易推广。三是富贵病。幼稚园既是多花钱，就得多弄钱，学费于是不得不高。学费高，只有富贵子弟可以享受他的幸福。所以幼稚园只是富贵人家的专用品，平民是没有份的。

我们现在所要创办的乡村幼稚园，就要改革这三种弊病。我们下了决心，要把外国的幼稚园化成中国的幼稚园；把费钱的幼稚园化成省钱的幼稚园；把富贵的幼稚园化成平民的幼稚园。

一、建设中国的幼稚园

我们在这里要力谋幼儿教育之适合国情，不采取狭义的国家主义。我们要充分运用眼面前的音乐、诗歌、故事、玩具及自然界陶冶儿童，外国材料之具有普遍性、永久性的亦当选粹使用，但必以家园所出的为中心。

二、建设省钱的幼稚园

打破外国偶像是省钱的第一个办法。我们第二个办法就是训练本乡师资教导本乡儿童。一村之中必有一二天资聪敏、同情富厚之妇女。我们就希望他们经过相当训练之后，出来担任乡村幼稚园的教师。他们既可得一新职业之出路，又可使幼稚园之薪金不致超过寻常小学额数，岂不是一举两得？这些妇女中最可有贡献而应最先训练的，无过于乡村校长教员之夫人、姊妹及年长的女学生。他们受过训练之后，只要有人加以提倡，幼稚园就可一举而成。第三个办法就是运用本村小学手工科及本村工匠仿制玩具，如此办来，一个钱可以抵数钱之用。三个办法同时并进，可以实现省钱的幼稚园。

三、建设平民的幼稚园

幼稚园花钱既省，取费自廉，平民的儿童当能享受机会均等。教师取之乡间，与村儿生活气味相投，自易亲近。这两件事都可以叫幼稚园向平民方面行走。但一个制度是否真能平民化，要看他是否应济平民的需要。

就我们所观察，乡村幼稚园确是农民普遍的永久的需求。试一看乡村生活，当农忙之时，主妇更是要忙得天昏地黑。他要多烧茶水，多弄饭菜，多洗衣服，有时还要他在田园里工作，哪里还有空去管小孩子。那做哥哥做姊妹的也是送饭、挑水、看牛、打草鞋，忙个不了，谁也没有工夫陪小弟弟、小妹妹玩。所以农忙之时，村中幼儿不是跟前跟后，就是没人照应，真好像是个大累。倘使乡村幼稚园办的得当，他们就可以送来照料，一方面父母又可以免去拖累，一方面儿童又能快快乐乐的玩耍，岂不是"得其所哉"！小学儿童年龄较大，可以做事，农忙时颇能助父母一臂之力，要他上学，不啻减少农民谋生能力，所以有如登天之难。幼稚园则不然。他所招收的儿童，正是农民要解脱的担负，要他们进来，正是给农民一种便利。倘使办理得当，乡村幼稚园可以先小学而普及。幼稚园既是应济平民的需要，自有彻底平民化之可能。我们只须扫除挡路的障碍，使他早日实现就是了。

　　建设一个中国的、省钱的、平民的乡村幼稚园，不是一说就可以成功的。我们必须用科学方法去试验，必须用科学方法去建设。我们对于幼稚园之种种理论设施都要问他一个究竟，问他一个彻底。我们要幼稚园里样样活动都要站得住。我们要运用科学的方法来建设一个省钱的、平民的、适合国情的乡村幼稚园。将来全国同志起而提倡，使个个乡村都有这样一个幼稚园，使个个幼儿都能享受幼稚园的幸福，那更是我们所朝夕祷祝的了。

【注释】
①本篇原载于 1926 年 10 月 29 日《新教育评论》第 2 卷第 22 期。
②福禄伯：通译福禄培尔。
③蒙梯梭利：通译蒙台梭利。

我之学校观[①]
（1926 年 11 月 5 日）

学校的势力不小。他能教坏的变好，也能教好的变坏。他能叫人做龙，也能叫人做蛇。他能叫人多活几岁，也能叫人早死几年。

学校以生活为中心。一天之内，从早到晚莫非生活，即莫非教育之所在。一人之身，从心到手莫非生活，即莫非教育之所在。一校之内，从厨房到厕所莫非生活，即莫非教育之所在。学校有死的有活的，那以学生全人、全校、全天的生活为中心的，才算是活学校。死学校只专在书本上做工夫。间于二者之间的，可算是不死不活的学校。

学校是师生共同生活的处所。他们必须共甘苦。甘苦共尝才能得到精神的沟通，感情的融洽。国家大事，世界大势，亦必须师生共同关心。学校里师生应当相依为命，不能生隔阂，更不能分阶级。人格要互相感化，习惯要互相锻炼。人只晓得先生感化学生，锻炼学生，而不知学生彼此感化锻炼和感化锻炼先生力量之大。先生与青年相处，不知不觉的，精神要年轻几岁，这是先生受学生的感化。学生质疑问难，先生学业片刻不能懈怠，是先生受学生的锻炼。这是不可避免的，也是好现象。总之，师生共同生活到什么程度，学校生气也发扬到什么地步，这是丝毫不可以假借的。李白诗说："黄河之水天上来，奔流到海不复回。"这好比是学生的精神。办学如治水，我们必须以导河的办法把学生的精神宣导出去，使他们能在有益人生的事上去活动。倘不能因势利导，反而强事压制，那末决堤泛滥之祸不能幸免了。

康健是生活的出发点，亦就是学校教育的出发点。学问、道德应当有一个活泼稳固的基础，这基础就是康健。俗话说"百病从口入"，同志们务必注意，办学校是要从厨房、饭厅办起的。

生活之发荣滋长须有吸收滋养料的容量。学校教职员必须虚心，学而不厌。我以为不但教师要学而不厌，就是职员也要学而不厌，因为既以生活为学校的中心，那末各种事务都要含有教育的意义。从校长起一直到厨司、校工，各有各的职务，即各有各的学问要增进。增进之法有二：一是各有应读之书必须读；二是各有应联之专家同志必须联。一个学校要想有美满的生活，必须和知识的泉源通根水管，使得新知识可以源源而来。

学校生活只是社会生活一部分。学校不是道士观、和尚庙，必须与社会生活息息相通。要有化社会的能力，先要情愿社会化。

学校生活是社会生活的起点。远处着眼，近处着手，改造社会环境要从改造学校环境做起。全校师生应当以美术的精神共同改造学校环境。凡应当改造的，一丝一毫都不肯轻松放过，才能表现真精神。师生不能共同改造学校环境而侈谈社会改造，未免自欺欺人。

高尚的生活精神不用钱买，不靠钱振作，也不能以没有钱推诿。用钱可以买来的东西，没有钱自然买不来；用钱买不来的东西，没有钱也是可以得到的。高尚的精神如同山间明月、江上清风一样，是取之无尽，用之无穷的。没有钱是一事，没有精神又是一事。有钱而无精神和无钱而有精神的学校，我都见识过。精神是不靠钱买的。精神是在我们身上，我们肯放几分精神，就有几分精神。不关有没有钱，只问我肯不肯把精神放出来。

我们要学校生活长得敏捷圆满，就得要把他放在光天化日之下。太阳光底下可以滋长，黑暗里面免不掉微生物。所以我主张学校要给人看。做父母的、管学务的，以及纳教育税的人，都要看学校。要学校改良，做校长的、做教员的，都要欢迎人参观批评，以补自己之不足。学校放在太阳光里必能生长，必能继续不断的生长。

我对于学校悬格并不要高，只希望大家把学校办到一个地步——情愿送亲子弟入校求学，就算好了。前清往往有办学的人不令子弟入学，时论以为不恕。现今主持省县教育者，亦颇有以子弟无好学校进为虑，甚至送入外人设立学校肄业，真正令人不解。我要有一句话奉劝办学同志，这句话就是："待学生如亲子弟。"

【注释】

①本篇原载于 1926 年 11 月 5 日《微音》月刊第 29、30 期合刊。文后有程本海的编者按："陶先生这篇文字，是一个活学校的宣言书。在共和国家里面，无论什么地方，都可适用，尤其是我们徽州的学校，应当特别注意。我希望家乡学校读了这篇文字之后，要自己问问：'我这个学校是死的，还是活的？'如果是死的，就要叫他复活；如果是活的，就是叫他

更加活，叫他长生不老。我们一致的要求是：徽州从今以后只有活学校，没有死学校。我们还要进一步要求活的学校去共同造一个活的徽州。"11月10日《民国日报》上海版转载。

中国乡村教育之根本改造①

(1926 年 12 月 12 日)

中国乡村教育走错了路！他教人离开乡下向城里跑，他教人吃饭不种稻，穿衣不种棉，做房子不造林；他教人羡慕奢华，看不起务农；他教人分利不生利；他教农夫子弟变成书呆子；他教富的变穷，穷的变得格外穷；他教强的变弱，弱的变得格外弱。前面是万丈悬崖，同志们务须把马勒住，另找生路！

生路是甚么？就是建设适合乡村实际生活的活教育。我们要从乡村实际生活产生活的中心学校；从活的中心学校产生活的乡村师范；从活的乡村师范产生活的教师；从活的教师产生活的学生，活的国民。活的乡村教育要有活的乡村教师。活的乡村教师要有农夫的身手，科学的头脑，改造社会的精神。活的乡村教育要有活的方法，活的方法就是教学做合一：教的法子根据学的法子，学的法子根据做的法子；事怎样做就怎样学，怎样学就怎样教。活的乡村教育要用活的环境，不用死的书本。他要运用环境里的活势力，去发展学生的活本领——征服自然改造社会的活本领。他其实要叫学生在征服自然改造社会上去运用环境的活势力，以培植他自己的活本领。活的乡村教育，要教人生利。他要叫荒山成林，叫瘠地长五谷。他要教农民自立、自治、自卫。他要叫乡村变为西天乐园，村民都变为快乐的活神仙。以后看学校的标准，不是校舍如何，设备如何，乃是学生生活力丰富不丰富。村中荒地都开垦了吗？荒山都造了林吗？村道已四通八达了吗？村中人人都能自食其力吗？村政已经成了村民自有、自治、自享的活动吗？这种活的教育，不是教育界或任何团体单独办得成功的。我们要有一个大规模联合，才能希望成功。那应当联合中之最应当联合的，就是教育与农业携手。中国乡村教育之所以没有实效，是因为教育与农业都是各干各的，不相闻问。教育没有农业，便成为空洞的教育，分利的教育，消耗的教育。农业没有教育，就失了促进的媒介。倘有好的乡村学校，深知选种、调肥、预防虫害之种种科学农业，做个中心机关，农业推广就有了根据地、大本营。一切进行，必有一日千里之势。

所以第一要教育与农业携手。那最应当携手的虽是教育与农业，但要求其充分有效，教育更须与别的伟大势力携手。教育与银行充分联络，就可推翻重利；教育与科学机关充分联络，就可破除迷信；教育与卫生机关充分联络，就可预防疾病；教育与道路工程机关充分联络，就可改良路政。总之，乡村学校是今日中国改造乡村生活之唯一可能的中心。他对于改造乡村生活的力量大小，要看他对于别方面势力联络的范围多少而定。乡村教育关系三万万六千万人民之幸福！办得好，能叫农民上天堂；办得不好，能叫农民下地狱。我们教育界同志，应当有一个总反省，总忏悔，总自新。我们的新使命，是要征集一百万个同志，创设一百万所学校，改造一百万个乡村。我们以至诚之意，欢迎全国同胞一齐出来加入这个运动，赞助他发展，督促他进行，一心一德的来为中国一百万个乡村创造一个新生命。叫中国一个个的乡村都有充分的新生命，合起来造成中华民国的伟大的新生命。

【注释】

①本篇是陶行知1926年12月12日邀集上海的中华教育改进社社员举行的乡村教育讨论会上的演讲词。

教学做合一①

（1927年11月2日）

教学做合一是本校的校训，我们学校的基础就是立在这五个字上，再也没有一件事比明了这五个字还重要了。说来倒很奇怪，我在本校从来没有演讲过这个题目，同志们也从没有一个人对这五个字发生过疑问。大家都好像觉得这是我们晓庄的家常便饭，用不着多嘴饶舌了。可是我近来遇了两件事，使我觉得同志中实在还有不明了校训的意义的。一是看见一位指导员的教学做草案里面把活动分成三方面，叫做教的方面，学的方面，做的方面。这是教学做分家，不是教学做合一。二是看见一位同学在《乡教丛讯》②上发表一篇关于晓庄小学的文章。在这篇文章里，他说："晓庄小学的课外作业就是农事教学做。"在教学做合一的学校的辞典里并没有"课外作业"。课外作业是生活与课程离婚的宣言，也就是教学做离婚的宣言。今年春天洪深先生创办电影演员养成所，招生广告上有采用"教""学""做"办法字样。当时我一见这张广告，就觉得洪先生没有十分了解教学做合一。倘使他真正了解，他必定要写"教学做"办法，决不会写作"教""学""做"办法。他的误解和我上述的两个误解是相类的。我接连受了这两次刺激，觉得非彻底的、源源本本的和大家讨论明白，怕要闹出绝大的误解。思想上发生误解则实际上必定要引起矛盾，所以把这个题目来演讲一次是万不可少的。我自回国之后，看见国内学校里先生只管教，学生只管受教的情形，就认定有改革之必要。这种情形以大学为最坏。导师叫做教授，大家以被称教授为荣。他的方法叫做教授法，他好像是拿知识来赈济人的。我当时主张以教学法来代替教授法，在南京高等师范学校校务会议席上辩论二小时，不能通过，我也因此不接受教育专修科主任名义。八年③，应《时报·教育新思潮》④主干蒋梦麟先生之征，撰《教学合一》一文，主张教的方法要根据学的方法。此时苏州师范学校首先赞成采用教学法。继而"五四"事起，南京高等师范同事无暇坚持，我就把全部课程中之教授法一律改为教学法。这是实现教学合一的起源。后来新学制⑤颁布，我进一步主张：事怎样做就怎样学，怎样学就怎样教；教的法子要根据学的法子，学的法子要根据做的法子。这是民国十一年的事。教学做合一的理论已经成立了，但是教学做合一之名尚未出现。前年在南开大学演讲时，我仍用教学合一之题，张伯苓先生拟改为学做合一，我于是豁然贯通，直称为教学做合一。去年撰《中国师范教育建设论》时，即将教学做合一之原理作有系统之叙述。我现在要把最近的思想组织起来作进一步之叙述。教学做是一件事，不是三件事。我们要在做上教，在做上学。在做上教的是先生；在做上学的是学生。从先生对学生的关系说：做便是教；从学生对先生的关系说：做便是学。先生拿做来教，乃是真教；学生拿做来学，方是实学。不在做上用工夫，教固不成为教，学也不成为学。从广义的教育观点看，先生与学生并没有严格的分别。实际上，如果破除成见，六十岁的老翁可以跟六岁的儿童学好些事情。会的教人，不会的跟人学，是我们不知不觉中天天有的现象。因此教学做是合一的。因为一个活动对事说是做，对己说是学，对人说是教。比如种田这件事是要在田里做的，便须在田里学，在田里教。游水也是如此，游水是在水里做的事，便须在水里学，在水里教。再进一步说，关于种稻的讲解，不是为讲解而讲解，乃是为种稻而讲解；关于种稻而看书，不是为看书而看书，乃是为种稻而看书；想把种稻教得好，要讲什么话就讲什么话，要看什么书就看什么书。我们不能说种稻是做，看书是学，讲解是教。为种稻而讲解，讲解也是做；为种稻而看书，看书也是做。这是种稻的教学做合一。一切生活的教学做都要如此，方为一贯。否则教自教，学自学，连做也不是真做了。所以做是学的中心，也就是教的中心。"做"既占如此重要的位置，宝山县立师范学校竟把教学做合一改为做学教合一。这是格外有意思的。

【注释】

①本篇系陶行知 1927 年 11 月 2 日在晓庄学校寅会上的演讲词。原载 1928 年 1 月 15 日《乡教丛讯》第 2 卷第 1 期。

②《乡教丛讯》：半月刊，中华教育改进社乡村教育同志会会刊，后与晓庄学校合办。

③指民国八年：即 1919 年。

④《时报·教育新思潮》：即《时报》副刊《世界教育新思潮》专栏。陶行知为该专栏主要撰稿人之一。

⑤新学制：即 1922 年由北洋政府颁布的学制，又称壬戌学制。

在劳力上劳心①

（1927 年 11 月 3 日）

昨天我讲《教学做合一》的时候，曾经提及"做"是学之中心，可见做之重要。那末我们必须明白"做"是什么，才能明白教学做合一。盲行盲动是做吗？不是。胡思乱想是做吗？不是。只有手到心到才是真正的做。世界上有四种人：一种是劳心的人；一种是劳力的人；一种是劳心兼劳力的人；一种是在劳力上劳心的人。二元论的哲学把劳心的和劳力的人分成两个阶级：劳心的专门在心上做工夫，劳力的专门在苦力上讨生活。劳力的人只管闷起头来干，劳心的人只管闭起眼睛来想。劳力的人便成了无所用心，受人制裁；劳心的便成了高等游民，愚弄无知；以致弄成"劳心者治人，劳力者治于人"的现象。不但如此，劳力而不劳心，则一切动作都是囿于故常，不能开创新的途径；劳心而不劳力，则一切思想难免玄之又玄，不能印证于经验。劳力与劳心分家，则一切进步发明都是不可能了。所以单单劳力，单单劳心，都不能算是真正之做。真正之做须是在劳力上劳心。在劳力上劳心是真的一元论。在这里我们应当连带讨论那似是而非的伪一元论。一次我和一位朋友讨论本校主张在劳力上劳心，我的朋友说："你们是劳力与劳心并重吗？"我说："我们是主张在劳力上劳心，不是主张劳力与劳心并重。"劳心与劳力并重虽似一元论，实在是以一人之身而分为两段，一段是劳心生活，一段是劳力生活，这种人的心与力都是劳而没有意识的。这种人的劳心或劳力都不能算是真正之做。真正之做只是在劳力上劳心，用心以制力。这样做的人要用心思去指挥力量，使能轻重得宜，以明对象变化的道理。这种人能以人力胜天工，世界上一切发明都是从他那里来的。他能改造世界，叫世界变色。我们中国所讲的科学原理，古时有"致知在格物"一语，朱子②用"在即物而穷其理"来解释，似乎是没有毛病的了。但是王阳明③跟着朱子的话进行便走入歧途。他叫钱友同格竹，格了三天，病了。他老先生便告奋勇，亲自出马去格竹——即竹而穷竹理，格了七天，格不出什么道理来，也就病了。他不怪他自己格得不对，反而说天下之物本无可格，所能格的，只有自己的身心。他于是从格物跳到格心，中国的科学兴趣的嫩芽便因此枯萎了。假使他老先生起初不是迷信朱子的呆板的即物穷理，而是运用心思指挥力量以求物之变化，那便不至于堕入迷途。在劳力上劳心，是一切发明之母。事事在劳力上劳心，便可得事物之真理。人人在劳力上劳心，便可无废人，便可无阶级。征服天然势力，创造大同社会，是立在同一的哲学基础上的，这个哲学的基础便是"在劳力上劳心"。我们必须把人间的劳心者、劳力者、劳心兼劳力者一齐化为在劳力上劳心的人，然后万物之真理都可一一探获，人间之阶级都可一一化除，而我们理想之极乐世界乃有实现之可能。这个担子是要教师挑的。惟独贯彻在劳力上劳心的教育，才能造就在劳力上劳心的人类；也惟独在劳力上劳心的人类，才能征服自然势力，创造大同社会。最后，我想打一个预防针，以免误解。一次有一位朋友告诉我说："你们在劳心上劳力的主张，我极端的赞成。"我说："如果是在劳心上劳力，我便极端不赞成了。我们的主张是'在劳力上劳心'，不是'在劳心上劳力'。"

【注释】

①本篇系陶行知 1927 年 11 月 3 日在晓庄学校寅会上的演讲词。原载于 1928 年 1 月 31 日《乡教丛讯》第 2 卷第 2 期。

②朱子：即朱熹。

③王阳明：即王守仁。

地方教育与乡村改造①

（1929 年 2 月）

教育就是生活的改造。我们一提及教育便含了改造的意义。教育好比是火，火到的地方，必使这地方感受他的热，热到极点，便要起火。"一星之火，可以燎原"，教育有这样的力量。教育又好比是冰，冰到的地方，必使这地方感受他的冷，冷到极点，便要结冰。教育有力量可以使人"冷到心头冰到魂"。或是变热，或是变冷，都是变化。变化到极点，不是起火便是结冰。所以教育是教人化人。化人者也为人所化，教育总是互相感化的。互相感化，便是互相改造。

社会是个人结合所成的。改造了个人便改造了社会，改造了社会便也改造了个人。寻常人以为办学是一事，改造社会又是一事，他们说："办学已经够忙了，还有余力去改造社会吗？"他们不知道学校办的得法便是改造社会，没有功夫改造社会便是没有功夫办学，办学和改造社会是一件事，不是两件事。改造社会而不从办学入手，便不能改造人的内心；不能改造人的内心，便不是彻骨的改造社会。反过来说，办学而不包含社会改造的使命，便是没有目的，没有意义，没有生气。所以教育就是社会改造，教师就是社会改造的领导者。在教师的手里操着幼年人的命运，便操着民族和人类的命运。

寻常人又以为改造社会是要多数人干，决不是少数教师所能胜任的。尤其在穷乡僻壤中的小学有时只有一位教师，更觉得单身匹马不能有所作为。他们说："教师岂能独脚戏？"说这话的人忘记了他的四周都可以找着同志。孔子说："十室之邑，必有忠信。"又说："德不孤，必有邻。"这是孔子的经验谈。乡村虽小，必定可以找得着几位黄泥腿的领袖和我们合作。只须找着一两位，进行起来便能事半功倍。不但如此，同志便在眼前，一个个学生都可以成为活龙活虎的小同志。只要教师们放下孤高的架子，改造乡村的忠实同志正多着咧。

寻常人又以为改造社会是劝人家干或替人家干。这两种方式都是表面的工作。劝人戒烟、戒赌，或是劝人爱人、爱国，都是自己用嘴说说，便要人家负实行的责任，当然是没有多大效验的。有些人见他没有多大效验，便改变方针，替人家干。这样一来，受替代的人便难免发生惭愧，如不惭愧，便要发生依赖。自己居于高尚的地位，而令人惭愧；或自己处于赈济的地位，而令人依赖，都不是好法子。替人家干还含有一个不稳固的因子，就是到了终局，难免人存政举，人亡政息。那末，社会改造究竟要采取什么方式？

依我看来只有团结同志，共同去干，方能发生宏大久远的效力。真团体是要从扫除公敌、图谋公益、发挥公意上创造出来的。

寻常人最后还有一个误解，就是误认读书为教育，只要提到教育，便联想到读书认字。他们以为一切教育都从读书认字出发。他们只管劝人家识字读书，不顾到别的生活需要。识字读书是人生教育的一部分，谁也不能否认。但是样样教育都硬要从教书入手，走不得几步便走不通了。乡村里面十岁以上大多数的儿童教育，大多数的成人教育，都要从经济及娱乐两方面下工夫，读书认字只好附带在这里面去干。倘使一定要从读书认字出发，怕是多数人不能接受，那末，对于改造社会的影响，便是很有限了。

上面所说的几点，都证明地方教育及乡村改造的成败，是靠着人才为转移。所以培养乡村师资是地方教育之先决问题，也就是改造乡村的先决问题。不在培养人才上做工夫，一切都是空谈。现今各县对于乡村教育及乡村改造已有浓厚的兴趣，但是对于一县的乡村师范，每年只肯化数千元。固然也有多化的，但是寥若晨星。我们要想达到运用教育改造乡村的目的，必须出代价去培养教师，去培养教师的教师。江苏加征亩捐是个最好的机会，我以为在这义务教育萌芽时期，这笔钱应当多用于培养教师，少用在开办新校。教师得人，则学校活；学校活，则社会活。倘使有活的教师，各办一所活的小学，作为改造各个乡村的中心，再以师范学校总其成，继续不断的领导各校各村前进，不出十年，必著成效。依我的愚见看来，这是地方教育根本之谋，也是改造乡村根本之谋。

【注释】

①本篇原载于 1929 年 2 月《地方教育》第 1 期。

生活即教育①

（1930 年 1 月 16 日）

今天我要讲的是"生活即教育"。中国从前有一个很流行的名词，我们也用得很多而且很熟的，就是"教育即生活"（Education of life）。教育即生活这句话，是从杜威 (John Dewey) 先生那里来的，我们在过去是常常用它，但是，从来没有问过这里边有什么用意。现在，我把它翻了半个筋斗，改为"生活即教育"。在这里，我们就要问："什么是生活？"有生命的东西，在一个环境里生生不已的就是生活。譬如一粒种子一样，它能在不见不闻的地方而发芽开花。从动的方面看起来，好像晓庄剧社②在舞台演戏一样。

"生活即教育"这个演讲，从前我已经讲了两套，现在重提我们的老套。

第一套就是：

是生活就是教育，不是生活就不是教育；

是好生活就是好教育，是坏生活就是坏教育；

是认真的生活，就是认真的教育，是马虎的生活，就是马虎的教育；

是合理的生活，就是合理的教育，是不合理的生活，就是不合理的教育；

不是生活，就不是教育；

所谓之生活，未必是生活，就未必是教育。

第二套是第二次讲的时候包括进去的，是按着我们此地的五个目标加进去的，就是：

是康健的生活，就是康健的教育，是不康健的生活，就是不康健的教育；

是劳动的生活，就是劳动的教育，是不劳动的生活，就是不劳动的教育；

是科学的生活，就是科学的教育，是不科学的生活，就是不科学的教育；

是艺术的生活，就是艺术的教育，是不艺术的生活，就是不艺术的教育；

是改造社会的生活，就是改造社会的教育，是不改造社会的生活，就是不改造社会的教育。

近来，我们有一个主张，是每一个机关，每一个人在十九年度里都要有一个计划。这样，在十九年里，我们所过的生活，就是有计划的生活，也就是有计划的教育。于是，又加了这么一套：

是有计划的生活，就是有计划的教育，是没有计划的生活，就是没有计划的教育。我今天要说的，就是我们此地的教育，是生活教育，是供给人生需要的教育，不是作假的教育。人生需要什么，我们就教什么。人生需要面包，我们就得受面包教育；人生需要恋爱，我们就得过恋爱生活，也就是受恋爱教育。准此类推，照加上去：是那样的生活，就是那样的教育。

与"生活即教育"有连带关系的就是"学校即社会"。"学校即社会"也就是跟着"教育即生活"而来的，现在我也把它翻了半个筋头，变成"社会即学校"。整个的社会活动，就是我们的教育范围，不消谈什么联络，而它的血脉是自然流通的。不要说"学校社会化"。譬如现在说要某人革命化，就是某人本来不革命；假使某人本来是革命的，还要他"化"什么呢？讲"学校社会化"，也是犯同样的毛病。"社会即学校"，我们的学校就是社会，还要什么"化"呢？现在我还有一个比方：学校即社会，就好像把一只活泼泼的小鸟从天空里捉来关在笼里一样。它要以一个小的学校去把社会上所有的一切东西都吸收进来，所以容易弄假。社会即学校则不然，它是要把笼中的小鸟放到天空中去，使它能任意翱翔，是要把学校的一切伸张到大自然界里去。要先能做到"社会即学校"，然后才能讲"学校即社会"；要先能做到"生活即教育"，然后才能讲到"教育即生活"。要这样的学校才是学校，这样的教育才是教育。

杜威先生在美国为什么要主张教育即生活呢？我最近见着他的著作，他从俄国回来，他的主张又变了，已经不是教育即生活了。美国是一个资本主义的国家，他们是零零碎碎的实验，有好多教育家想达到的目的不能达到，想实现的不能实现。然而在俄国已经有人达到了，实现了。假使杜威先生是在晓庄，我想他也必主张"生活即教育"的。

杜威先生是没有到过晓庄来的。克伯屈先生是到过晓庄来的。克伯屈先生离了俄国而来中国，他说："在离莫斯科不远的地方，有一个人名夏弗斯基③的，他在那里办了一所学校，主张有许多与晓庄相同的地方。"我见了杜威先生的书，他说现在俄国的教育很受这个地方的影响，很注重这个地方。他们也主张生活即教育，社会即学校。克伯屈先生问我们在文字上通过消息没有？我说没有。我又问他："夏弗斯基这个人是不是共产党？"他说不是。我又问他："他不是共产党，又怎么能在共产党政府之下办教育呢？"他说："因为他是要实现一种教育的理想，要想用教育的力量来解决民生问题，所以俄政府许可他试验，他在俄政府之下也能生存。"我又对他说："这一点倒又和我相合，我在国民党政府之下办教育，而我也不是一个国民党党员。"这是克伯屈先生参观晓庄后与我所谈的话。

现在我们这里的主张，已经终于到了实现的时期了，问题是在怎样实现。这一点，可以分作三个时期：

第一个时期，是生活是生活，教育是教育，两者是分离而没有关系的。

第二个时期，是教育即生活，两者沟通了，而学校社会化的议论也产生了。

第三个时期，是生活即教育，就是社会即学校了。这一期也可以说得是开倒车，而且一直开到最古时代去。因为太古的时代，社会就是学校，是无所谓社会自社会、学校自学校的。这一期也就是教育进步到最高度的时期。

其次，要讲生活即教育与社会即学校，有几方面是要开仗的，而且，是不痛快，是很烦恼，而与我们有极大的冲突的。

第一，在这个时期，是各种思潮在中国谋实现的时期，中国几千年来的传统教育所支配的许多传统思想都要在此时期谋取得它的地位。第二，是外来的各种文化，如德国以前是以文化为中心的。这种文化，胡适之先生曾说是一种 Jantade man 的文化，是充满着绅士气的。第二是英国的。

现在先说中国遗留下来的旧文化与我们的生活即教育是有冲突的。中国从前的旧文化，是上了脚镣手铐的。分析起来，就是天理与人欲，以天理压迫人欲，做的事无论怎样，总要以天理为第一要件。

他是以天理为一件事，人欲为一件事。人欲是不对的，是没有地位的。在生活即教育的原则之下，人欲是有地位的，我们不主张以天理来压迫人欲的。这里，我们还得与戴东原④先生的哲学打通一打通：他说，理不是欲外之理，不是高高的挂在天空的；欲并不是很坏的东西，而是要有条有理的。我们这里主张生活即教育，就是要用教育的力量，来达民之情，顺民之意，把天理与人欲打成一片，并且要和戴东原先生的哲学联合起来。

与此有连带关系的就是"礼教"。现在有许多人唱"礼教吃人"的论调，的确，礼教吃的人，骨可以堆成一个泰山，血可以合成一个鄱阳湖。我们晓得，礼是什么？以前有人说，礼是养生的，那是与生活即教育相通的。这种礼，我们不惟不打倒，并且表示欢迎。假若是害生之礼，那就是要把人加上脚镣手铐，那是与我们有冲突的，我们非打倒不可。因为生活即教育，是要解放人类的。

再次，中国以前有一个很不好的观念，就是看不起小孩子。把小孩子看成小大人，以为大人能做的事小孩也能做，所以五六岁的小孩，就要他读《大学》《中庸》。换句话说，就是小孩子没有地位。我们主张生活即教育，要是儿童的生活才是儿童的教育，要从成人的残酷里把儿童解放出来。

还有一点要补充进去的就是书本教育。从前的书本教育，就是以书本为教育，学生只是读书，教师只是教书。在生活即教育的原则之下，书是有地位的，过什么生活就用什么书，书不过是一种工具罢了。书是不可以死读的，但是不能不用。从前有许多像这样的东西，是非推翻不可的，否则不能实现"生活即教育"。

现在外面传进来的思潮，也有许多与我们是冲突的。以文化做一个例吧，以文化做中心的教育，它的结果是造成洋八股。文化是人类创造出来的，固然是非常的宝贵，但它也不过是一种工具而已，不能拿作我们教育的中心。人为什么要用文化？是要满足我们人生的欲望，满足我们生活的需要。电灯是文化，我们用了它，可以把一切东西看得更明白。无线电是文化，我们用了它，可以更便利。千里镜是文化。我们用了它，可以钻进土星、木星里去。……所以文化是生活的工具，它是有它的地位的。我们不惟不反对，并且表示欢迎。欢迎它来做什么呢？就是满足我们生活的需要。有些人把它弄错了，认它做一种送人的礼物，这是不对的。文化要以参加做基础，有了这参加的最低限度的基础，才能了解，才能加上去。生活即教育与以文化为中心的教育的不同，就是如此。

还有训育⑤与生活即教育的理论怎么样？生活即教育与训育把训与教分家的关系怎样？生活即教育与社会即学校如何实现？小学里如何把它实现出来？假使诸位以为是行得通的，最好是每一个人拟一个方案来交给我，那一部分可以实现,我们就拿那个地方当一个社会实现出来。

现在我举一个例说:去年因为天干,和平学园因为急于要水吃,就开了一个井。井是学校开的,但是献给全村公用,不久就发现了两个大问题:

(一)每天出水二百担,不敷全村之用。于是大家都起早取水,后到的取不到水。明天又比别人早,甚至于一夜到天亮,都有取夜水的。到天亮时,井里的水已将干了。群聚在井边候水,一勺一勺的取,费尽了气力,才打出一桶水。

(二)大家围着取水,争先恐后,有时甚至用武力解决。

这种现象,假使是学校即社会,就可以用学校的权力来解决,由学校出个命令,叫大家照着执行。社会即学校的办法就不然,他觉得这是与全村人的生活有关系的,要全村的人来设法解决,于是就开了一个村民大会,一共到了六七十个人,共同来做一个吃水问题的教学做。到会的人,有老太婆,也有十二三岁的小孩子,公推了一位十几岁的小学生做主席。我和许多师范生,就组织了一个诸葛亮团,插在群众当中,保护这位阿斗皇帝。老太婆说的话顶多,但同时有许多人说话,大家听不清楚,而阿斗皇帝又对付不下来。这回,诸葛亮用得着了,他就起来指导。结果,共同议决了几件事:

(一)水井每天休息十小时,自下午七时至上午五时不许取水。违者罚洋一元,充修井之用。

(二)每次取水,先到先取,后到后取。违者罚小洋六角,充修井之用。

(三)公推刘君世厚为监察员,负执行处分之责。

(四)公推雷老先生⑥为开井委员长,筹款加开一井,茶馆、豆腐店应多出款,富户劝其多出,于最短期内,由村民团结的力量,将井开成。这几个议案是由阿斗会议所通过的。这就是社会即学校的办法。由此,我有几个感触:

(一)民众运动,要以对于民众有切身的问题为中心,否则不能召集。

(二)社会运动,非以社会即学校,则不能彻底实行。而社会即学校,是有实现的可能的。

（三）不要以为老太婆、小孩不可训练，只要有法子，只要能从他们切迫的问题着手。

（四）公众的力量比学校发生的大，假使由学校发命令解决，则社会上了解的人少，而且感情将由此分离。

（五）阿斗离了诸葛亮是不行的，和平门吃水问题，倘无相当指导，可以再过四五千年还没有解决。

（六）做民众运动是要陪着民众干，不要替民众干。训政工作要想训练中华国民，非此不可。

这就是以小学所在地做学校的一个例，其余的例很多，不必多举。社会即学校要如何的实现，请大家一样一样的做个方案，二次开会的时候再谈。

这是证明"生活即教育"与"社会即学校"是相联的，是一个学理。

关于"生活即教育"，我现在再来补充一套。我们是现代的人，要过现代的生活，就是要受现代的教育。不要过从前的生活。也不要过未来的生活。若是过从前的生活，就是落伍；若要过未来的生活，就要与人群隔离。以前有一部书叫做《明日之学校》，大家以为很时髦的，讲得很熟的。我希望乡村教师，要办今日之学校，不要办明日之学校。办今日之学校，使小学生过今日之生活，受今日之教育。

【注释】

①晓庄学校于 1930 年 1 月 16 日至 2 月 7 日举行全国乡村教师讨论会，本篇系陶行知在会上的演讲。记录者：戴自俺、孙铭勋，原载于 1930 年 3 月 29 日《乡村教师》第 9 期。

②晓庄剧社：晓庄学校师生组织的戏剧团体，成立于 1929 年年初，陶行知任社长，是中国最早的话剧剧团之一，与南国剧社、复旦剧社齐名。

③夏弗斯基：通译沙茨基。

④戴东原：即戴震。

⑤训育：德国赫尔巴特把教育工作分为管理、教育和训育三个部分。训育，一般指对学生行为、习惯的训练与控制。中国自清末兴办学堂以来，

传统教育所实施的训育，是强化以统治阶级的思想意识来影响学生，对学生的思想行为，从精神上进行严格的控制。

⑥雷老先生：即雷万民。

晓庄三岁敬告同志书①
（1930 年 3 月 15 日 ）

今日是何日？

当念三年前。

愿从今日起，

更结万年缘。

三年前的今日，老山下的小庄②出了一桩奇事。他们是来扫墓吗？香烛在哪儿？强盗来分赃吗？如何这样客气！他们是开学哟。开学？学堂在哪儿？连燕子都不肯飞来的地方，忽然这样热闹，奇怪得很！

不错，我们是来开学。说得更切些，我们是来开工。还不如说，我们是在这儿来开始生活。"从野人生活出发，向极乐世界探寻"，是我们今天所立的宏愿。学堂是有的，不过和别的学堂不同。他头上顶着青天，脚下踏着大地，东南西北是他的围墙，大千世界是他的课室，万物变化是他的教科书，太阳月亮照耀他工作，一切人，老的、壮的、少的、幼的、男的、女的都是他的先生，也都是他的学生。晓庄生来就是这样的一副气骨。

到了今天，已经是三周年了。说到可以看见的成绩，真是微乎其微。他所有的茅草屋，稍微有点财力的人，只要两个月就可以造得成功。一阵野火，半天便可以把他们烧得干干净净。至于每个同志之所有，除了一颗血红的心和一些破布烂棉花的行李之外，还有什么可说？然而晓庄毕竟有那野火烧不尽的东西。这些东西的价值，也许只等于穷人家在天寒地冻时之破布烂棉花，也许就是因为这些破布烂棉花的力量，那血红的心才能继续不断的跳动，那怀抱着这血红的心的生命便能生生不已。我现在所高兴说的就是这些东西。

晓庄是从爱里产生出来的。没有爱便没有晓庄。因为他爱人类，所以他爱人类中最多数而最不幸之中华民族；因为他爱中华民族，所以他爱中华民族中最多数而最不幸之农人。他爱农人只是从农人出发，从最多数最不幸的出发，他的目光，没有一刻不注意到中华民族和人类的全体。在吉祥学园③里写了两句话："捧着一颗心来；不带半根草去。"晓庄是从这样的爱心里出来的。晓庄可毁，爱不可灭。晓庄一天有这爱，则晓庄一天不可毁。倘使这爱没有了，则虽称为晓庄，其实不是晓庄。爱之所在即晓庄之所在。一个乡村小学里的教师有了这爱，便是一个晓庄；一百万个乡村小学里的教师有了这爱，便是一百万个晓庄。虽是名字不叫晓庄，实在是真正的晓庄了。

晓庄三年来的历史，就是这颗爱心之历史——这颗爱心要求实现之历史。有了爱便不得不去找路线，寻方法，造工具，使这爱可以流露出去完成他的使命。流露的时候，遇着阻力便不得不奋斗——与土豪劣绅奋斗，与外力压迫奋斗，与传统教育奋斗，与农人封建思想奋斗，与自己带来之伪知识奋斗。这奋斗之历史，也就是这颗爱心之历史。晓庄没有爱便不能奋斗，不能破坏，不能建设，不能创造。个人没有爱，便没有意义，即使在晓庄，也不见得有贡献。所以晓庄和各个同志的总贡献——破坏与创造——如果有的话，都是从爱里流露出来的。晓庄生于爱，亦惟有凭着爱的力量才能生生不已咧。

我们最初拿到晓庄来试验的要算是教学做合一的理论了。当初的方式很简单。它的系统也就是在晓庄一面试验一面建设起来的。这个理论包括三方面：一是事怎样做便怎样学，怎样学便怎样教；二是对事说是做，对己说是学，对人说是教；三是教育不是教人，不是教人学，乃是教人学做事。无论哪方面，"做"成了学的中心即成了教的中心。要想教得好，学得好，就须做得好。要想做得好，就须"在劳力上劳心"，以收手脑相长之效。这样一来，我们便与两种传统思想短兵相接了。一是孟子的"劳心者治人，劳力者治于人"的二元论。这种二元论在中国的力量是很大的。他在教育上的影响是：教劳心者不劳力；不教劳力者劳心。结果把中华民族划成两个阶级，并使科学的种子长不出来。二是先知后行的谬论。阳明④虽倡知行合一之说，无意中也流露出"知是行之始"之意见。东原⑤更进一步的主张"重行必先重知"。这种主张在中国教育上的影响极深。"知是行之始"一变而为"读书是行之始"，再变而为"听讲是行之始"。"重行必先重知"也有同样的流弊。请看今日学校里的现象，哪一处不是这种谬论所形成。不入虎穴，焉得虎子。知识是要自己像开矿样去取来的。取便是行。中国学子被先知后行的学说所麻醉，习惯成了自然，平日不肯行，不敢行，终于不能行，也就一无所知。如果有所知，也不过是知人之所知，不是我之所谓知。教学做合一既以做为中心，便自然而然地把阳明、东原的见解颠倒过来，成为"行是知之始""重知必先重行"。我很诚恳的敬告全国的同志："有行的勇气，才有知的收获。"先知后行学说的土壤里，长不出科学的树，开不出科学的花，结不出科学的果。

教学做合一的理论最初是应用在培养师资上面的。我们主张培养小学教师要在小学里做，小学里学，小学里教。这小学是培养小学教师的中心，也就是师范学校的中心，不是他的附属品，故不称他为附属小学而称他为中心小学。培养幼稚园教师的幼稚园和培养中学教师的中学，都是中心学校而不是附属学校。现在实行的学园制即是艺友制，每学园有导师、艺友及中心学校，更进一步求教学做合一的主张之贯彻。现今师范教育之传统观念是先理论而后实习，把一件事分作两截，好一比早上烧饭晚上请客。除非让客人吃冷饭，便须把饭重新烧过。教学做合一的中心学校就是要把理论与实习合为一炉而冶之。

教学做合一不是别的，是生活法，是实现生活教育之方法。当初，生活教育戴着一顶"教育即生活"的帽子。自从教学做合一的理论试行以后，渐渐的觉得"教育即生活"的理论行不通了。一年前我们便提出一个"生活即教育"的理论来替代。从此生活教育的内容方法便脉脉贯通了。

"生活即教育"怎样讲？是生活即是教育。是好生活即是好教育，是坏生活即是坏教育；有目的的生活即是有目的的教育，无目的的生活即是无目的的教育；有计划的生活即是有计划的教育，无计划的生活即是无计划的教育；合理的生活即是合理的教育，不合理的生活即是不合理的教育；日常的生活即是日常的教育；进步的生活即是进步的教育。依照生活教育的五大目标说来：康健的生活即是康健的教育；劳动的生活即是劳动的教育；科学的生活即是科学的教育；艺术的生活即是艺术的教育；改造社会的生活即是改造社会的教育。反过来说，嘴里念的是劳动教育的书，耳朵听的是劳动教育的演讲，而平日所过的是双料少爷的生活，在传统教育的看法不妨算他是受劳动教育，但在生活教育的看法则断断乎不能算他是受劳动教育。生活教育是运用生活的力量来改造生活，它要运用有目的有计划的生活来改造无目的无计划的生活。

生活教育既以生活做中心，立刻就与几种传统思想冲突。第一种传统思想与生活教育冲突的是文化教育。他以文化为中心。德国战前之教育即是以文化为中心。中国主张此说的也不少。依生活教育的见解，一切文化只是生活的工具。文化既是生活的工具，哪能喧宾夺主而做教育的中心？第二种传统思想与生活教育冲突的是教、训分家。在现代中国学校里教、训分家是普遍的现象。教育好像是教人读书，训育好像是训练人做人或是做事；教育好像是培养知识，训育好像是训练品行；教育又好像是指所谓之课内活动，训育则好像是指所谓之课外活动。所以普通学校里，有一位教务主任专管教育；又有一位训育主任专管训育。某行政机关拟以智仁勇为训育方针，那末，教育方针又是什么呢？生活教育的要求是：整个的生活要有整个的教育。每个活动都要有目标，有计划，有方法，有工具，有指导，有考核。智识与品行分不开，思想与行为分不开，课内与课外分不开，做人做事与读书分不开，即教育与训育分不开。生活教育之下只有纵的分任，决无横的割裂。某人指导团体自治，某人指导康健是可以的。这是纵的分任。若是团体自治的智识是功课以内归教务主任管，团体自治的行为是功课以外归训育主任管，这就是生活的横的割裂，决说不过去。第三种传统思想与生活教育冲突的是教育等于读书。生活教育指示我们说：过什么生活用什么工具。书只是生活工具之一种，是要拿来活用的，不是拿来死读的。书既是用的，那末，过什么生活便用什么书。第四种传统思想与生活教育冲突的是学校自学校、社会自社会。从前学校门前挂着闲人莫入的虎头牌⑥以自绝于社会，不必说了，就是现在高谈学校社会化、或是社会学校化的地方，也往往漠不相关。生活即教育的理论一来，它立刻要求拆墙，拆去学校与社会中间之围墙，使我们可以达到亲民亲物的境界。不但如此，它要求把整个的社会或整个的乡村当作学校。与"生活即教育"蝉联而来的就是"社会即学校"。第五种传统思想与生活教育冲突的就是漠视切身的政治经济问题。我们既承认"社会即学校"，那末，社会的中心问题便成了学校的中心问题。这中心问题就是政治经济问题。我们最初定教育目标时对于政治经济即特别重视。赵院长⑦后来又作有力的宣言说："生活教育是教人做工求知管政治。"江问渔先生近著《富教合一》和《政教合一》两篇文字，使生活教育之内容更为明显。我也作《富教合一后论》《政教合一后论》《政富合一论》，以尽量发挥三者之关系，终于构成政富教合一理论之系统。晓庄所办之自卫团、妇女工学处，现在向省政府建议设置之试验乡以及十九年度计划中之生产事业，都是想把政治、经济、教育打成一片，做个政富教合一的小试验。政富教合一的根本观念是要将政富教三件事合而为一。如何使他们合起来？要叫他们在"遂民之欲达民之情"上合起来。现在这三件事的中间有很大的鸿沟。它的根本原因不外三种：一是富人拿政治与教育作工具以遂富人之欲而达富人之情；二是政客拿富人之力与教育作工具以遂政客之欲而达政客之情；三是不肯拿教育给富人和政客做工具的教师们存了超然的态度，不知教人民运用富力和政治力以遂民之欲达民之情。我们要知道等到富力成为民的富力，政治力成为民的政治力，然后生活才算是民的生活，教育才算是民的教育。在教育的立场上说，我们所负的使命：一是教民造富；二是教民均富；三是教民用富；四是教民知富；五是教民拿民权以遂民生而保民族。我们要教人知道，不做工的不配吃饭，更不配坐汽车。我们要教人知道"朱门酒肉臭，路有冻死骨"是最大的罪孽。我们要教人知道富力如同肥料，堆得太多了要把花草的生命烧死。我们要教人民造富的社会，不造富的个人。从农业文明进到工业文明，我们要教农民做机器的主人，不做机器的奴隶。这种主张，不消说，不但和"先富后教"、教育不管政治一类的传统思想冲突，凡是凭着特殊势力以压迫人民，致使民之欲不得遂、民之情不得达的，都是我们的公敌。

最后，晓庄是同志的结合，我不要忘记了叙述。晓庄的茅草屋一把野火可以烧得掉。晓庄的同志饿不散，冻不散，枪炮惊不散。我们是为着一个共同的使命来的。这使命便是教导乡下阿斗做中华民国的主人。要想负得起这个使命，便不能没有特殊的修养。这是我们自己勉励的几条方针：

一、自立与互助

"滴自己的汗。吃自己的饭。自己的事自己干。靠人靠天靠祖上，不算是好汉。"这首《自立歌》，晓庄的人是没有不会唱的了。我们所求的自立，便是这首歌所指示的。但是自立不是孤高，不是自扫门前雪。我们不但是一个人，并且是一个人中人。人与人的关系是建筑在互助的友谊上。凡是同志，都是朋友，便当互助。倘不互助，就不是朋友，便不是同志。我们唱一首互助歌罢："小小的村庄，小小的学堂，小小的学生，个个是好汉。好汉！好汉！帮人家的忙。"

二、平等与责任

在晓庄，凡是同志一律平等。共同立法的时候，师生工友都只有一权，违法时处分也不因人而异。我们以为，在同一的团体里要人共同守法，必须共同立法。但同志的法律地位虽平等，而责任则因职务而不同。职务按行政系统分配，各有各的职务，即各有各的责任。责任在指挥，当行指挥之权；责任在受指挥，应负受指挥之义务。

三、自由与纪律

晓庄团体行动有一致遵守的纪律，五十岁以上及对本校学术有特殊贡献的人，得由本校赠与晓庄自由章，不受共同纪律之限制。但这些纪律的目的，无非也是增进团体生活的幸福，防止个人自由之冲突。晓庄毕竟不但是个"平等之乡"，而且是个"自由之园"。晓庄以同志的志愿为志愿，以同志的计划为计划，以同志的贡献为贡献。晓庄虽然希望每个同志对于共同的志愿、计划是要有些贡献，但是乡村教育的范围广漠无边，除非是身在乡下心在城里的人，总可以找出一两样符合自己的才能兴味。大部分的生活都是供大家自由的选择。学园的成立是由于园长选同志，同志选园长，格外合乎自由的意义。试验自由是各学园的础石。晓庄所要求于个人的只是每个人都要有计划，要按着自己的计划进行。至于什么计划，如何实现，都是个人的自由。在理想的社会里，凡是人的问题都可以自由的想，自由的谈，自由的试验。晓庄虽然没有达到这种境界，但愿意努力创造这样的一个社会。这里含蓄着进步的泉源，这里孕藏着人生的乐趣。乡下人的面包已经给人家夺去一半了，剩下这点不自由的自由是多么的尊贵哟！

四、大同与大不同

这又是一对似乎矛盾而实相成的名词。我们试到一个花园里面去看一看：万紫千红，各有它的美丽；那构成花园的伟观的成分正是各种花草的大不同处。将这些大不同的花草分别栽种，使它们各得其所，及时发荣滋长，现出一种和谐的气象，令人一进门便感觉到生命的节奏：这便是大同之效。晓庄不是别的，只是一个"人园"，和花园有相类的意义。我们愿意在这里面的人都能各得其所，现出各人本来之美，以构成晓庄之美。如果要找一个人中模范教一切人都学成和他一样，无异于教桃花、榴花拜荷花做模范。我们当教师的实在需要园丁的智慧。晓庄不但是不要把个个学生造成一模一样，并且也不愿他们出去照样画葫芦。晓庄同志无论到什么地方去，如果只能办成晓庄一样的学校，便算本领没有学到家，便算失败。没有两个环境是相同的，怎能同样的办？晓庄同志要创造和晓庄大不同的学校才算是和晓庄同，才算是第一流的贡献，才算是有些成功。

同志们！记牢了我们的使命是教导乡下阿斗做中华民国的主人。乡下阿斗没有出头之先，我们休想出头。乡下阿斗没有享福之先，我们休想享福。

我们若是赶在农人前面去出头享福，只此一念便是变相的土豪劣绅。与农人同甘苦，共休戚，才能得到光明，探出生路。我们大家唱首《劳山歌》，为中华民国的主人努力吧！

老山劳，

小庄晓。

俺锄头，

起来了。

老山劳，

小庄晓。

新时代，

推动了。

【注释】

①本篇原载于 1930 年 3 月 15 日《乡村教师》第 7 期。

②小庄：陶行知于 1927 年 3 月 15 日在老山小庄（村）创办晓庄学校。后将"老山"改为"劳山"，"小庄"改为"晓庄"。陶行知在本文《劳山歌》中表达了他更名的思想。

③吉祥学园：原名晓庄师范吉祥庵中心小学，创建于 1928 年春。后因晓庄师范各中心小学扩大，故将中心小学更名为学院。1930 年又改"学院"为"学园"，其意为培养人才幼苗之园地。

④阳明：即王守仁。

⑤东原：即戴震。

⑥虎头牌：清代的衙门大门上都挂着虎头牌，上面写着"禁止闲人擅入"等字。这时的学校也仿效衙门，挂着"闲人莫入"的虎头牌。

⑦赵院长：即赵叔愚。

艺友制的教育①

（1930 年 7 月）

释义

何谓艺友制？艺者艺术之谓，亦可作手艺解。友为朋友。凡以朋友之道教人艺术或手艺者，谓之艺友制教育。

方法

艺友制之根本方法为教学做合一。事如何做便如何学，如何学便如何教。教法根据学法，学法根据做法。先行先知者在做上教，后行后知者在做上学。共教、共学、共做方为真正之艺友制，亦惟艺友制始能彻底实现教学做合一之原则。

史略

中华教育改进社考察乡村学校后，深觉改造乡村教育非另辟途径不为功，故于民国十五年与燕子矶小学、尧化门小学、开原小学特约设置铺位，以便远道同志可以留校作较长时间之观摩。此为艺友制之发端。江恒源②适为江苏教育厅长，深以此法为然，即派其侄希彭至燕子矶小学共同生活，以为回乡创办板浦小学之准备。江希彭留燕子矶数月，颇得互助之益。十六年秋，燕子矶幼稚园成立，丁夫人③偕同女毕业生二人随张宗麟指导及徐教员④学办乡村幼稚园，进步异常迅速。至此，同人益信此制不但为培养人材最有效力之方法，而且为解除乡村教师寂寞与推广普及教育师资之重要途径。此时虽有事实，却无名称，群戏称为徒弟制。但徒弟制实不足以充分表示此制之精神。直至十七年一月五日始定名为艺友制。

艺友制在师范教育上之应用

艺友制之发现既以小学幼稚园为发祥地，则其应用于师范教育，自较他门教育为速。教师生活是艺术生活，其职务亦是一种手艺，应当手到心到躬亲实行者。彼惟高谈阔论，妄自尊大，不屑与三百六十行为伍者，岂能当二十世纪教师之名？学做教师之途径有二：一是从师；二是访友。随友学较从师为更自然而有效。故欲为优良教师，莫便于与优良教师为友。现行师范教育将学理与实习分为二事，所出人才与普通中学不相上下，国内少数优良小学全凭天才护持，至于师范教育之人为的贡献，尚属甚微。大多数曾受师范训练之人才至今办不出一所令人仰慕之学校，不亦深可叹息乎？艺友制以教学做合一为原则，自能纠正今日师范教育之流弊。民国十七年一月八日南京试验乡村师范学校、燕子矶小学、尧化门小学、晓庄小学、鼓楼幼稚园、燕子矶幼稚园已开始联合招收艺友。此是用艺友制的旗帜正式招集同志之起点。一月九日作者曾在《申报》及《民国日报》上发表一文，题为《艺友制师范教育答客问》，略述艺友制师范教育之原理。南京特别市教育局学校教育课陈鹤琴课长同时向南京女子中学及南京中学师资科征求同意，派遣将毕业学生至市立实验小学充艺友。南京特别市教育局亦拟招收艺友十余人，以培植教育行政人才。现此制推行至为迅速，影响所及，约有五端：一、凡有优良教师之学校皆可招收艺友，成为训练教师之中心；二、附属学校将失去惟一实习场所之资格，倘附属学校欲负训练教师之责，便非根本改造不可；三、推行义务教育之师资可以增加一伟大之来源；四、优良乡村小学教师既可招收艺友，自能解除生活上一部分寂寞；五、根本推翻师范教育之传统观念。

艺友制与艺徒制之比较

艺友制与艺徒制之关系甚密切。由源头上观察，艺友制亦可谓是从艺徒制中脱胎而来者。艺友制与艺徒制之所同者为教学做合一，艺徒制是在做上教，在做上学，艺友制亦然。但艺徒制有三种流弊系艺友制所革除者：一、艺徒制下之工匠待艺徒几如奴仆，至不平等。二、工匠所有秘诀、心得对艺徒不愿轻传，故使艺徒自摸黑路，精神、时间，皆不经济。三、一切动作，偏重劳力而少用心，太无进步。艺友制则不然：教者、学者既是朋友，便须以平等相待，以至诚相见，尤须共同在劳力上劳心，以谋事业之进步。

艺友制之推行

艺友制之成功在乎指导之得人。故凡有指导能力者，皆可以招收艺友，初不问其事业之粗细也。图画家、音乐家、雕刻家、戏剧家、电影家、著作家、新闻家、行政家、军事家、科学家、民众运动家、医生、教师、律师、技师、拳师、农夫、木匠、裁缝、商人，皆可以招收艺友。民国十七年一月十五日，中华职业教育社为推广艺友制起见，决定拟订介绍办法，使有志青年得以依据兴趣才能，充当一种事业专家之艺友，以谋上进。该社并拟筹集艺友贷金，俾贫寒天才不致因经济压迫而失学。凡此皆推行艺友制之重要步骤也。

【注释】

①本篇是陶行知为《教育大辞书》写的词条，载于第 1649 页。

②江恒源：即江问渔。

③丁夫人：即丁超的夫人。

④徐教员：即徐世璧。

创造的教育①

（1933 年 3 月）

诸位同学：

我今天的讲题是"创造的教育"。

什么是创造的教育？先说明"创造"两个字的意义。我举两个例子来说吧。鲁滨孙漂流到荒岛上去，口渴了，白天他走到海边用手去捧水喝，到黑夜里就没有办法了。他偶尔在灶的旁边，看见经火烧过的泥土，硬得如石子一样。他想到软的土经火烧了，就成坚固且硬的东西，于是他把土做成三个瓶子，放入火中去烧，烧碎了一个，其余的两个可以满满的盛着水。于是他口渴的问题完全解决了。我们把这件事分析起来，可以发现三点：

他把手捧水喝，到黑夜发生了困难，是他的行动；发现泥土经过火烧变成坚固且硬的东西，也是他的行动；把泥土塑成了瓶，希望同烧过的土一样的坚固，是他的思想。结果，他瓶子盛水的计划成功了，是新价值的产生。由行动而发生思想，由思想产生新价值，这就是创造的过程。这个例子是"物质的创造"。再如《红楼梦》上刘姥姥游大观园，贾母请客，后来唤了二只船来，贾母同媳妇人等在前船先行，宝玉同姊妹们在后船后行。河内余满着破残荷叶，宝玉的船划不快，追不上前船。宝玉心里非常忿怒，马上要铲光破荷叶。薛宝钗说："现在仆人们很忙碌，等他们空了，再叫他们铲除吧！"林黛玉说："我平生最不喜欢李义山的诗，只有一句还可以。"宝玉问她究竟是哪一句呢？黛玉说，"留得残荷听雨声"一句。宝玉一想，觉得破荷叶很有用处，就不再要铲荷叶了。这个例子中，船行到荷叶中去，是行动；破荷叶妨碍行船，是行动；林黛玉提出李义山的诗句，是思想；宝玉心中厌恶的破荷叶，一变而为可爱的天然乐器，是产生了新的价值。这种新观念的成立，是"心理的创造"。

我现在再讲行动，关于教育上的行动。中国现在的教育是关门来干的，只有思想，没有行动的。教员们教死书，死教书，教书死；学生们读死书，死读书，读书死。所以那种教育是死的教育，不是行动的教育。我们知道王阳明先生是提倡"知行合一"说的，他说"知是行之始，行是知之成"。他的意思是先要脑袋里装满了学问，方才可以行动。所以大家都认为学校是求知的地方，社会是行动的地方，好像学校与社会是漠不相关的，以致造成一班只知而不行的书呆子。所以阳明先生的二句话，很可以代表中国数千年的传统教育的思想。现在我要把他的话翻半个筋斗。如果翻一个筋斗，岂非仍是还原吗，所以叫他翻半个筋斗，就是说："行是知之始，知是行之成。"例如爱迪生发明电灯，不是从前的人告诉他的，是玩把戏而偶然发现的。小孩子不敢碰洋灯泡，是他弄火烫痛的经验；至于妈妈告诉他火是烫人的，不过使小孩子格外清楚一些。所以要有知识，是要从行动中去求来，不行动而求到的知识，是靠不住的。有人告诉你这是白的，那是黑的，你不行动，就不能知道哪个是真，哪个是假。有行动的勇敢，才有真知识的收获。书本子的东西，不过告诉你别人得来的知识。有许多人著书，东抄西袭，这种抄袭成章的知识，不是自己知识的贡献。你能行动，行动才生困难，想法解决了困难，才是真知识的获得。我现在介绍杜威先生思想的反省 (Reflectria of Thinking) 中的五个步骤：（一）感觉困难；（二）审查困难所在；（三）设法去解决；（四）择一去尝试；（五）屡试屡验，得到结论。我的意思，要在"感觉困难"上边添一步："行动。"因为惟其行动，到行不通的时候，方才觉得困难，困难而求解决，于是有新价值的产生。所以我说行动是老子，思想是儿子，创造是孙子。你要有孙子，非先有老子、儿子不可，这是一贯下来的。但是我们知道，单独的行动，也是不能创造的，如中国农夫耕种的方法，几千年来，间有小小的改良外，其余的都是墨守陈规，毫无创造。还有许多书呆子，书尽管读得多，也不能创造。所以要创造，非你在用脑的时候，同时用手去实验，用手的时候，同时用脑去想不可。手和脑在一块儿干，是创造教育的开始；手脑双全，是创造教育的目的。孟子说："劳心者治人，劳力者治于人。"这是孟子当时的教育思想。时至今日，这种传统的思想已经起了一个极大的地震，渐渐的在那里崩溃了。我最近读了世界许多有名科学家的传记，觉得有发明的人，都是以头脑指挥他的行动，以行动的经验来充实他的头脑。中国的所谓学者，他们擅长的是高谈阔论，作空文章；而做劳工的人，又不读书，不肯用脑。所以一辈子在这种传统习尚下过生活，大科学家、大发明家哪里会产生？现在我们知道了，劳工教育啦，平民教育啦，都是时见时闻的。但是情势一变，"反动""嫌疑"等等名目都加上来，你就陷于四面碰壁的绝境。有许多教育界很有声望的、无阻无碍的人，他们又不愿去干，以致这种教育至今还尚在萌芽时代。

行动的教育，要从小的时候就干起。要解放小孩的自由，让他做有意思的活动，开展他们的天才。至于我们一辈，从小是受传统教育的熏陶，到现在觉悟起来，成为一个半路出家的和尚。和尚是半路出家，他往往会想起他的家来。例如不吃鸦片的人，一见鸦片就生厌恶，但吃过鸦片的人，虽然戒了，至少对它有相当的感情。我们小的时候，有天赋的行动本能，不过一切工作都被仆人们代做去了，被慈善的妈妈代做去了。稍长一些，我们到小学校去读书，有阎罗王般的教师坐在上面，不许我们动一动。中学和大学的课程是呆呆的订死在那里，你要动亦不得动。到现在始费尽九牛二虎之力，挣扎着改变久受束缚的人生，还不能回复自然的行动本能。但是我们不要灰心，时机也并不算晚，佛兰克林四十几岁才发明了电呢②！不过行动的教育，应当从小就要干起，因为小孩子还没有斫丧他行动的本能，小小的孩子，就是将来小小的科学家。假使我们给小孩子自由行动，我相信千百孩子之中，一定有一个小孩是天才，是一个创造者、发明者。爱迪生小时候，是个很喜欢行动的小孩子。当时美国的教育，也同中国一样，小学教员是禁止小孩子活动的。爱迪生违反了教师的训条，就蒙到"坏蛋"的声名，不到三个月，爱迪生被"坏蛋"的空气逼走了。爱迪生的母亲不服气，她以为她的儿子并不是"坏蛋"，"蛋"并没有"坏"，她就教他先在地窖里研究化学，后来研究物理，结果成了一个闻名的科学家。所以爱迪生的成功，幸而有他的妈妈，否则老早就把他的天才牺牲了。牛顿生下来的时候，小到像小老鼠一只，体重只有三磅。看护妇去请医生的时候，很不高兴的说："这样小老鼠一般大的东西，等到医生来，早已一命归天了。"岂料小老鼠一般的东西，就是以后闻名的科学家，还活到八十多岁呢。据说牛顿小的时候，并不聪明。可见小孩子的时代，很难看得出哪一个是天才的儿童。

四月四号是世界儿童节，中华慈幼协会③请我编了四支儿童歌：

小盘古

我是小盘古，

我不怕吃苦。

我要开辟新天地，

看我手中双斧。

小孙文

我是小孙文，

我有革命精神。

我要打倒帝国主义，

像个球儿打滚。

小牛顿

我是小牛顿，

让人说我笨。

我要用我的头脑，

向大自然追问。

小工人

我是小工人，

我有双手万能。

我要造富的社会，

不造富的个人。

　　我们要打倒传统的教育，同时要提倡创造的教育。他的办法是怎样呢？我们知道，传统的教育，他们一个教室容纳四五十人，试问教师的力量有多么大，能够完全去推动全级学生？所以就发生了教育方法上的错误。我们现在的办法是教师教大徒弟，大徒弟再去教小徒弟，先生在上了几堂课以后，鉴别了几个较有天才、聪明的大徒弟。以后教师就专门去教大徒弟，所以他的精神容易去推动他们，学问也容易灌输到他们头脑中去。大徒弟再把他所得到的，分别的去教那些小徒弟。学生们很活动的去找寻知识，解释困难，贡献他所求得的知识，先生不过站在旁边的地位略加指点而已。我们认为这种教育，是行动的教育。有行动才能得到知识，有知识才能创造，有创造才有热烈的兴趣。所以我们主张"行动"是中国教育的开始，"创造"是中国教育的完成。我曾经参观过一个学校，这个学校是小孩子办的。我问他们说："你们是大小孩子教小小孩子吗？"有一个小孩子回答说："是的，不过有许多时候小小孩子也教大小孩子呢。"我说："你的话是对的，是真理，比我的意见更进一层。"现在中国传统教育下的知识阶级，根本就看不起小孩子，看不起农人、工人。但是试问他们的力量有多么大？倭奴侵占我们的东三省，你有力量赶走他吗？不可能！我们要启发小孩子，启发农人、工人，运用大多数人的力量，才能够去创造，才能救国雪耻。我来举一个例子，证明农人的力量并不弱。从前我办一个学校，在校的旁边凿了一口井，专门供给学校用水的。有一年大旱，乡村中旁的井水都汲干了，所以乡民都集中到校旁井内来汲。后来这口井也涸竭了，于是我们校里，因为水的恐慌开了一个会。当时有人主张，把井收回自用。我不以为然。我说："我们的学校，是以社会作学校的，不应该把社会圈出于学校之外。假如这样，我们将来推广农事和民众教育就不容易办了。用水既是大众的事，还不如请大众共同来共同解决。"于是请各村庄每家派一个代表，男的、女的、小孩子在十三岁以上的都可以，没有多少时候，礼堂上已挤满了代表。我们教员们，自觉居于孔明的地位，三个臭皮匠合做一个诸葛亮的地位，所以黄龙宝座的主席，推了一个十三岁的小孩子。我们略略讲了几条会场规则之后，就正式开会。那一天的会，非常有精彩、有力量，当时发言最多且最好者，要推老太婆！好！我们来听有一个老太婆的宏论。她说人是要睡觉的，井也是要睡觉呢；井不让它睡觉，一辈子就没有水吃。所以当时一致议决井要睡觉。自下午七时起至翌晨五时止，不得唤醒井，违者罚大洋一元，作修井之用。当这个老太婆发言未完，另有一个老太婆，也想立起来发言，就有第三个老太婆牵牵她的衣襟，制止她的发言，说："不是方才先生说过的吗？"你想他们非但能够自治，而且还能管理他人，所以当时会场发言的人非常多，秩序还是一丝不乱。他们讨论了好久，还制成几条议案：第二条就是汲水的程序，先到者先汲，后到者后汲，违者罚大洋五角，作修井之用；第三条就是再开凿一井，把太平天国时留下淤塞的废井加以开凿，经费富者多捐，贫者少捐，茶店、豆腐店也多捐一些；其四，推举奉天刘君世厚为监察委员，掌理罚款，调解纠纷。结果，一个大钱都没有罚到，因为这是出于农人自动的议决，所以大家能遵守。你看农人的力量是多么大，他们的话多么的公正和有效，这种问题来的时候，岂是少数人所能干得了吗？不过他们的旁边，还是需有孔明在那里指示，否则恐怕到如今，井还没有开凿成功。所以创造的教育应该启发农人、工人、学生……使他们得真的知识，才是真的创造。

其次我要讲的：现在中国的教育组织，是不能创造的。我们可以分两种来说：第一种是，学校是学校，社会是社会。他们认为学校是求知的地方，社会是行动的地方；他们说读书不忘救国，救国不忘读书。日本人的炮弹已经飞到他们面前，还是子曰子曰读他的书，这种教育是亡了中国还不够的。第二种，他们已经觉得学校是离不开社会的，所以他们主张"学校社会化"。他们想把社会的一切，都请到学校里来，所以学校里什么都有：公安局啦，卫生局啦，市政厅啦，什么都有。但是他们所做的与社会依旧是隔膜的。况且学校有多么大，能够包罗万象？他们的学校好像大的鸟笼，把鸟儿捉到笼里来养，又好像一只大缸，把鱼儿捉到缸里来养。结果鸟儿过不来鸟笼的生活，死了；鱼儿过不来鱼缸的生活，死了。所以这种似是而非的教育是不自然的、虚伪的和无力量的，也不是创造的教育。创造的教育是怎样呢？就是"以社会为学校""学校和社会打成一片"，彼此之间，很难识别。社会含有学校的意味，学校含有社会的意味。我们要把学校的围墙拆去，那么才可与社会沟通。这种围墙不是真的围墙，是各人心中的心墙。各人把他的感情、态度从以前传统教育那边改变过来，解放起来。实则这种教育，只要有决心去干，是很容易办到的。例如大夏大学的附近有许多村庄，庄上的人，都是散漫的，无教育的。假使我们把学校与村庄沟通，大学生都负责去创造新村，村上的人，都接受到知识，形成活泼的有力量有生命的村庄，再把全中国所有的村庄联合起来，构成一个有大生命的中国，民众的力量可以集中，国难也可共赴。这样做去，要普及教育，一年就可以成功。我们自近而后远，先小而后大，着手办去，把小孩子、农人、工人都培养起来，这才是创造教育的目的。中国现在的教育不是平等发展的，是畸形发展的：一方面有博士、硕士；一方面有一大群无知识的民众。迟滞的表示不出多大贡献。

现在我再要讲,创造的教育是以生活为教育,就是生活中才可求到教育。教育是从生活中得来的,虽然书也是求知之一种工具,但生活中随处是工具,都是教育。况且一个人有整个的生活,才可得整个的教育。举个例来说吧,有一个儿子,他是喜欢赌博的,他的母亲训斥他。不过他的母亲却悄悄地到邻舍去赌博了,他在窗内看见他的母亲赌博,于是也到别处去赌博了。这个孩子过的是赌博生活,受的是赌博教育,不期而然而成赌博的人生。某学校反对我"生活即教育"的主张,我去参观他们的学校,适逢吃饭的时候。他们的饭菜是有等级的,厨子巴结先生,先生的菜特别好,学生的菜,简直坏之不堪。他们请我在先生一桌吃饭,我愿意同学生一块儿吃。学生的饭菜坏到怎样呢?他们名为一碗肉,肉仅在碗面上有几小块,学生在未下箸的时候,目光炯炯地早已看准那最大的一块,一下箸,一碗饭还没有吃完,而菜已吃得精光了。这种饕餮的状态,无形中在饭堂里更造成了许多小军阀。这个学校,是不把吃饭问题归入教育范围之内的。有许多学校对于男女学生的恋爱,他们是讳莫如深,但恋爱问题,往往闹遍在学校里。现在生活的教育是怎样呢?我们知道恋爱、吃饭等问题都是非常重要的。所以,恋爱先生我怕你,请你进来;吃饭先生我怕你,请你进来:我们一块儿干吧!我们的教育非但要教,并且要学要做。教而不学,学而不做,叫做"忘三"。我们要能够做,做的最高境界就是创造。我们要能够学,学从生活中去学,只知学而不知做,就不是真的学。我们要能够教,教要教得其所,要有整个的教育,平等的行动的教育,不要像现在畸形的教育。有人说我的创造教育,不成其为学校,我做了一首诗:"谁说非学校,就算非学校。依样画葫芦,简直太无聊。"

【注释】

①本篇是陶行知在上海大夏大学的演讲记录。记录者:华炜生。原载于1933年3月《教育建设》第5集。

②佛兰克林四十几岁才发明了电:指富兰克林在研究大气电方面曾做出贡献,发明了避雷针。

③中华慈幼协会：以完善幼儿保育为宗旨的慈善团体，为朱其慧筹创。

小先生与普及教育①

(1933 年 4 月 16 日)

据最近教育部统计，中国今日有一千万【失学】儿童，实际上达就学年龄之儿童应有八千万，而且以数年来提倡义务教育的效果论，今日就学的儿童，亦应有四千万；故事实上仍只有一千万者，原因虽多，普及教育方法的不妥善，实在是主要的阻碍。近几年来，思索试验的结果，以为小先生的办法，倒是一解决途径。尤其是在今日农村破产，经济万分拮据之秋，如能将小先生的办法尽量推行，不出两年，即可使教育普及。请先举出三例来证明：

一、十年前我方从事于提倡平民教育，家母也欲识字。那时，家中惟一能教她老人家的，只有一个六岁的孙儿，于是这个孙儿便担任了教祖母的责任。等到教会了十六课字以后，我就根据这十六课字，写了一封信给家母。她看了，读读听听，居然也就懂了那封信里的意思。六岁小孩子能教祖母，岂不证明小先生有教人识字的能力么？而且又有照片作证。这也不是独创的事，最近有一位朋友看见我热心提倡小先生的办法，就把最近报纸上的一张苏俄儿童教成人的照片寄给我。我想不只苏俄有这一类事实，世界各国莫不有此等事实。

二、南京晓庄师范停闭后，当地识字的儿童便自动地组织了一所自动学校，纯粹由儿童们负责。因为成绩很有可观的原故，已经政府立了案。我在他们开办后，就送了他们一首诗。这首诗我事前给了我的一些朋友们、留学生看过，都以为好到一字不能改。我于是很自信的寄与他们。诗如下：

有个学校真奇怪，

大孩自动教小孩。

七十二行皆先生，

先生不在学如在。

哪知他们接到我的诗后，竟回了我一封信，不仅能懂得我的诗，而且说：

1. 大孩能教小孩，小孩难道不能教大孩么？

2. 大孩能自动，难道小孩不也能自动么？

我接着他们的回信后，以为他们的理由很充足，就把第二句的"大"字改成"小"字，从此，我的这首诗就改成"小孩自动教小孩"了。以一班儿童而居然能改留学生们所以为不好改的诗，不又证明小先生的能力吗？

去年淮安小学七个学生到各地旅行，没有人领导。过镇江至上海时，只剩了十元旅费。他们在上海住了五十余日，就以卖演讲为生，每次十元。许多大学和中学都先后请他们去演讲；及至回去时，已余下六十余元，买了不少的书带回去；演讲也讲得好。事后，他们的校长来信问我的感想，我因事忙，回了他下面一首诗：

一群小光棍，数数是七根。

小的十二岁，大的未结婚。

没有父母带，先生也不在。

谁说小孩小，划分新时代。

所谓"划分新时代"者，是说上海人从前一味的看不起江北人，江北小孩子更无论了。经过他们这一次的旅行后，上海人看不起江北人的观念，也就随着改变了。这不又证明小孩子的能力么？

中国已有一千万学童，采取小先生的办法，每个学童教两个不能进校的儿童，再加一年，普及教育便成功了。平民学校的大部难处，在小先生身上也就消灭了。小先生虽小，力量却也不少；犹如微生物小固然小，力量倒不可忽视。

可是小先生的办法要有成效，却要大先生帮忙。1. 开娱乐会，召集阖村大小男女来，演讲普及教育的重要。2. 在教学法上，也应时时加以指导。

3. 考核小先生的工作，令他交成绩表格等等。如想推行有效，大先生应当认真去督促，使儿童把教人识字的工作，当作正式课程去做。实际上，这并不加重教师的担子，因为教师在下列几点上，可以省出不少的时间：1. 废止写大字，因为写大字的本身固不十分重要，而教师改字的时候，模糊的居多。2. 写日记也无须日日写。真正有价值的日记，须在生活环境下的学校方可写，其他学校不可写。今日如此，明日亦如此，意义毫无。而生活日记因为是天真流露的表示，却用不着改。3. 教师也可少有些会议的事。至于实施推进小先生的办法，请随便举出数例：

（一）定期放映电影。假如票上印了三十二个字的说明，每张售铜元十枚。若是不愿付钱的话，小先生就要负责，在期前把这三十二个字教会持票来看电影的人。

（二）妻子得着丈夫的信，甚至庙宇中求得的签，都可作为教学的工具。

（三）利用无线电播音中的一切，来作教材等。

组织方面，有值得述说者，很有几处已在大规模的试验。如上海宝山县的山海工学团，宝山县，邹平县，将全县儿童组织为若干学军，每一个孩童找四人组学排，五排为学营，五营为学团，五团为学师，五师为学军，梁漱溟先生同兼学军长。采军队组织制，而尽力推进普及教育工作。

复次，小先生的办法，对于小先生也有两种益处：（一）以所学转教他人，自己便容易于记忆；（二）自幼即教人，为服务社会的实际工作。

诸君虽为教会小学当局，然而对于小先生的办法，当能乐予赞同，努力推进。

【注释】

① 1933 年 4 月 16 日在中华基督教教育会初等教育参事会上的演讲，署名：陶知行博士。王尔斌笔记。原载于 1934 年 9 月《教育季刊》第 10 卷 3 期。

1934 年 10 月 18 日出版的《上海青年》第 34 卷 31 期第 3—6 页，刊载有同题文章，该刊编者有如下按语："陶知行先生为我国教育界有数之人才，年来对于实验教育，工作非常努力。过去南京之晓庄师范，不但蜚声国内，同时亦引起世界人士之注意。最近陶先生复在大场举办工学团，不过年余的努力，已经成效大著。工学团的教学目标，是'即知即传人'，并提倡小先生运动，打破只有大人能教小孩的观念。此文即陶先生对于小先生教学的意见。本载上星期日《晨报》，编者以此种主张，对于普及我国教育，实有莫大之贡献，故特转载于此。"

生活教育①

（1934 年 2 月 16 日）

"生活教育"这个名词是被误解了。它所以被误解的缘故，是因为有一种似是而非的理论混在里面，令人看不清楚。这理论告诉我们说：学校里的教育太枯燥了，必得把社会里的生活搬一些进来，才有意思。随着这个理论而来的几个口号是："学校社会化""教育生活化""学校即社会""教育即生活"。这好比一个笼子里面囚着几只小鸟，养鸟者顾念鸟儿寂寞，搬一两丫树枝进笼，以便鸟儿跳得好玩，或者再捉几只生物来，给鸟儿做陪伴。小鸟是比较的舒服了，然而鸟笼毕竟还是鸟笼，决不是鸟的世界。所可怪的是养鸟者偏偏爱说鸟笼是鸟世界，而对于真正的鸟世界的树林反而一概抹煞，不加承认。假使笼里的鸟，习惯成自然，也随声附和的说，这笼便是我的世界；又假使笼外的鸟，都鄙弃树林，而羡慕笼中生活，甚至以不得其门而入为憾。那么，这些鸟才算是和人一样的荒唐了。

我们现在要肃清这种误解。生活教育是生活所原有，生活所自营，生活所必需的教育 (Life education means an education of life，by life and for life)。教育的根本意义是生活之变化。生活无时不变，即生活无时不含有教育的意义。因此，我们可以说："生活即教育。"到处是生活，即到处是教育；整个的社会是生活的场所，亦即教育之场所。因此，我们又可以说："社会即学校。"在这个理论指导之下，我们承认过什么生活便是受什么教育：过好的生活，便是受好的教育；过坏的生活，便是受坏的教育；过有目的的生活，便是受有目的的教育；过糊里糊涂的生活，便是受糊里糊涂的教育；

过有组织的生活，便是受有组织的教育；过一盘散沙的生活，便是受一盘散沙的教育；过有计划的生活，便是受有计划的教育；过乱七八糟的生活，便是受乱七八糟的教育。换个说法，过的是少爷生活，虽天天读劳动的书籍，不算是受着劳动教育；过的是迷信生活，虽天天听科学的演讲，不算是受着科学教育；过的是随地吐痰的生活，虽天天写卫生的笔记，不算是受着卫生的教育；过的是开倒车的生活，虽天天谈革命的行动，不算是受着革命的教育。我们要想受什么教育，便须过什么生活。

生活教育与生俱来，与生同去。出世便是破蒙，进棺材才算毕业。在社会的伟大学校里，人人可以做我们的先生，人人可以做我们的同学，人人可以做我们的学生。随手抓来都是活书，都是学问，都是本领。

自有人类以来，社会即是学校，生活即是教育。士大夫之所以不承认它，是因为他们有特殊的学校给他们的子弟受特殊的教育。从大众的立场上看，社会是大众惟一的学校，生活是大众惟一的教育。大众必须正式承认它，并且运用它来增加自己的知识，增加自己的力量，增加自己的信仰。生活教育是下层建筑。何以呢？我们有吃饭的生活，便有吃饭的教育；有穿衣的生活，便有穿衣的教育；有男女的生活，便有男女的教育。它与装饰品之传统教育根本不同。它不是摩登女郎之金刚钻戒指，而是冰天雪地下的穷人的窝窝头和破棉袄。

生活与生活磨擦才能起教育的作用。我们把自己放在社会的生活里，即社会的磁力线里转动，便能通出教育的电流，射出光、放出热、发出力。

【注释】

①本篇原载于 1934 年 2 月 16 日《生活教育》第 1 卷第 1 期。

教育的新生①

（1934 年 10 月 13 日）

宇宙是在动，世界是在动，人生是在动，教育怎能不动？并且是要动得不歇，一歇就灭！怎样动？向着哪儿动。

我们要想寻得教育之动向，首先就要认识传统教育与生活教育之对立。一方面是生活教育向传统教育进攻；又一方面是传统教育向生活教育应战。在这空前的战场上徘徊的、缓冲的、时左时右的是改良教育。教育的动向就在这战场的前线上去找。

传统教育者是为办教育而办教育，教育与生活分离。改良一下，我们就遇着"教育生活化"和"教育即生活"的口号。生活教育者承认"生活即教育"：好生活就是好教育，坏生活就是坏教育，前进的生活就是前进的教育，倒退的生活就是倒退的教育；生活里起了变化，才算是起了教育的变化。我们主张以生活改造生活，真正的教育作用是使生活与生活摩擦。

为教育而办教育，在组织方面便是为学校而办学校，学校与社会中间是造了一道高墙。改良者主张半开门，使"学校社会化"。他们把社会里的东西，拣选几样，缩小一下搬进学校里去，"学校即社会"就成了一句时髦的格言。这样，一只小鸟笼是扩大而成为兆丰花园里的大鸟笼。但它总归是一只鸟笼，不是鸟世界。生活教育者主张把墙拆去。我们承认"社会即学校"：这种学校是以青天为顶、大地为底、二十八宿为围墙，人人都是先生都是学生都是同学；不运用社会的力量，便是无能的教育，不了解社会的需求，便是盲目的教育。倘使我们认定社会就是一个伟大无比的学校，就会自然而然的去运用社会的力量，以应济社会的需求。

为学校而办学校，它的方法必是注重在教训。给教训的是先生，受教训的是学生。改良一下，便成为教学——教学生学。先生教而不做，学生学而不做，有何用处？于是"教学做合一"之理论乃应运而起。事该怎样做便该怎样学，该怎样学便该怎样教。教而不做，不能算是教；学而不做，不能算是学。教与学都以做为中心，在做上教的是先生，在做上学的是学生。

教训藏在书里，先生是教死书，死教书，教书死；学生是读死书，死读书，读书死。改良家觉得不对，提倡半工半读。做的工与读的书无关，又多了一个死：做死工，死做工，做工死。工学团乃被迫而兴。工是做工，学是科学，团是集团。它的目的是："工以养生""学以明生""团以保生"。

团不是一个机关，是力之凝结，力之集中，力之组织，力之共同发挥。

教死书，读死书便不许发问，这时期是没有问题。改良派嫌它呆板，便有讨论问题之提议。课堂里因为有了高谈阔论，觉得有些生气。但是坐而言不能起而行，有何益处？问题到了生活教育者的手里是必须解决了才放手。问题是在生活里发现，问题是在生活里研究，问题是在生活里解决。

没有问题是心力都不劳。书呆子不但不劳力而且不劳心。进一步是：教人劳心。改良的生产教育者是在提倡教少爷小姐生产，他们挂的招牌是教劳心者劳力。费了许多工具玩了一会儿，得到一张文凭，少爷小姐们到底不去生产物品而去生产小孩。结果是加倍的消耗。生活教育者所主张的"在劳力上劳心"，是要贯彻到底，不得中途而废。

心力都不劳，是必须接受现成知识方可。先在学校里把现成的知识装满了，才进到社会里去行动。王阳明先生所说的"知是行之始，行是知之成"便是这种教育的写照。他说的"即知即行"和"知行合一"是代表进一步的思想。生活教育者根本推翻这个理论。我们所提出的是："行是知之始，知是行之成。"行动是老子，知识是儿子，创造是孙子。有行动之勇敢，才有真知的收获。

传授现成知识的结果是法古。黄金时代在已往，进一步是复兴的信念。可是要"复"则不能"兴"，要"兴"则不可"复"。比如地球运行是永远的前进，没有回头的可能。人只见春夏秋冬，周而复始，不知道它是跟着太阳以很大的速率向织女星飞跑，今年地球所走的路绝不是它去年所走的路。我们只能向前开辟创造，没有什么可复。时代的车轮是在我们手里，黄金时代是在前面，是在未来。努力创造啊！

现成的知识在最初是传家宝，连对女儿都要守秘密。后来，普通的知识是当作商品卖。有钱、有闲、有脸的乃能得到这知识。那有特殊利害的知识仍为有权者所独占。生活教育者就要打破这知识的私有，天下为公是要建筑在普及教育上。

知识既是传家宝，最初得到这些宝贝的必是世家，必是士大夫。所以士之子常为士，士之子问了一问为农的道理便被骂为小人。在这种情形之下，教育只是为少数人所享受。改良者不满意，要把教育献给平民，便从士大夫的观点干起多数人的教育。近年来所举办的平民教育、民众教育，很少能跳出这个圈套。生活教育者是要教大众依着大众自己的志愿去干，不给知识分子玩把戏。真正觉悟的知识分子也不应该再耍这套猴子戏，教大众联合起来自己干，才是真正的大众教育。

知识既是传家宝，那么最初传这法宝的必是长辈。大人教小人是天经地义。后来大孩子做了先生的助手，班长、导生都是大孩教小孩的例子。但小先生一出来，这些都天翻地覆了。我们亲眼看见：小孩不但教小孩，而教大孩，教青年，教老人，教一切知识落伍的前辈。教小孩联合大众起来干，才是真正的儿童教育。小先生能解决普及女子初步教育的困难。小先生能叫中华民族返老还童。小先生实行"即知即传人"是粉碎了知识私有，以树起"天下为公"万古不拔的基础。

【注释】

①本篇原载于 1934 年 10 月 13 日《新生》第 1 卷第 36 期。《新生》周刊系杜重远主编。1933 年 2 月 10 日在上海创刊，至 1935 年 6 月 22 日第 2 卷第 22 期停刊。

普及教育①

（1934 年 12 月 24 日）

刚才谢先生②介绍陶知行，陶知行已经死了，我现在的名字叫陶行知。让我先来介绍自己，陶行知出生才三个月，可以代表我的思想的转变。"知行"变成"行知"。陶知行这个名字，跟我已有二十四年，因为这个名字跟我太久，所以不愿改，并且有人说我喜欢花样翻新，所以终于没有改。三个月前忽然改了，改的原因何在呢？因为许多顽皮的小朋友，写信给我早就改称行知先生。还有一位德国朋友卫中先生，常常喜欢喊我"行知"，他说中国人如果懂得"行知"的道理，而放弃"知行"的传统思想，才有希望。我名"知行"，而主张"行知"，这不是挂羊头卖狗肉吗？经过许多朋友的鼓励，所以我毅然决然在苏州改名陶行知。我的朋友谢育华，看了《古庙敲钟录》之后对我说，你的理论我明白了，是"知行知"，底下这个"知"③字是何等有动力，很少有人能喊出这样生动的口号。我向他表示钦佩之意后，对他说，恰恰相反，我的理论是"行知行"，所以改名为陶行知。他说，你的"行知行"不对，比如，有了电的知识，才能去开电灯厂，开了电灯厂，电的知识更能进步，这不是"知行知"吗？我说，那最初发明电的知识是从哪里来的？还不是从科学实验、玩科学把戏中得来的吗？法拉第（Faraday）是一个订书店的徒弟，他订书订得很慢，订一本书就看一本书，大家向老板攻击他书订得慢，老板却说他是订一本书就吃一本书。有一次，装订《百科全书》，吃到电学，他还不够，适 Davy④在卖讲演，他便求人做东，给他买了入场券去听讲。他就帮助 Davy 做助手，行动起来，用线接到指南针，拨动磁石，就发生了电。这就是行动。爱迪生发明了电灯丝，经过一千多次实验才成功，也是从行动中得来的。所以，行动是老子，知识是儿子，创造是孙子。因此我主张"行知行"。王阳明先生主张"知行合一"，有一点却拖下一根狐狸尾巴，说"知是行之始，行是知之成"。我们把他翻了个筋斗，提出"行是知之始，知是行之成"的理论，正与阳明先生的主张相反。因此，就改名"行知"。这是我对自己的介绍。

今天所要讲的题目是《普及教育》。这个题目，也是从行动中得来的，不然一定先要将美国普及教育如何，法、德普及教育是如何，俄国、日本又是如何先讲一讲，再讲到中国普及教育方案。不知道中国是一个穷国，已到了农村破产，民不聊生，农民已连饭都没有得吃了。拿富国的办法，引到中国来，无异是乡下人吃大菜。我有一首打油诗，形容乡下人吃大菜，那诗是："乡下佬吃大菜，刀儿当作筷，我的妈呀！舌头割掉了一块。"两年前，我流浪在上海，跟随我的几个学生，也是穷光蛋，穷又不安分，还想办点教育。于是四个人背了留声机器，带了一点药，到宝山去，把留声机一开，乡下人就大家出来，听洋人哈哈笑，高兴得很。慢慢问他们有没有病，有病我这里有药，头痛送他一点阿斯匹林，打摆子就请他吃金鸡纳霜，结了感情，山海工学团就如此办起来了。

工学团是什么，工就是劳工，学就是科学，团就是团体。如果有外国朋友问起来，就告诉他是 Labour Science Union⑤。说得清楚些，是工以养生，学以明生，团以保生。说得更清楚些，是以大众的工作，养活大众的生命；以大众的科学，明了大众的生命；以大众的团结的力量，保护大众的生命。说他是学校，他有工与团，不像学校；说他是工厂，他有学与团，不像工厂；说他是民团，他有工与学，不像民团。所以，工学团可以称为"三不像"。四个穷光蛋，挂的一块大招牌是"来者不拒"，来一个收一个，来两个收一双。后来来了两百人，随后增至三百人，真有点吃不消。正如面包夹火腿，打在夹板中间，招牌既不能下，法子又想不出来，我们就在这里头打滚。有一天，看见一个小孩子教四五十个小孩子做箭，教的极好。我看了半个钟头，非常高兴，觉得这块招牌可以不下了，另外还能添上一块招牌："不能来者送上门去"。"小孩子能做小先生"，他们是负着把教育送上门去的责任，他们把教育送到牛背上去，送到山上去。这种方法，不是从书本中得来的，不是从头脑中想出来的，不是从听讲演学来的，乃是从行动中产生的。因此，想起在十一年前，我的母亲是五十七岁，我的第二个小孩子叫小桃，才六岁，他读完《平民千字课》第一册就教他的祖母，祖孙二人，一面读一面玩，兴高采烈，一个月就把第一册读完。读了十六天，我在张家口依据《千字课》上十六天的生字，写了一封信寄给家母，她自己便看懂了。

两年半以前，晓庄师范关了门。晓庄佘儿岗的农人想要办一个小学，苦于没有钱，请私塾先生，小孩又不愿。于是小孩自动起来办了一个农村小学，校长、教师、工人，都是小孩子。我为他们写的一幅小照："有个学校真奇怪，大孩自动教小孩，七十二行皆先生，先生不在学如在。"他们回信说，原稿第二句那个"大"字，应改为"小"字。他们反问我，大孩能自动，难道小孩就不能自动吗？大孩能教小孩，难道小孩就不能教大孩吗？从此这首诗的第二句，便改为"小孩自动教小孩"。

第三个例子，我想到去年江苏淮安新安小学有七个孩子，自动出来，一飘飘到镇江，再飘飘到上海。来的时候，身边只有十块钱，他们靠卖书卖讲演过活。告别上海时，却有六十块钱了。当他们来看我的时候，他们说听见我卖讲演，所以他们也卖讲演。我叫他们先讲给我听，一听果然不错。于是我介绍几处去讲演，别人也介绍了几处，后来就有人自动请他们讲演了。他们讲三分钟，准可使听众大鼓其掌。今天我讲了很多时间，还没有博得掌声（鼓掌）；我讲了二十几分钟，才博得掌声。可见我还不如他们讲得好。他们从小学讲到中学，讲到大学，大夏、光华、沪江等大学，统统去过。后来我问大夏教授邵爽秋先生讲的如何，他说几乎把我们教授饭碗打破了。当时我写了两首诗，答复他们的校长⑥：

一群小光棍，数数是七根。

小的十二岁，大的未结婚。

没有父母带，先生也不在。

谁说小孩小，划分新时代。

这七个小孩子，都是江北人。当"一·二八"后，上海人目江北人为汉奸。这些小孩子，经过这次讲演以后，大家心理一变，至少这七个小孩子，总不是汉奸。穷孩子到大学里去讲演，这次可以说破世界纪录。这七个小孩子将金刚之锥，把时代划分两个。

以上几个例子证明小孩子能做小先生。小孩子一个教两个极为容易。一个六岁小孩子，白天学了"青菜豆腐"四个字，晚上就会教给妈妈姐姐，一本书可供给三个人用。假如再给他一本簿子、一支铅笔，妈妈还可以划一两笔，像日记一样的缴给小先生看。

小先生的数字非常伟大。一千一百万小学生，一个教两个，便是三千三百万。义务教育，就算有了大进步。还有一千万私塾生，可命每个先生带两个学生来受培养，一个假定是他的儿子，一个是他的得意门生。这两个小先生回去，等到冬烘先生午睡、访友、上茶馆评理的时候，一定可以将新的思潮传入私塾，私塾马上就可以改良。有二千一百万小先生，六千三百万失学人问题就解决了。再按"即知即传人"的道理，另外还有八千万认字的成人在商店、家庭里，也可以每家抽出一二个人来受教育。再由这八千万人，一个再去教两个，便是一万万六千万人，成人教育就推动了。不过这确要有组织，才能共同发挥出力量。

现在的老观念，非用大炮来轰破不行。诸位知道，社会里有一种人叫做守财奴，这种人喜欢把金银弄到自己的腰包里去，腰包装满了，藏到皮箱去，埋到地下去。他惟一的遗憾，是棺材太小，虽然小，还是要拼命的装，带得多少便带多少去。当他活着的时候，肚子总是大大的，他的肚子比别人大，固然是因为平日补养得好；其实另一个原因，是那腰包点水不漏，纵然要一个铜板，比拔他一根毛发还痛。他有一个弟弟叫"守知奴"，就是大头鬼。他会用一种漆黑的东西，灌在脑袋里，不给他流出来，久而久之，他的头就大了。他一进小学，头就觉得大了些；进了中学，更大一些；进了大学，更大一些；如果还嫌不够大，可以出洋，那头就更大了。回国以后，到上海，到安庆，大家的头都比他小，知识在他脑海里只进不出，非钱不卖，只有用金钥匙才能开这锁。知识在小先生头脑中，就变成了空气，准许人自由呼吸。在上海只有空气不要买，安庆不知如何？所以，"知识为公"除了小先生不行；小先生一出，这知识的"买卖关"就攻破了。

第二关是"娘子关"。中国女子教育不普及，有百分之九十五的女子不识字。进攻娘子军的办法有两种，一种是男先生，一种是女先生。一位二三十岁的男子教一些十七八岁的大姑娘，或是十八九岁的大嫂子，乡下人是看不惯。谣言来了，放谣言的便是不愿意媳妇上学的婆婆；路上出鬼了，装鬼的便是丈夫们的鬼把戏。一直闹到女学生不敢再上学，男教员一败涂地了。换了一个女教员，如果有，那是天字第一号。但是因为女子教育不普及，女教员根本就很少。一个破庙里关了一个男校长，一两个女教员，也有点不方便。几个女子同下乡，那是再好没有了，但是没有男子的地方，女教员又怕鬼，怕贼，怕蛇。最好是夫妻学校。我在几年前，在晓庄师范就鼓励男女同学结婚。这种为事业而结婚，费用不上十块钱，结婚以后办点事业作为纪念，结婚的婚礼请我做证婚，我都到。不过这种夫妻学校，是和金刚钻一样的少，到如今算起来还不到一打。女子教育不解决，普及教育就无法解决。据估计，浙江省普及教育要四百年才行，杭州市要一百五十年，全国要三百年才能普及，小孩子义务教育要七十年才能普及。同时，还要具备三个条件：一要所有学生皆长生不老，万岁，万万岁；二要教育经费按比例源源增加；三要人口不再增加。全国三百年成人教育方能普及，七十年小孩义务教育方能普及。小先生一来，关门就大开，娘子军欢迎小将军进关，他们连新娘房都钻得进去上一课，灶前房角到处都可以做他的课堂。小先生比女教师还好，女学生最怕问人，在小先生的面前，最害羞的女子，也不怕难为情了。

一个先生住在古庙里，等于一只孤鸦，与社会不发生关系。有些思想新一点的先生，想去调查调查农村，常常跑到农人家里去问问，几次一去，不好了，谣言就起来了，只好仍回古庙做菩萨。小先生就不同了，每一个人都可以变成一条电线，从古庙四处放射，成一个电线网。先生变成大电线，可以通到外面去，于是"学校即社会"跟我们翻了个筋斗，变成"社会即学校"（Society as School)，活到老，做到老，学到老。现在这种小学六年、中学六年、大学四年的教育制度，都可以"短命教育"四字代表之。我们所要干的是整个寿命的教育，不是短命的教育。上海经过十个月的试验，自宝山、上海县普及到公共租界等地，已经有一万八千个小先生。现在这种制度，已经推行到十九省、四个特别市。诸位要参观，安庆的大渡口小学，镇江的车形小学，已经在仿行这种制度，可以去看看。

现在想普及教育，有三条路：一条是在民间组织普及教育助成会，诸位寒假回去，都可以去组织，帮助地方教育机关去做；第二条路，各省市应订普及教育方案；第三条路，政府应订法令，不准妨害进步。中国的家庭中，往往婆婆不愿媳妇读书，小工厂、商店老板，不愿学徒读书，连孔子的书也不准读，三民主义也不准读。这种妨害进步，政府必须以法律和命令制裁。我以为这种罪，是等于危害民国罪。我曾写了一文，名为《大学生普及教育运动》，可以供诸位参考。中国现在知识分子集中城市，形成庙小和尚多，不妨到乡村去。照我所提的法，两年内，安徽教育就可以普及。

生活教育之特质[①]

（1936年3月）

您如果看过《狸猫换太子》那出戏，一定还记得那里面有一件最有趣的事情，就是出现了两个包龙图：一个是真的，还有一个是假的。我们仔细想想，是越想越觉得有趣味了。世界上无论什么事，都好像是有两个包龙图。就拿教育来说罢，您立刻可以看出两种不同的教育：一种叫做传统教育；另一种叫做生活教育。又拿生活教育来说吧，您又可以发现两种不同的说法：一种主张"教育即生活"；另一种是主张"生活即教育"。我现在想把生活教育的特质指出来，目的不但要使大家知道生活教育与传统教育之不同，并且要使大家知道把假的生活教育和真的生活教育分别出来。

一、生活的

生活教育的第一个特点是生活的。传统的学校要收学费，要有闲空工夫去学，要有名人阔老介绍才能进去。有钱、有闲、有面子、才有书念，那么无钱、无闲、无面子的人又怎么办呢？听天由命吗？等待黄金时代从天空落下来吗？不！我们要从生活的斗争里钻出真理来。我们钻进去越深，越觉得生活的变化便是教育的变化。生活与生活一磨擦便立刻起教育的作用。磨擦者与被磨擦者都起了变化，便都受了教育。有人说：这是"生活"与"教育"的对立，便是"生活"与"教育"的磨擦。我以为教育只是生活反映出来的影子，不能有磨擦的作用。比如一块石头从山上滚下来，碰着一块石头，就立刻发出火花，倘若它只碰着一个石头的影子，那是不会发出火花的。说得正确些，是受过某种教育的生活与没有受过某种教育的生活，磨擦起来，便发出生活的火花，即教育的火花，发出生活的变化，即教育的变化。

二、行动的

生活与生活磨擦，便包含了行动的主导地位。如果行动不在生活中取得主导的地位，那末，传统教育者就可以拿"读书的生活便是读书的教育"来做他们掩护的盾牌了。行动既是主导的生活，那末，只有"为行动而读书，在行动上读书"才可说得通。我们还得追本推源的问：书是从哪里来的？书里的真知识是从哪里来的？我们是毫不迟疑的回答说："行是知之始"，"即行即知"，书和书中的知识都是著书人从行动中得来的。我要声明著书人和注书人、抄书人是有分别。人类和个人的知识的妈妈都是行动。行动产生理论，发展理论。行动所产生发展的理论，还是为的要指导行动，引着整个生活冲入更高的境界。为了争取生活之满足与存在，这行动必需是有理论、有组织、有计划的战斗的行动。

三、大众的

少爷小姐有的是钱，大可以为读书而读书，这叫做小众教育。大众只可以在生活里找教育，为生活而教育。当大众没有解放之前，生活斗争是大众唯一的教育。并且孤立的去干生活教育是不可能的，大众要联合起来才有生活可过；即要联合起来，才有教育可受。从真正的生活教育看来，大众都是先生，大众都是同学，大众都是学生。教学做合一，即知即传是大众的生活法，即是大众的教育法。总说一句，生活教育是大众的教育，大众自己办的教育，大众为生活解放而办的教育。

四、前进的

有人说，生活既是教育，那末，自古以来便有生活，即有教育，又何必要我们去办教育呢？他这句话，分析是对的，断语是错的。我们承认自古以来便有生活即有教育。但同在一社会，有的人是过着前进的生活，有的人是过着落后的生活。我们要用前进的生活来引导落后的生活，要大家一起来过前进的生活，受前进的教育。前进的意识要通过生活才算是教人真正的向前去。

五、世界的

课堂里既不许生活进去，又收不下广大的大众，又不许人动一动，又只许人向后退不许人向前进，那末，我们只好承认社会是我们的唯一的学校了。马路、弄堂、乡村、工厂、店铺、监牢、战场，凡是生活的场所，都是我们教育自己的场所，那末，我们所失掉的是鸟笼，而所得的倒是伟大无比的森林了。为着要过有意义的生活，我们的生活力是必然的冲开校门，冲开村门，冲开城门，冲开国门，冲开无论什么自私自利的人所造的铁门。所以，整个的中华民国和整个的世界，才是我们真正的学校咧。

六、有历史联系的

这里应该从两方面来说。第一，人类从几千年生活斗争中所得到而留下来的宝贵的历史教训，我们必须用选择的态度来接受。但是我们要留心，千万不可为读历史而读历史。我们必须把历史的教训，和个人或集团的生活联系起来。历史教训必须通过现生活，从现生活中滤下来，才有指导生活的作用。这样经生活滤过的历史教训，可以使我们的生活倍上加倍的丰富起来。倘使一个人停留在自我或少数同伴的生活上，而拒绝广大人类的历史教训，那便是懒惰不长进，跌在狭义的经验论的泥沟里，甘心情愿的做一只小泥鳅。第二，中国已经到了生死关头，争取大众解放的生活教育，自有它应负的历史的使命。为着要争取大众解放，它必须争取中华民族之解放；为着要争取中华民族之解放，它必须教育大众联合起来解决国难。

因此，推进大众文化以保卫中华民国领土主权之完整，而争取中华民族之自由平等，是成了每一个生活教育同志当前所不可推却的天职了。

【注释】
①本篇原载于 1936 年 3 月 16 日《生活教育》第 3 卷第 2 期。

中国大众教育概论①
（1936 年 5 月）

为什么要大众教育？中国是遇着空前的国难。这严重的国难，小众已经解决不了，大众必得起来担负救国的责任而中国才可以救。我们的"友邦"要取得辽宁的铁、山西的煤、吉林的森林、华北的棉田、福建的根据地以及全国的富源，并不是安分守己的做一个富家翁享享福就算了事。他是要叫我们四万万五千万人做亡国奴——做他的奴隶。做奴隶当然是不会舒服的，除了为他种田做工之外，还得为他当兵，做他进攻别人的肉炮弹。只须大众觉悟起来，不愿做亡国奴，与其拿生命来做敌人的肉炮弹，不如拿生命来争取整个民族的自由平等，我们的国难就必然的解决了。但是中国的大众受了小众的压迫剥削，从来没有时间、金钱、机会去把自己和民族的问题彻底的想通。加上了几千年的麻醉作用，他们遇到灾难，会武断的说是命该如此。我们要一种正确的教育来引导大众去冲破命定的迷信，揭开麻醉的面具，找出灾难的线索，感觉本身力量的伟大，以粉碎敌人之侵略阴谋，把一个垂危的祖国变成一个自由平等的乐土。

大众教育是什么？大众教育是大众自己的教育，是大众自己办的教育，是为大众谋福利除痛苦的教育。这种教育和小众教育固然大不相同，即和小众代大众办的所谓民众教育、平民教育也是根本矛盾。大众教育是要教大众觉悟；只是教大众生产、生产、生产，长得肥一点，好叫小众多多宰割的教育不是大众教育。大众教育是对大众讲真话；专对大众说谎的教育是骗子教育而不是大众教育；大众教育对着麻醉大众的歪曲理论是要迎头驳斥；始而装痴装聋，继而变成哑巴，终之而拜倒在当前势力下，这是帮凶教育而不是大众教育。大众教育是要教大众行动，教大众根据集体意识而行动；只教大众坐而听，不教大众起而行，或是依照小众的意思起而行，都是木头人教育而不是大众教育。大众教育是要教大众以生活为课程，以非常时期的有计划有组织的生活做他们的非常时期的有计划有组织的课程；这非常生活，便是当前的民族解放、大众解放的战斗生活，这是大众教育的中心功课。在这里我们要指出，民族解放与大众解放是一个不可分解的运动。如果大众不起来，民族解放运动决不会成功；但是如果不拼命争取民族解放，中国大众自己也难得到解放。所以大众教育只有一门大功课，这门大功课便是争取中华民族大众之解放。若只教大众关起门来认字读书，那是逃避现实的逃走教育而不是真正的大众教育。

大众教育怎样办？依据教育部的统计，每一个小学生每年要用八元九角钱的教育费，民众学生每年要用一元八角钱的教育费。现在中国有二万万失学成人，七千万失学儿童。这二万万七千万人当然是我们大众教育的对象。照上面的费用算起来就得要十万万元才能普及初步的大众教育。这个数目不但是大众自己办不到，就是教育部去年费尽九牛二虎之力也只筹到三百多万元的义务教育经费，对于这十万万的大众教育经费也一定是筹不出来的。因此，大众教育在现阶段一定要突破金钱关才能大规模的干出来。下面的两条原则和一个新工具是一方面可以叫大众教育突破金钱关，一方面又叫大众教育进行得更有效力更有意义。

社会即学校

大众教育用不着花几百万几千万来建造武汉大学那皇宫一般的校舍。工厂、农村、店铺、家庭、戏台、茶馆、军营、学校、庙宇、监牢都成了大众大学的数不清的分校。客堂、灶披、晒台、厕所、亭子间里都可以办起读书会、救国会、时事讨论会，连坟墓都可以做我们的课堂。谁能说庙行②的无名英雄墓和古北口③的"支那"勇士墓不是我们最好的课堂啊！

即知即传

得到真理的人便负有传授真理的义务。不肯教人的人不配受教育。前进的知识分子当然是负着推动大众教育的使命。但是经过很短的时间，前进的大众和前进的小孩都同样的可以做起先生来，我们可以说大家都是学生，都是同学，都是不收学费的先生。在传递先生和小先生的手里，知识私有是被粉碎了，真理为公是成了我们共同的信条。

拼音新文字

拼音新文字是大众的文字。有了新文字，大众只须花一个月半个月的工夫，便能读书、看报、写文。初级新文字教育只须三分钱就能办成，连一个人力车夫也能出得起。大众教育可以不再等待慈善家的赈济。的确，文化赈济是和面包赈济一样悲惨，一样的靠不住。水灾和旱灾的地方是十个人饿死了九个，剩下一个人才等着一块面包，而这块不易得的面包是差不多变成酸溜溜的糨糊了。新文字！新文字！新文字是大众的文字。他要讲大众的真心话，他要写大众的心中事。认也不费事，写也不费事，学也不费事。笔头上刺刀，向前刺刺刺，刺穿平仄声，刺破方块字，要教人人都识字，创造大众的文化，提高大众的位置，完成现代第一件大事。依据社会即学校，即知即传两条原则，拿了新文字及其他有效工具，引导大众组织起来，争取中华民族大众之解放：这便是中国所需的大众教育。

【注释】

①本篇原载于 1936 年 5 月 10 日《大众教育》创刊号，原题为《大众教育与民族解放运动》。

②庙行：位于上海市北郊的庙行镇。

③古北口：长城关隘名，位于北京密云县北。

中国大众教育运动[①]

（1936 年 8 月）

中国主要是农业国，而且是一个穷国，因此没有钱按照西方的方式教育全国人民。中国要在几年内使全国人民能读会写，就必须研制出它自己的方法来。目前中国通过大众教育运动正在做这件事。中国大众教育运动开始于十二年前，但在最近两年中已经进入一个新的阶段。这个运动已下定决心要解决现时中国面临的三个最迫切的问题。首先是建立新学校的经费问题。运动的组织者们不把钱投入建筑校舍，而把整个社会看作一个学校。庙宇、戏院、休息室、私人住房的顶楼以至住房旁边的附属小屋，都已经被利用作大众的学校，从而把别的计划极为需要的钱节省下来了。

第二个问题也已经用一种新的方法解决了，中国的农民和工人没有钱买知识，没有钱付教师的薪金，因此运动的组织者们规定，凡是拥有知识的人都有责任与他人分享知识。参加夜校学习班的或者收割庄稼前后较为空闲时前来学习的三四十个农民，不仅是学生，而且也是先生。他们即使只学了第一课，也被鼓励回家去把他们刚才学到的内容教给他们的妻子和儿女。儿童们也成功地当了先生。六岁的孙儿教五十七岁的祖母读书写字。小学、中学的教师们因而受到鼓舞和帮助去训练他们的孩子们当"小先生"。

"小先生"这个词儿听起来似乎很奇特，但是在中国，这些小先生却获得了很高的声誉。他们已经能够比成年人更有效地处理了中国的一个特殊的问题。中国妇女多数是文盲，女教师非常少。可是男教师教十六七岁的女孩子不方便。所以儿童们白天在学校，晚上当先生，教邻近的妇女和女孩。小先生制非常成功，凡是采用了小先生制的地方，男人和妇女的文化几乎相等。

当然还必须防止若干危险。小先生制须坚持自愿。但儿童们是热情的，他们一听到小先生制，多数就想当先生为国效劳。另一个危险是他们可能在教学上操劳过度，有损他们的健康。必须注意防止这样的事情发生。可能有人猜想，他们传递的知识是非常错误的。然而，实际上，人们发现，他们是非常认真的，把自己学到的东西教给别人，也使自己对学习的内容更清楚。大众教育运动还解决了另一个问题，即简单的中文拼写字母问题。中文的方块字，一字一个图像，很难学习。中国话的一套拉丁化字母制定出来了。这套拉丁化字母已经在广州、上海和北方各省试行。它能为全国人民的四分之三所读懂，一个农民凭借这套拉丁化字母一个月之内就能学会读书写字。

随着这三个问题的解决，使大众不必等到中国工业化就能够用来自己教育自己的一种工具铸造出来了。如果中国要等待这么久，那就太晚了；没有大众教育，中国就要遭殃，丧失它的完整和自由。因为，坦率地说，现在中国的教育只有一个目的：民族解放。如果教育不能帮助中国成为一个自由、独立的国家，那么教育就没有意义了。

可是，强调民族解放，并不意味着狭隘的民族主义。一个自由、独立的中国将有助于世界和平，因为中国丝毫没有采取帝国主义政策的意思。中国力图达到的是在中国青年身上培植中国的民族解放精神和整个世界的国际谅解的精神。

出自 WyattRawson 编 *The Freedom We Seek*（《我们追求的自由》）

【注释】

①本篇是陶行知作为中国大众教育运动的组织者和领导人在 1936 年 8 月于英国切尔特纳姆市（Cheltenharn）举行的"新教育联谊会"第七次世界会议上的发言。

育才学校创办旨趣①
（1940 年 5 月 1 日）

我们在普及教育运动实践中，常常发现老百姓中有许多穷苦孩子有特殊才能，因为没有得到培养的机会而枯萎了。这是一件非常可惜的事情，这是民族的损失，人类的憾事，时时在我的心中，提醒我中国有这样一个缺陷要补足。

抗战后，从国外归来，路过长沙汉口时，看到难童中也有一些有特殊才能的小孩，尤其在汉口临时保育院②所发现的使人更高兴。那时我正和音乐家任光先生去参观，难童中有一位害癫痫的小朋友③，但他是一位有音乐才能的孩子，不但指挥唱歌他有与众不同的能力，而他也很聪敏，任光先生给他的指示，他便随即学会。

又有一次，我在重庆临时保育院参观，院长告诉我一件令人愤愤不平的事。他说近来有不少的阔人及教授们来挑选难童去做干儿子，麻子不要、癫痫不要、缺唇不要，不管有无才能，唯有面孔漂亮、身材秀美，才能中选。而且当着孩子的面说，使他们蒙上难堪的侮辱，以至在他们生命中，烙上一个不可磨灭的印象。

以上三个印象，在我的脑子里各各独立存在了很久。有一天，忽然这三个意思凝合起来了：几年来普及教育中的遗憾须求得补偿，选干儿子的做法，应变为培养国家民族人才幼苗的办法，不管他有什么缺憾，只要有特殊才能，我们都应该加以特殊之培养，于是我便发生创办育才学校的动机。当时就做了一个计划，由张仲仁先生领导创立董事会，并且得到赈委会许俊人先生之同意而实现，这是去年一月间的事。

创办育才的主要意思在于培养人才之幼苗，使得有特殊才能者的幼苗不致枯萎，而且能够发展，就必须给与适当的阳光、空气、水分和养料，并扫除害虫。我们爱护和培养他们正如园丁一样，日夜辛勤的工作着，希望他们一天天的生长繁荣。我们拿爱迪生的幼年来说吧，他小时在学校求学，因为喜欢动手动脚，常常将毒药带到学校里来玩，先生不理解他，觉得厌恶，便以"坏蛋"之罪名，把仅学了三个月的爱迪生赶出学校。然而他的母亲却不以为然，她说她家的蛋没有坏，她便和她的儿子约好，历史地理由她教他，化学药品由自己保管，将各种瓶子做记号，并且放在地下室里。他欣然的接受了母亲的意见，于是这里那里的找东西，高高兴兴的玩起来。结果，就由化学以至电学，成为世界有名的大发明家。虽然那三个月的学校教育是他一生仅有的形式教育，但是由于他母亲的深切的理解他，终能有此造就。像爱迪生母亲那样了解儿童的精神，是值得我们学习的。假如他的附近有化学家电学家的帮助，设备方面又有使用之便利，则可减少他许多困难。我们这里便想学做爱迪生的母亲，而又想给小朋友这些特殊的便利。

我们这里的教师们，要有爱迪生母亲那样了解儿童及帮助儿童从事特殊的修养，但在这民族解放战争中，单为帮助个人是不够也是不对的，必须要在集体生活中来学习，要为整个民族利益来造就人才。因此，我们要引导学生们团起来做追求真理的小学生；团起来做自觉觉人的小先生；团起来做手脑双挥的小工人；团起来做反抗侵略的小战士。

真的集体生活必须有共同目的、共同认识，共同参加。而这共同目的、共同认识和共同参加，不可由单个的团体孤立的建树起来。否则，又会变成孤立的生活、孤立的教育，而不能充分发挥集体的精神。孟子说："先立乎其大者，则其小者不能夺也。"我们中国现在最大的事是什么？团结整个的中华民族，以打倒日本帝国主义而创造一个自由平等幸福的中华民国。我们的小集体要成了这个大集体的单位才不孤立，才有效力，才有意义。与这个大集体配合起来，然后我们的共同立法、共同遵守、共同实行，才不致成为乌托邦的幻想。

我们的学生要过这样的集体生活，在集体生活中，按照他的特殊才能，给与某种特殊教育，如音乐、戏剧、文学、绘画、社会、自然等。以上均各设组以进行教育，但是小朋友确有聪明，而一时不能发现他的特长，或是各方面都有才能的，我们将要设普通组以教育之。又若进了某一组，中途发现他并不适合那一组，而对另一组更适合，便可以转组。总之，我们要从活生生的可变动的法则来理解这一切。

但是，育才学校有三个不是，须得在此说明：

一、不是培养小专家。有人以为我们要揠苗助长，不顾他的年龄和接受力及其发展的规律，硬要把他养成小专家或小老头子。这种看法是片面的，因为那样的办法也是我们极反对的。我们只是要使他在幼年时期得到营养，让他健全而有效地向前发展。因此，在特殊功课以外，还须给予普通功课，使他获得一般知能，懂得一般做人的道理，同时培养他的特殊才能，根据他的兴趣能力引导他将来能成为专才。

二、不是培养他做人上人。有人误会以为我们要在这里造就一些人出来升官发财，跨在他人之上，这是不对的。我们的孩子们都从老百姓中来，他们还是要回到老百姓中去，以他们所学得的东西贡献给老百姓，为老百姓造福利；他们都是受着国家民族的教养，要以他们学得的东西贡献给整个国家民族，为整个国家民族谋幸福；他们是在世界中呼吸，要以他们学得的东西帮助改造世界，为整个人类谋利益。

三、我们不是丢掉普及教育，而来干这特殊的教育。其实我们不但没有丢掉普及教育，而且正在帮助发展它。现在中国处在伟大的抗战建国中，必须用教育来动员全国民众觉悟起来，在三民主义抗战建国纲领之下，担当这重大的工作，所以普及教育，实为今天所亟需。是继续不断的要协助政府，研究普及教育之最有效之方法，以提高整个民族的意识及文化水准。育才学校之创立，只是生活教育运动中的一件新发展的工作，它是丰富了普及教育原定的计划，决不是专为这特殊教育而产生特殊教育，也不是丢掉普及教育而来做特殊教育。

【注释】

①本篇原载于 1940 年 8 月 1 日出版的《战时教育》第 6 卷第 1 期《育才学校专号》（期刊尾注出版日期为 10 月 1 日）。此系 1940 年 5 月 1 日起草。

②临时保育院：保育院是抗日战争中，为抢救在战争中失掉亲人而成立的中国战时儿童保育会所属的负责收容和教养难童的机构。临时保育院是临时负责收容和教养难童的机构。

③害癫痫的小朋友：即育才创办时被选为音乐组的学生陈贻鑫。

育才学校教育纲要草案[①]

（1940 年 8 月 1 日）

一、育才学校之性质及其内容

（一）育才学校根据中华民国教育宗旨及抗战建国需要，用生活教育之原理与方法，培养难童中之优秀儿童，使成为抗战建国之人才。

（二）育才学校办的是建国教育，但同时是抗战教育。有人离开抗战教育而提出建国教育，挂建国教育之名，行平时教育之实。我们的看法不同，今天的建国教育必须是抗战教育，而今天真正把握中国抗战全面需要的抗战教育，必然是建国教育。育才学校从某些人的眼光看来，是"建国教育"（因为他们以为它只是培养未来的人才）；但我们认为这并不保证它就是建国教育。保证它是建国教育的是在于它同时就是抗战教育。今天育才学校的儿童必须过战时生活，必须为抗战服务，必须在抗战洪炉中锻炼。否则，我们便没有理由希望他们成为未来的建国人才。育才学校的教育，不是挂名的建国教育，而是抗战与建国的统一教育，抗战建国教育。

（三）育才学校办的是人才教育，分音乐、戏剧、绘画、文学、社会、自然等组。但和传统的人才教育办法有所不同。传统的人才教育，一般地是先准备普通的基本教育，然后受专门的高等教育。我们的办法是不作这样严格的时间上的划分，我们选拔具有特殊才能的儿童，在开始时便同时注意其一般基础教育与特殊基础教育。前者所以使儿童获得一般知能及优良的生活习惯与态度；后者所以给予具特殊才能之儿童以特殊营养，使其特殊才能得以发展而不致枯萎，并培养其获得专门知能之基础。表面上看来，这是一般基础教育与专科基础教育之过早的区分，但根据我们的办法，这是及早防止一般基础学习及专科基础学习之裂痕。我们要及早培养儿童对于世界和人生一元的看法。倘若幼年的达尔文对于生物浓厚的爱好是发展伟大的进化论者达尔文的条件之一，那末今天提早发展儿童之个别优异倾向，实在有其理由。倘若中国近年来文化工作之脱离广泛社会实际生活，和技术专家之缺少正确的认识可以作为殷鉴，那末，今天便在一般基础教育与特殊教育中予以统一，防止那样的分裂倾向，实在有其必要。

（四）育才学校办的是知情意合一的教育。中国数十年的新教育是知识贩卖的教育，有心人曾慨然提倡感情教育，知情意并重的教育。这种主张，基本上是不错的，但遗憾的是没认清知识教育与感情教育并不对立，同时知情意三者并非从割裂的训练中可以获取。书本教育也许可以使儿童迅速获得许多知识，神经质的教师也许可以使儿童迅速地获得丰富的感情，专制的训练也许可以使一个人获得独断的意志，但我们何所取于这样的知识，何所取于这样的感情，何所取于这样的意志？知情意的教育是整个的，统一的。知的教育不是灌输儿童死的知识，而是同时引起儿童的社会兴趣与行动的意志。感情教育不是培养儿童脆弱的感情，而是调节并启发儿童应有的感情，主要的是追求真理的感情；在感情之调节与启发中使儿童了解其意义与方法，便同时是知的教育；使养成追求真理的感情并能努力与奉行，便同时是意志教育。意志教育不是发扬个人盲目的意志，而是培养合于社会及历史发展的意志。合理的意志之培养和正确的知识教育不能分开，坚强的意志之获得和一定情况下的情绪激发与冷淡无从割裂。现在我们要求在统一的教育中培养儿童的知情意，启发其自觉，使其人格获得完备的发展。

（五）育才学校办的是智仁勇合一的教育。智仁勇三者是中国重要的精神遗产，过去它被认为"天下之达德"，今天依然不失为个人完满发展之重要的指标。尤其是目前抗战建国时期，我们需要智仁勇兼修的个人，不智而仁是懦夫之仁；不智而勇是匹夫之勇；不仁而智是狡黠之智；不仁而勇是小器之勇；不勇而智是清谈之智；不勇而仁是口头之仁。中国童子军[②]以智仁勇为其训练之目标，是非常有意义的。育才学校不仅是以智仁勇为其局部训练之目标，而是通过全部生活与课程以达到智仁勇之鹄的。我们要求每一个学生个性上滋润着智慧的心，了解社会与大众的热诚，服务社会与大众自我牺牲的精神。

（六）育才学校是一个具有试验性质的学校。第一，抗战以来，中国破天荒产生了儿童公育的事业，而育才学校是其中特殊的一种。我们希望将具有特殊才能的儿童之公育，予以充分的试验。第二，育才学校以生活教育原理与方法作为一种指导方针，我很希望将这一指导方针予以充分试验，我们深信这种试验会给予生活教育理论一些新的发展。

（七）育才学校全盘教育基础建筑在集体生活上。这里不是一个旧的教育场所，而是一个新的生活场所。这里的问题，不仅在于给儿童以什么样的教育，同时更在于如何使儿童接受那样的教育；这里的问题，不仅在于我们应有一个教育理想与计划，而在于如何通过集体生活达到那样一个理想与计划。所谓集体生活是全盘教育的基础，有三个意义：

第一，集体生活是儿童之自我向社会化道路发展的重要推动力，为儿童心理正常发展所必需。一个不能获得这种正常发展的儿童，可能终其身只是一个悲剧。第二，集体生活可以逐渐培养一个人的集体精神。这是克服个人主义、英雄主义及悲观懦性思想的有效药剂，中华民族正处于历史上空前未有的抗战建国关头，这种集体精神应溶化在每个人的血液里。第三，集体生活是用众人的力量集体地创造合理的生活、进步的生活和丰富的生活，以这种丰富、进步而又合理的生活之血液来滋养儿童，以集体生活之不断的自新创造的过程来教育儿童。具体言之，集体生活之作用是在使儿童团结起来做追求真理的小学生，团结起来做即知即传的小先生，团结起来做手脑并用的小工人，团结起来做反抗侵略的小战士。

（八）育才学校的集体生活必须保持合理、进步与丰富，而欲保持它的合理、进步与丰富，则有两个重要的条件：第一，与社会发展的联系，与整个世界的沟通。第二，在集体之下，发展民主，着重个性。

（九）育才学校的集体生活包含着如下几种生活：第一，劳动生活；第二，健康生活；第三，政治生活；第四，文化生活。在传统教育中有所谓劳动教育而忽略劳动生活，有所谓健康教育而忽略健康生活，有所谓政治教育而忽略政治生活，在各种各样的课堂中，讲授文化生活而忽略真正的文化生活。育才学校的生活与教育是统一的，它认定劳动生活即是劳动教育，用劳动生活来教育，给劳动生活以教育；它认定健康生活即是健康教育，用健康生活来教育，给健康生活以教育；它认定政治生活即是政治教育，用政治生活来教育，给政治生活以教育；它认定文化生活即是文化教育，用文化生活来教育，给文化生活以教育。

（十）育才学校的集体生活虽然在性质上分为劳动生活、健康生活、政治生活和文化生活，但在生活之集体性这一点上，决定了我们的劳动生活、文化生活往往同时就是政治生活。质言之，劳动生活、健康生活、文化生活之解释、动员、组织的过程都是政治生活，也都是政治教育。因此育才学校的集体生活，在其总的意义上来说便是一种政治生活。也就是说育才学校的政治教育笼罩着整个集体生活。

（十一）育才学校的集体生活是有计划的，此种有计划的集体生活之集体性决定了全部的集体生活，同时就是政治生活。同样地育才学校的集体之教育性决定了全部的集体生活，同时就是文化生活。质言之，劳动生活、健康生活、政治生活在集体讨论与检查中所有语言文字表达能力之锻炼以及思考推理之应用，等等，便同时是文化生活。劳动生活、健康生活、政治生活对于学生精神和品格上之陶冶及锻炼，便同时是文化教育。因此，育才学校的集体生活在其总的意义说来，同时又是文化教育。

（十二）育才学校之集体生活在其总的意义上说来，一方面是政治教育，另一方面又是文化教育。此二者与集体生活是互为影响的。集体生活愈丰富，则政治教育愈充实；政治教育愈充实，则集体生活之政治认识的水平愈提高。同样地，集体生活愈丰富，则文化教育愈充实；文化教育愈充实，则集体生活之文化水平愈提高。

（十三）育才学校之政治教育、文化教育在集体生活有其总的意义，要求我们确定这两方面的指导方针：第一，今天吾人正处在历史上空前未有的民族解放战争中，纵贯在整个抗战中之最根本问题是全国精诚团结，服从三民主义之领导，这是全国人民的共同要求，毫无疑义地育才学校之政治教育应以精诚团结、服从抗战、实行三民主义为最高原则。第二，人类历史上的文化遗产浩如瀚海，欲浩如瀚海之文化遗产全部为儿童所接受，匪特不可能，抑且与教育原理不相合。因此，育才学校今日而言文化教育，就其内容而言，必须确定以下诸点：第一，约缩地反应人类历史上重要而有代表性的文化遗产。第二，着眼哲学科学（社会与自然）与艺术之历史的发展及其在社会实践的意义。第三，着重人类进化史及中国历史的认识。

（十四）最后，育才学校一般基础教育之是否可以获得成功，特种基础教育是否可以获得较多的学习时间，都要看儿童们是否能迅速地获得文化之工具来决定，这是一个教育上基本建设的问题。一个儿童不能够用适当语言文字清楚地表现他的思想，我们可以说，这个儿童所受的是不完备的教育。所谓文化的工具的教育，包含着这样几项：第一，语言，第二，文字，第三，图画，第四，数学，第五，逻辑。广义地说来，这五项东西同是表达思想的工具。只有这种工具获得了才可以求高深的学问，才可以治繁复的事。传统教育也是非常看重这种工具的，但它有两个根本缺点：第一，偏狭，将读、写、算看做最重要的工具；第二，错误，一味在读、写、算本身上来学习读、写、算。今天我们提出文化的工具教育，并且强调其重要，绝不是将它置于一般基础教育之上，终日来学习语言文字、数学逻辑。倘若这样的话，这正是犯了三 R (The three R's)[3] 教育的错误。我们认为工具教育，应该从丰富的集体生活中来吸取培养它自己的血液，用语言文字图画来表达集体生活，用集体生活中统计的事项来作写计算的材料，用集体生活中之事实、论争发展儿童客观的逻辑，代替儿童之虚幻的逻辑。

然而，在另一方面也有一种错误的倾向：那就是设计教学法[4]者，根本忽视工具教育之特性。他们将语文和算术的学习不断联结于各个不甚关联的单元活动上，充满了牵强附会和人工造作。依照我们的办法，一方面是用这些工具来表达集体生活事项，一方面又将语文中之优秀作品以及计数活动之练习给组成一种文化生活，从事学习。儿童获得这种文化的生产工具以后，他便能自动地吸收广泛的知识。

二、育才学校生活、学习与工作制度

（一）育才学校的生活、学习、工作基本上是打成一片的，其中一般活动皆属于一骨干组织的集团生活之组织下。这一个组织统一了生活与学习的组织，统一了集体生活与日常社会服务组织。这一组织系统概略如下：

第一，设育才学校儿童生活团；第二，音乐、戏剧、文学、社会、绘画、自然、工艺、农艺等组各编为一中队，中队下设若干分队；第三，各组同一般教育水准之儿童编为一学级，使共受普通教育；第四，各组之各不同分队的儿童按年龄大小与工作经验之配合，混合组成若干社会服务队，专司附近村落社会服务（详细情形，可参考育才学校公约草案）。

（二）学习活动中之一般学习包含一般生活组织中。

（三）工作与服务之一般的组织亦包含在一般生活组织中，但育才学校为了在抗战洪炉中锻炼儿童，同时为了抗战工作之需要，得相机随时组织战时工作队；倘若在一般生活组织中，有较为固定的生活、工作与学习已经使儿童获得较为刻板的习惯，那末战时工作队便是有意打破这种刻板的习惯，予儿童以一种应有的训练。

（四）以上各项组织尽了纵横交错之作用，使全校儿童能彼此相接触，但在这各组织中，分队是平日生活、工作、学习的基本组织。

（五）育才学校主张教训合一，同时育才学校坚决地反对体罚。体罚是权威制度的残余，在时代的意义上说它已成为死去的东西；它非但不足以使儿童改善行为，相反地，它是将儿童挤下黑暗的深渊。育才教师最大的责任便是引起儿童对于纪律自觉地需要，自觉地遵守；引起儿童对于学习自觉地需要，自动地追求。

（六）育才学校集体生活之组织的原则是民主集中制。民主集中制的运用，一方面可以健全当前的集体生活，另一方面是要培养儿童参与未来民主政治之基础。

（七）育才学校着重分队晚会，凡集体生活中之问题、时事及当天指导员所教的东西务需予以充分的讨论，这除了增加儿童对于学科了解而外，同时更增进了儿童语言表达的能力。

（八）育才学校着重自我批评。自我批评是发展民主的有效手段，自我批评是促进自觉性启发的利器。

（九）育才学校着重总结能力之培养。总结需要包含学习中各种问题、自我批评及讨论中不相同的意见等，这一方面是扩大了儿童的能力，一方面是练习了逻辑。

（十）育才学校要养成儿童之自我教育精神。除跟教师学外，还跟伙伴学，跟民众学，走向图书馆去学，走向社会与自然界去学。他可以热烈地参加集团生活，但同时又可以冷静地思考问题。

（十一）育才学校之总的教育过程为：第一，以儿童为行动的主体，在教师之知的领导下，所进行的行与知之不断连锁的过程；第二，以儿童为行动的主体，同时以儿童自身之知为领导，所发展之行与知不断连锁的过程；第三，育才教育目的之一便是从第一种过程慢慢地发展至第二种过程。

（十二）育才学校之一般"教学做"的过程，有三种形式：第一，以工作或问题为中心的教学做过程；第二，以事物之历史发展为中心的教学做过程；第三，各学科、各系统的学习与研究的教学做过程。这三个过程，育才学校参合互用。

（十三）育才学校教师与学生基本上是在集体生活上共学，不但是学生受先生的教育，先生也在受学生的教育。这里我们要反对两种不正确的倾向：一种是将教与学的界限完全泯除，否定了教师领导作用的错误倾向；另一种是只管教，不问学生兴趣，不注意学生所提出的问题之错误倾向。前一种倾向必然是无计划，随着生活打滚；后一种倾向必然是盲目地灌输学生给弄成填鸭。

优良的教育工作者一方面是他根据客观情形订出教育计划，但另一方面是知道如何通过生活与实践，实现这个计划，并且在某种情形下知道修改他的计划，同时发展他的计划。

【注释】

①本篇原载于 1940 年 8 月 1 日《战时教育》第 6 卷第 1 期《育才学校专号》。

②中国童子军：1912 年由武昌文华书院创办，南京国民政府成立后设中国童子军总会，并在小学和初中设童子军课程，推行童子军管理。

③三 R（The three R's）：英语 read、recite、review 三词的缩写。意为阅读、

背诵和温习。

④设计教学法：实用主义教育的一种教学制度，为美国克伯屈所创，主张由学生自行决定学习目的和内容，从自行设计、实行的活动中获得有关的知识和能力。

育才二周岁之前夜①
（1941 年 6 月）

育才是中国抗战中所产生的一所试验学校，应该是要在磨难里成长为一个英勇的文化作战集团。它的怀孕是在武汉快要失守之前，而诞生则在南岳会议以后，正当国内肃清巨奸之污血，国际唤起正义的声援，我们的整个民族是树立了必胜的信念，而在历史过程中酝酿着一个蓬蓬勃勃的大转机。这时抗战文化是开放着千紫万红的鲜花。那空前的难童公育运动，也奠定了一个相当规模的初基。育才学校便是这难童公育运动之进一步的、合乎客观需要的发展。这一切回想起来，令人不胜黄金时代之感。

但是向前看啊！不可近视懈怠而被目前的磨难俘虏而去。前面有着更大的黄金时代。

说到目前的磨难可算是严重，但是也给了我们空前的机会来创造。敌人的扩大封锁与加紧进攻，要更大的团结力量去克服。世界战争，自从德军开始进攻苏联，把我们的友邦都卷入旋涡了。这也可使我们格外警觉，靠着更大的团结力量来自力更生，同时也可使我们与友邦发生更亲切之合作，并由于我们的努力使英美与苏联的关系加强，四国配合作战，以铲除人类之公敌而创造幸福之世界。目前的文化界无可讳言的是因烦闷而离去了一批工作者。文化之园里还存在着"无奈朝来寒雨晚来风"之慨。从张文白②部长第二次招待文化界的演说词里，我们知道他似乎有惜春之意。这春暮的气象，大家多少有些同感，但是夏天之莲、秋天之菊、冬天之梅、四季常青之松柏，只要园丁负责，不给茅草乱长，哪一样不可以及时欣欣向荣呢？而且春，无论如何也会回到人间。向前看啊！前面有着更大的黄金时代待创造。

育才是在这样的气氛里生长着。它是抱着这样的态度过日子。它快两岁了，长成了一个什么样儿呢？

跟武训学，最近几个月我们是过着别有滋味的日子，终日与米赛跑，老是跑在米的后面。到了四月，草街子米价涨到每老斗五十三元，比开办的时候涨了二十五倍。这时所有的存款都垫到伙食上去了。向本地朋友借来的四十石谷也吃完了，向银行借来的三万元也花光了。怎么办？从前武训先生以一位"乞丐"而创办了三所学校，我们连一所学校也不能维持，岂不愧死？于是我们在四月六日下了决心要跟武训学，我们要做一个"集体的新武训"，我们相信只要我们所办的是民族与人类所需要的教育，总有一天得到"政府"社会之了解帮助，从磨难中生长起来。首先是育才学生们之响应。他们来信说："我们愿做新武训的学生，不愿做旧武训的学生。"他们的意思是说：我们自动求学，用不着武训向他们下跪才用功。同样，教师们也给了认真教课的保证。有了认真教课的教师和自动求学的学生，新武训是比较容易做了——只需讨饭兴学，对付经济问题。这经济问题固然严重得很！到我写这篇文章的时候，二百张嘴天天所吃的已是每老斗一百一十元的米了，超出开办时五十倍——但是本着立校颠扑不灭的教育理论，抱着武训先生牺牲自我之精神，并信赖着中华民族重视教育、爱护真理之无可限量之热诚，我们知道就是比现在更困苦，也必定不是饥饿所能把我们拆散的。中华民族需要我们，世界人类需要我们。磨难只能给我们以锻炼，使我们更强壮的长起来。

初步人才教育之路，育才在过去两年中只是做了一点探路的工作。育才在两周岁之前夜，对于初步人才教育，探到了什么路？怎样在这路上试探？有限得很，只可约略的谈谈：

一、集体生活

集体生活不仅仅是大家聚在一块过日常生活。我们要想丰富集体生活在教育上之意义，必须使它包含三种要素：（一）为集体自治；（二）为集体探讨；（三）为集体创造。

集体自治的主要目的，是要使大家在实行集体自治上来学习集体自治。集体自治在育才是采用民主集中制。我们在民主与集中之问题上摇摆了一些时候，我们主观上是要实行民主集中，使全校的公意得以充分的发表，并使此发表之公意有效而迅速的实现起来。但是实际上，我们初期似乎过于民主，发生过平均、平行等毛病；后来，要想纠正这些毛病，权力过于集中，整齐严肃是其好处，被动呆板是其弱点。现在仍回到立校之原意，要贯彻民主集中制之真精神，一方面培养自动的力量，一方面培养自觉的纪律，一方面树立宣导这力量及发挥这纪律有效而有条理的机构，使他们向着有目的生活奔赴，如百川之朝海。如果有一方面做得不够或有所偏，多少便会失去民主集中之效用。

（二）集体探讨之目的，在以集体之努力，追求真理。探讨之路有五，即行动、观察、看书、谈论、思考，称之为五路探讨，也可称之为五步探讨。这与《中庸》所说之博学、审问、慎思、明辨、笃行相仿佛，不过次序有些变动，博学相当于观察与看书。审问似乎属于思考又属于谈论。慎思明辨纯属于思考。笃行相当于行动。人类与个人最初都由行动而获得真知，故以行动始，以思考终，再以有思考之行动始，以更高一级融会贯通之思考终，再由此而跃入真理之高峰。说到应用，凡是不必按班级学习之功课，都可采用集体探讨之方式，如社会科学、自然科学、艺术之一大部分，只需文化锁匙略会运用，即可开始从事于集体探讨。例如集体探讨中国抗战或某一战役，教师可于一星期前公布探讨纲目，提示参考图书，并指点探讨之路。地图及数字，须预为择要公布。首先我们要在参加抗战行动上来了解抗战。我们在慰问抗属、制寒衣、义卖、宣传兵役等等行动上来理解它的性质及发展。敌机凌空、轰炸残酷、汉奸挑拨、奸商囤积居奇、军民同赴国难，以及种种战利品随时随地广为观察。有关中国抗战及该战区之地图、书籍、报章杂志，须广为搜集，按程度分别陈列以备阅览。然后依规定日期，由教师或请专家主讲，由学生参加讨论，当时扼要记录，事后用心整理，并加以批评检讨，以期达到融会贯通之境界。等到融会贯通以后之抗战行动，是跃入更深的必胜信念，并能发出更大的参加力量。这整个过程，我们称之为集体探讨。牛顿养猫，猫生小猫，他在大猫洞旁边开一小洞使小猫可以自由出入。但小猫只是跟随大猫走大洞，小洞等于虚设。集体探讨只是开了一个文化大洞，小孩自然跟着大孩一同进出罢了。

（三）集体创造的目的，在运用有思考的行动来产生新价值。我们虽不能无中生有，但是变更物质的地位，配合组织使价值起质的变化而便利于我们的运用。这也构成普通功课之一部分，使学生在集体创造上学习创造。我们以前开辟操场、劳动路及普式庚林③，并改造课室，已经有了些经验。这次从六月二十到七月二十定为集体创造月，开始作有计划之进行，分举如下：

（子）创造健康之堡垒；

（丑）创造艺术之环境；

（寅）创造生产之园地；

（卯）创造学问之气候。

（子）创造健康之堡垒：我们的集体生活首重健康。创造健康之堡垒，目的在与疾病作战。善战者不战而退敌人之师，故一分预防胜于十个医生。健康之堡垒有三道防线：第一道防线，是制造扑灭病菌绝除病菌及携带病菌者之工具，如苍蝇拍、捕鼠器、纱罩、蚊帐、烧水锅炉、消毒器械，并采用其他科学方法，与侵犯之病菌及病菌携带体作战。第二道防线，为实施环境卫生，如水井、厕所、厨房、饭厅、阴沟死水、仓库、家畜栏、垃圾堆，都要经常的施以适当的处理，使病菌无法孳生蔓延。第三道防线，是赤裸裸的靠着身体的力量与病菌肉搏。这道防线所包含的是营养、运动、防疫针、生理卫生之认识。至于治疗乃是三道防线都被攻破肉搏又告失败，只好抬入后方医院救治。故治疗不是作战之防线，乃是医伤之处所。最好是努力于三道防线上健康堡垒之创造，使治疗所等于虚设。我们是要朝这方向进行，很希望在集体创造月里立下一个基础，以后继续使它逐渐完成。

但是既与病菌作战，无论如何周到，难免没有受伤官兵，故治疗所工作也不敢疏忽，而是要使它有效的执行它的任务。

（丑）创造艺术之环境：我们要教整个的环境表示出艺术的精神，使形式与内容一致起来。这不是要把古庙装成一座新屋，老太婆敷粉擦胭脂涂嘴唇是怪难看的。但是阵有阵容，校有校容，有其内必形诸外，我们首要重艺术化的校容。甲午④之前，中国海军也算是世界第四位，一度开到日本大示威。一位有见识的日本官在岸上看了一看说：这可取而代之。人问其故。他说："大炮为一舰之主，我看见他们在大炮上晒裤子，所以知道它的末路快到了。"这种眼光多么锐利啊！他是从舰容——大炮上的裤子——看清逊清海军军纪了。我们所要的校容不是浪费的盛装，而是内心的艺术感所求的朴素的表现。我们的校容要井然有条，秩然有序，凛然有不可侵犯之威仪。什么东西应该摆在什么地方或只许摆在那个地方，应该怎样摆也只有那样摆，而不许它不得其所。无论什么东西，一经成群，就得排队：草鞋排队、斗笠排队、扫帚排队、畚箕排队，锄头排队、文具排队、手巾排队、脸盆排队、桌排队、椅排队、凳排队、床排队，被排队、书排队——一切排起队伍来！物也排队；人也排队。静要排队；动要排队。排队而进；排队而出。排队之前，排队之时，排队之后，通身以朴素之艺术精神贯彻之，便成了抗战建国中应有之校容。捣乱这校容的有少爷、小姐、名士派、浪漫派、个人主义、自由主义之遗孽，我们是努力的感化而克服着。

（寅）创造生产之园地：我们要渡过经济难关，是要开源节流，标本兼治。治标的办法，是在节约捐款。根本之计，则在从事有效之生产，以十年树木之手段，贯彻百年树人之大计。现在正进行着"寸土运动"⑤，先使大家知道"一寸黄土一寸金"之义，而后用集体的力量使地尽其力。进行这工作时候，有数件事颇令人兴奋。晚饭钟已经敲了，我见一位小同学身边放着十根辣椒苗，左近实在没有空地了，只剩下一个小水凹。他把水疏通流到别处去，拾了几块石头连泥做了个小堤，再拿好土把凹地填平，将辣椒苗栽完了才洗手回校吃晚饭。这时，又看见一位同学远远的还在工作，待我走去和他谈谈，他说："我今天要挖好五百个凹，使山芋秧种完了才放手。"他的技术虽然还有许多地方不能令人满意，但是我们有一些小农人精神，是足以完成我们小范围中的寸土运动的任务。在我们当中，也有一些人懒得动手，或把生产当作玩艺儿干。我希望在创造劳动的洪炉里，他们渐渐的会克服自己的弱点，把自己造成手脑双挥的小工人。

（卯）创造学问之气候：气候是生物生长之必要条件。我们要学问长进，必须创造追求真理所必需的气候。平常所谓气候是空气与热之变化所致，学问之气候也可说是追求真理之热忱与其所需之一定文化养料及其丰富之配合所构成。追求真理之热忱其限度固为先天所赋予，而各人是否得尽其限，则有赖于集体或彼此之鼓励。但所赖以追求真理之文化养料之配合则有待于创造。具体的说，我们除了培养求知之热忱以及大自然大社会之博观约取外，必须有自然科学馆、社会科学馆、艺术馆、图书馆之建立。对于文化养料搜集得愈丰富，配合得愈适宜，则其有助于学问之长进亦愈大。这些，在我们这样的学校，除了集体创造外，便无法实现。从五月二十七日起，我们是分工合作的来采办这些文化食粮。首先是图书馆之彻底改造，简直是等于创造一个新的图书馆，竟以集体的力量而完成了奠基的任务。图书馆之改造证明了集体力量之雄厚，并为一切集体创造树立了一个可以达到的水准，而且于无意中起了模范作用。我们有两个肚，需要两种食粮、两个厨房、两个大司务。自从米价涨上天，精神食粮偏枯，大家好象变成一个大肚小头的动物，其实精神肚子吃不饱，饭桶肚子又何尝吃得饱？为了免掉这种偏枯，我们除了吃"点心"外还要吃"点脑"——还要吃"文化点心"。我们下决心规定"点脑"费或文化点心费，不得小于米价二十分之一，免得头脑长得太小，太不像样。

二、文化钥匙

活的人才教育，不是灌输知识，而是将开发文化宝库的钥匙，尽我们知道的交给学生。文化钥匙主要的四把：即国文、数学、外国文、科学方法。国文、数学、外国文三样，在初期按程度分班级上课最为经济。数学对于艺术部门之学生，只须达到足够处理其日常生活程度以后，即可任其自由选择。知识之前哨，丰富之学术多在外国，人才幼苗一经发现即须学习外国文。至少一门，与国文同时并进，愈早愈好，风、雨、寒、暑不使间断。若中途发现其不堪深造，则外国文即须停止，以免浪费时间。科学方法不必全部采用班级上课，一部分要使其在行动上获得方为有效。这科学方法似宜包含治学、治事各方面。从前有一个故事提到有一位道人用手一指，点石为金，一位徒弟在旁呆看，道人说："你把金子搬去可以致富。"徒弟摇摇头。道人问他为何不要金子，徒弟说："我看中你那个指头。"世上有多少被金子迷惑而忘了点金的指头，文化钥匙虽可分班度人，但要在开锁上指点。如当作死书呆读，上起锈来，又失掉钥匙的效用了。

三、特殊学习

这是育才立校之一特点，我们设了音乐、戏剧、文学、社会、自然、绘画六组，依据智慧测验和特殊测验，选拔难童加入最适合其才能兴趣之一组学习，以期因材施教，务使各得其所。我们的目的，在使人才幼苗得到及时之培养而免于延误枯萎。特殊才干之幼苗，一经发现，即从小教起，不但是合于世界学问家之幼年史实，即我们这短短两年的试验，也证明了路线之正确。将来，倘能照预定计划加设工艺组和农艺组，更为容易见效而适合需要。一位来校视察的朋友，看见这办法合理而主张普遍推行。这是需要慎重考虑的。我想每省先设一所以资试验，却是有益而无害。将来随办学人才之增加，则每一行政督察专员区设立一所，亦属可行。

四、自动力之培养

生活、工作、学习倘使都能自动，则教育之收效定能事半功倍。所以我们特别注意自动力之培养，使它贯彻于全部的生活工作学习之中。自动是自觉的行动，而不是自发的行动。自发的行动是自然而然的原始行动，可以不学而能。自觉的行动，需要适当的培养而后可以实现。故自动不与培养对立，相反的自动有待于正确的培养。怎样才算是正确的培养呢？在自动上培养自动，才是正确的培养。若目的为了自动，而却用了被动的方法，那只能产生被动而不能产生自动。有人好像是无须培养便能自动，那是因他会自觉的锻炼了自己培养了自己，其实他是运用了更高的培养，即自我的培养。我们的音乐指导委员会，委员都在重庆，每月有一位下乡指导数日。当他不在乡下的时候，学生竟能自动的完成每一个月的学习进程，这是很令人高兴的一件事。最近改造图书馆，一开始便着手培养十几位幼年管理员，在改造图书馆上培养他们管理图书馆。现在整个图书馆都由他们主持了，而且有了优越的成绩。二周年纪念要发出将近三百封信，我们把握住这个机会培养了二十几位幼年的秘书。写得不及格的摔进字纸篓里，顶多摔进去三次便及格了。这写信之及格不就等于一门书法考试及格了吗？所不同的是三百封信出去了，等于一位书记五十天的成绩。而且书法考试及格写信未必适用；但是写信已经合用，书法必定及格。现在要完成幼年会计、幼年护士之培养，并开始幼年生产干事、幼年烹饪干事之培养。我们的根本方针，是要在自动上培养自动力。每人学治一事，不使重复而均劳逸。寻常治学之人与治事之人常常相轻，现在治学之人学治一事，则治事亦治学了。再因一般治事之人，为治事而治事，不免流于事务主义。倘从小即养成其为治学而治事之态度，则两受其益了。

五、两个问题之再考虑

第一，普修课与特修课之关系。育才初办的时候，假定普修课与特修课之时间各占二分之一。普修课依部章所定内容进程实施。特修课则因无前例，则根据各组学术性质而定其课程。后来，因研究结果而改订时间，使普修课约占三分之二，特修课约占三分之一，并给各组以伸缩机会，再依各组进程需要逐年酌量增加特修课之时间。我们时常遇到的问题是：你们学生几年毕业？我们回答问题不像普通学校那样简单。特修课我们是希望学生一直学上去，到学成了才告一段落；普修课则大约和别的学校同年限毕业。接着就是第二个问题：你们花了三分之一的时间在特修课上面，又如何能同别的学校同年限毕业？因为有四个条件能使它成为可能：

（一）我们这里几乎是个全年学校或四季学校。在寒假生活和暑假生活里，名字虽是不同，但多少还得天天上些课。比较起来，我们全年上课是可能多十几个星期。(二) 特修课之一部分，在学力上是可移转到普修课上面去。(三) 如果集体探讨及集体创造，特别是学问气候之创造，有效的实现起来，学生潜修其中，自然而然的是随时随地的吸收很多，相当于普修课之内容。(四) 为着要预防及纠正特修课教育之狭隘性格，我们多方引导学生在各组之立场与观点，尽量对于普修课各部门找出他们与本组学术之关联。担任普修课之导师，随时尽可能扼要指出他的功课与特修课之联系；同时，担任特修课之导师乃至比较深造的学生，提出各该组当前学习之精华，使之深入浅出，公诸全校，以丰富全校之普修课内容。这样，普修课与特修课之鸿沟打通，乃能达到一般的特殊与特殊的一般之境界。

第二，集体检讨可能之流弊：集体生活必须有自我检讨而后能克服自身之弱点，发扬本身之优点。这种检讨晚会之原意是要教工作做得好些，学问求得正确些，生活过得丰富而合理些，进一步是要时常提醒我们所过的生活，所求的学问，所做的工作，是否合乎抗战建国之需要，及如何使我们的生活学习工作更能配合抗战建国之大计。它要提醒我们是否为着近处而忘记远处，为着小我而忘了大我。这样，晚会才能开得有教育意义，才能教人有参加之乐而无参加之苦。但是检讨晚会有一个危险，就是一不小心，它往往会变成集体裁判，为着一点小事而浪费多数人之时间，久而久之，会在同学之间结下难解之私仇，被检讨之人是弱者吞声屈服，强者怀恨报复，既伤团体和气，亦无益于个人，甚至乐园变成苦海，实误用集体检讨有以致之。古人说："杀鸡焉用牛刀。"何况拿牛刀杀虱？若是老用来杀鸡杀虱，则到了杀牛的时候，怕要杀不动了。集体检讨是一个团体最锋利的公器，不可小用，小用则钝。纠正之方在民主立法；有司执法，网开一面，庶有自新之路；十目所视，不容秽垢藏匿之所；而根本之图，是先立乎其大者，则其小者不能夺。改弦更张，为时不久，但和气有加无已，进一步可以达到同志同学均在友谊上合一起来之境界，是其有助于全校之精诚团结，可以预卜了。

迎接维系务！婆罗门教⑥有三个大神：一是创造之神，名叫百乐妈；一是破坏之神，名叫洗伐；一是保存之神，名叫维系努（Vishnu）。我们生活教育运动，包含育才学校，仔细检讨，便发觉我们缺少保存之神。让我们欢迎维系努加入我们的集团吧。我们不为保存而保存，是为着更高的创造而保存。正如印度故事所说，让更真、更善、更美的创造，从维系努手中之莲花里生出来吧。

【注释】

①本篇原载于 1941 年 6 月 1 日《战时教育》第 6 卷第 6 期、第 7 期、第 8 期合刊《育才学校二周年纪念专号》。

②张文白：即张志中。

③普式庚林：亦作普希金林，是育才文学组师生在古圣寺山坡上一个松林内学习的地方，以俄国著名诗人普希金命名。

④甲午：指 1894 年（即甲午年）清政府和日本之间发生的甲午战争。

⑤寸土运动：为了克服经济困难，陶行知校长号召育才师生在学校内外开荒生产粮食和蔬菜。

⑥婆罗门教：印度古代宗教之一，后改称印度教。

创造宣言①

（1943 年 10 月 13 日）

创造主未完成之工作，让我们接过来，继续创造。

宗教家创造出神来供自己崇拜。最高的造出上帝，其次造出英雄之神，再其次造出财神、土地公、土地婆来供自己崇拜。省事者把别人创造的现成之神来崇拜。

恋爱无上主义者造出爱人来崇拜。笨人借恋爱之名把爱人造成丑恶无耻的荡妇来糟踏，糟踏爱人者不是奉行恋爱无上主义，而是奉行万恶无底主义的魔鬼，因为他把爱人造成魔鬼婆。

美术家如罗丹，是一面造石像，一面崇拜自己的创造。

教育者不是造神，不是造石像，不是造爱人。他们所要创造的是真善美的活人。真善美的活人是我们的神，是我们的石像，是我们的爱人。教师的成功是创造出值得自己崇拜的人。先生之最大的快乐，是创造出值得自己崇拜的学生。说得正确些，先生创造学生，学生也创造先生，学生先生合作而创造出值得彼此崇拜之活人。倘若创造出丑恶的活人，不但是所塑之像失败，亦是合作塑像者之失败。倘若活人之塑像是由于集体的创造，而不是个人的创造，那么这成功失败也是属于集体而不是仅仅属于个人。在一个集体当中，每一个活人之塑像，是这个人来一刀，那个人来一刀，有时是万刀齐发。倘使刀法不合于交响曲之节奏，那便处处是伤痕，而难以成为真善美之活塑像。在刀法之交响中，投入一丝一毫的杂声，都是中伤整个的和谐。

教育者也要创造值得自己崇拜之创造理论和创造技术。活人的塑像和大理石的塑像有一点不同，刀法如果用得不对，可以万像同毁；刀法如果用得对，则一笔下去，万龙点睛。

有人说：环境太平凡了，不能创造。平凡无过于一张白纸，八大山人②挥毫画他几笔，便成为一幅名贵的杰作。平凡也无过于一块石头，到了飞帝匹斯、米开朗基的手里可以成为不朽的塑像。

有人说：生活太单调了，不能创造。单调无过于坐监牢，但是就在监牢中，产生了《易经》之卦辞③，产生了《正气歌》④，产生了苏联的国歌⑤，产生了《尼赫鲁自传》。单调又无过于沙漠了，而雷塞布（Lesseps）竟能在沙莫中造成苏彝士运河⑥，把地中海与红海贯通起来。单调又无过于开肉包铺子，而竟在这里面，产生了平凡而伟大的平老静。

可见平凡单调，只是懒惰者之遁辞。既已不平凡不单调了，又何须乎创造。我们是要在平凡上造出不平凡；在单调上造出不单调。

有人说：年纪太小，不能创造，见着幼年研究生之名而哈哈大笑。但是当你把莫扎尔特、爱迪生及冲破父亲数学层层封锁之帕斯加尔（Pascal）的幼年研究生活翻给他看，他又只好哑口无言了。

有人说：我是太无能了，不能创造。但是鲁钝的曾参，传了孔子的道统，不识字的惠能,传了黄梅的教义。惠能说:"下下人有上上智。"我们岂可以自暴自弃呀!可见无能也是借口。蚕吃桑叶,尚能吐丝,难道我们天天吃白米饭,除造粪之外,便一无贡献吗?

有人说:山穷水尽,走投无路,陷入绝境,等死而已,不能创造。但是遭遇八十一难之玄奘,毕竟取得佛经;粮水断绝,众叛亲离之哥仑布,毕竟发现了美洲;冻饿病三重压迫下之莫扎尔特,毕竟写出了《安魂曲》。绝望是懦夫的幻想。歌德说:没有勇气一切都完。是的,生路是要勇气探出来,走出来,造出来的。这只是一半真理;当英雄无用武之地,他除了大无畏之斧,还得有智慧之剑,金刚之信念与意志,才能开出一条生路。古语说,穷则变,变则通,要有智慧才知道怎样变得通,要有大无畏之精神及金刚之信念与意志才变得过来。

所以,处处是创造之地,天天是创造之时,人人是创造之人,让我们至少走两步退一步,向着创造之路迈进吧。

像屋檐水一样,一点一滴,滴穿阶沿石。点滴的创造固不如整体的创造,但不要轻视点滴的创造而不为,呆望着大创造从天而降。

东山的樵夫把东山的茅草割光了,上泰山割茅草,泰山给他的第一个印象是:茅草没有东山多,泰山上的"经石峪""无字碑""六贤祠""玉皇顶"……大自然雕刻的奇峰、怪石、瀑布,豢养的飞禽、走兽、小虫和几千年来农人为后代种植的大树,于他无用,都等于没有看见。至于那种登泰山而小天下之境界,也因急于割茅草而看不出来。他每次上山拉一堆屎,下山撒一抛尿,挑一担茅草回家。尿与屎是他对泰山的贡献,茅草是他从泰山上得到的收获。茅草是平凡之草,而泰山所可给他的又只有这平凡之草,而且没有东山多,所以他断定泰山是一座平凡之山,而且从割草的观点看,比东山还平凡,便说了一声:"泰山没有东山好。"茅草中有一棵好像是先知先觉的树苗,听他说"泰山没有东山好",想到自己老是站在寸土之中,终年被茅草包围着,陡然觉得平凡、单调、烦闷、动摇,幻想换换环境。一根树苗如此想,二根树苗如此想,三根树苗如此想,久而久之成趋向;便接二连三的,一天一天的,听到有树苗对樵夫说:"老人家,你愿意带我到东山去玩一玩么？"樵夫总是随手一拔，把它们一根一根的和茅草捆在一起，挑到东山给他的老太婆烧锅去了。我们只能在樵夫的茅草房的烟囱，偶尔看见冒出几缕黑烟，谁能分得出哪一缕是树苗的，哪一缕是茅草的化身？

割草的也可以一变而成为种树的老农，如果他肯迎接创造之神住在他的心里。我承认就是东山樵夫也有些微的创造作用——为泰山剃头理发，只是我们希望不要把我们的鼻子或眉毛剃掉。

创造之神！你回来呀！你所栽培的树苗是有了幻想，樵夫拿着雪亮的镰刀天天来，甚至常常来到树苗的美梦里。你不能放弃你的责任。只要你肯回来，我们愿意把一切——我们的汗，我们的血，我们的心，我们的生命——都献给你。当你看见满山的树苗在你监护之下，得到我们的汗、血、心、生命的灌溉，一根一根的都长成参天的大树，你不高兴吗？创造之神！你回来呀！只有你回来，才能保证参天大树之长成。

罗丹说："恶是枯干。"汗干了，血干了，热情干了，僵了，死了，死人才无意于创造。只要有一滴汗，一滴血，一滴热情，便是创造之神所爱住的行宫，就能开创造之花，结创造之果，繁殖创造之森林。

三十二军十月十三日

写于凤凰山

【注释】

①本篇原载于 1943 年 11 月 25 日重庆《新华日报》。于同年 10 月 13 日写成，发表前曾于 10 月 15 日下午向育才学校指导会宣读，16 日早晨在朝会上向全体学生宣读。当晚深夜 12 时，方与严主持的《创造壁报》出版。

②八大山人：清初画家朱耷（约 1626—1705）的别号。擅长画水墨花卉禽鸟，亦画山水，笔墨简活，形象夸张。

③《易经》之卦辞：《易经》即《周易》。这句话是说，周文王被关押时才把相传由神农作的八卦发展成为六十四卦的卦辞。春秋以后的儒家，把它作为重要经典之一。

④《正气歌》：南宋大臣文天祥抗元失败被俘，在狱中作《正气歌》，

表现了其宁死不屈的崇高气节。

⑤苏联的国歌：即鲍狄埃创作的《国际歌》。苏联1917年到1944年以《国际歌》代国歌。

⑥苏彝士运河：通译苏伊士运河。1859年开工，1869年完成，系雷塞布所创办的"国际苏伊士运河公司"开凿的。

创造的儿童教育①
（1944年9月20日）

创造的儿童教育，不是说教育可以创造儿童。儿童的创造力是千千万万祖先，至少经过五十万年与环境适应斗争所获得而传下来之才能之精华。发挥或阻碍、加强或削弱、培养或摧残这创造力的是环境。教育是要在儿童自身的基础上，过滤并运用环境的影响，以培养加强发挥这创造力，使他长得更有力量，以贡献于民族与人类。教育不能创造什么，但他能启发解放儿童创造力以从事于创造之工作。

我们晓得特别是中国小孩，是在苦海中成长。我们应该把儿童苦海创造成一个儿童乐园。这个乐园不是由成人创造出来交给小孩子，也不是要小孩子自己单身匹马去创造。我们造一个乐园交给小孩子，也许不久就会变为苦海；单由小孩子自己去创造，也许就创造出一个苦海。所以应该成人加入小孩子的队伍里去，陪着小孩子一起创造。

一、把我们摆在儿童队伍里，成为孩子当中的一员

我们加入到儿童队伍里去成为一员，不是敷衍的，不是假冒的，而是要真诚的，在情感方面和小孩子站在一条战线上。我曾经写过一首小诗，描写过我们在小孩队伍中应有和不应有的态度：

儿童园内无老翁，

老翁个个变儿童。

变儿童，

莫学孙悟空！

他在狮驼洞，

也曾变过小钻风；

小钻风，

脸儿模样般般像，

拖着一条尾巴两股红。

我们要加入儿童队伍里，第一步要做到不失其赤子之心，做成小孩子队伍里的一分子。

二、认识小孩子有力量

我们加入儿童生活中，便发现小孩子有力量，不但有力量，而且有创造力。我们要钻进小孩子队伍里才能有这个新认识与新发现。从前当晓庄学校停办的时候，晓庄的教师和师范生不能回晓庄小学任职，私塾先生又被小孩拒绝，农人不好勉强聘请，不得已，小孩自己组织起来，推举同学做校长当教员，自己教，自己学，自己办，并自称自动学校。这是中国破天荒的小创造。我听见了这个消息以后，就写了一首诗去恭贺他们：

有个学校真奇怪，

大孩自动教小孩。

七十二行皆先生，

先生不在学如在。

写好之后，交给几位大学生，请他们指教，他们说尽善尽美，于是用快信寄去。

第三天，他们回一封信，向我道谢之外，说这首诗有一个字要改，大孩教小孩，难道小孩不能教大孩吗？大孩能够自动，难道小孩不能自动吗？

而且大孩教小孩有什么奇怪呀？这一串炸弹把个"大"字炸得粉碎，我马上把他改为"小孩自动教小孩"，这样一来，是更好了。黄泥腿的农村小孩改留学生的诗，又是破天荒的证明，证明小孩有创造力。

又有一次我到南通州去推广"小先生"，写了一篇一分钟演讲词，内中有一段："读了书，不教人。甚么人？不是人。"我讲过后有一个小孩子马上来说，陶先生，你的演讲最好把"不是人"改为"木头人"，"木头人"比"不是人"更好了。因为"不是人"三个字不具体，桌子不是人，椅子也不是人，而"木头人"是给了我们一个具体的印象。这也证明小孩子有创造力。我们要真正承认小孩子有创造力，才可以不被成见所蒙蔽。小孩子多少都有其创造的能力。

三、解放儿童的创造力

我们发现了儿童有创造力，认识了儿童有创造力，就须进一步把儿童的创造力解放出来。

（一）解放小孩子的头脑。儿童的创造力被固有的迷信、成见、曲解、幻想层层裹头布包缠了起来。我们要发展儿童的创造力，先要把儿童的头脑从迷信、成见、曲解、幻想中解放出来。迷信要不得，成见要不得，曲解要不得，幻想更要不得，幻想是反对现实的。这种种要不得的包头布，要把他一块一块撕下来，如同中国女子勇敢的撕下了裹脚布一样。

自从有了裹脚布，从前中国妇女是被人今天裹，明天裹，今年裹，明年裹，骨髓裹断，肉裹烂，裹成一双三寸金莲。

自从有了裹头布，中国的儿童、青年、成人也是被人今天裹，明天裹，今年裹，明年裹，似乎非把个个人都裹成一个三寸金头不可。如果中华民族不想以三寸金头出现于国际舞台，唱三花脸，就要把裹头布一齐解开，使中华民族的创造力可以突围而出。三民主义开宗明义就说：大凡人类对于一件事，研究其中的道理，首先发生思想，思想贯通，以后才生信仰，有了信仰，才生力量。思想贯通，便等于头脑解放。唯独从头脑里解放出来的创造力，才能打退日本鬼，建立新中国。

（二）解放小孩子的双手。人类自从腰骨竖起，前脚变成一双可以自由活动的手，进步便一天千里，超越一切动物。自从这个划时代的解放以后，人类乃能创造工具、武器、文字，并用以从事于更高之创造。假使人类把双手束缚起来，就不能执行头脑的命令。我们要在头脑指挥之下用手使用机器制造，使用武器打仗，使用仪器从事发明。中国对于小孩子一直是不许动手，动手要打手心，往往因此摧残了儿童的创造力。一个朋友的太太，因为小孩子把她的一个新买来的金表拆坏了，在大怒之下，把小孩子结结实实打了一顿。后来她到我家里来说："今天我做了一件极痛快的事，我的小孩子把金表拆坏了，我给了他一顿打。"我对她说恐怕中国的爱迪生被你枪毙掉了。我和她仔细一谈，她方恍然大悟，她的小孩子这种行动原是有出息的可能，就向我们请教补救的办法。我说："你可以把孩子和金表一块送到钟表铺，请钟表师傅修理，他要多少钱，你就给多少钱，但附带的条件是要你的小孩子在旁边看他如何修理。这样修表铺成了课堂，修表匠成了先生，令郎成了速成学生，修理费成了学费，你的孩子好奇心就可得到满足，或者他还可以学会修理咧。"小孩子的双手是要这样解放出来。中国在这方面最为落后，直到现在才开始讨论解放双手。在爱迪生时代，美国学校的先生也是非常的顽固，因为爱迪生喜欢玩化学药品，不到三个月就把他开除！幸而他有一位贤明的母亲，了解他，把家里的地下室让给他做实验。爱迪生得到了母亲的理解，才一步步的把自己造成发明之王。那时美国小学的先生，不免也阻碍学生的创造力的发展。我们希望保育员或先生跟爱迪生的母亲学，让小孩子有动手的机会。

（三）解放小孩子的嘴。小孩子有问题要准许他们问。从问题的解答可以增进他们的知识。孔子入太庙，每事问。我从前写过一首诗，是发挥这个道理："发明千千万，起点是一问。禽兽不如人，过在不会问。智者问得巧，愚者问得笨。人力胜天工，只在每事问。"但中国一般习惯是不许多说话。小孩子得到言论自由，特别是问的自由，才能充分发挥他的创造力。

（四）解放小孩子的空间。从前的学校完全是一只鸟笼，改良的学校是放大的鸟笼。要把小孩子从鸟笼中解放出来。放大的鸟笼比鸟笼大些，有一棵树，有假山，有猴子陪着玩，但仍然是个放大的模范鸟笼，不是鸟的家乡，不是鸟的世界。鸟的世界是森林，是海阔天空。现在鸟笼式的学校，培养小孩用的是干腌菜的教科书。我们小孩子的精神营养非常贫乏，这还不如填鸭，填鸭用的还是滋养料让鸭儿长得肥胖的。我们要解放小孩子的空间，让他们去接触大自然中的花草、树木、青山、绿水、日月、星辰以及大社会中之士、农、工、商、三教九流，自由的对宇宙发问，与万物为友，并且向中外古今三百六十行学习。创造需要广博的基础。解放了空间，才能搜集丰富的资料，扩大认识的眼界，以发挥其内在之创造力。

（五）解放儿童的时间。现在一般学校把儿童的时间排得太紧。一个茶杯要有空位方可盛水。现在中学校有月考、学期考、毕业考、会考、升学考，一连考几个学校。有的只好在鬼门关去看榜。连小学的儿童都要受着双重夹攻，日间由先生督课，晚上由家长督课，为的都是准备赶考，拼命赶考，还有多少时间去接受大自然和大社会的宝贵知识呢？赶考和赶路一样，赶路的人把路旁风景赶掉了，把一路应该做的有意义的事赶掉了。除非请医生，救人，路是不宜赶的。考试没有这样的重要，更不宜赶。赶考首先赶走了脸上的血色，赶走了健康，赶走了对父母之关怀，赶走了对民族人类的责任，甚至于连抗战之本身责任都赶走了。最要不得的，还是赶考把时间赶跑了。我个人反对过分的考试制度的存在。一般学校把儿童全部时间占据，使儿童失去学习人生的机会，养成无意创造的倾向，到成人时，即使有时间，也不知道怎样下手去发挥他的创造力了。创造的儿童教育，首先要为儿童争取时间之解放。

四、培养创造力

把小孩子的头脑、双手、嘴、空间、时间都解放出来，我们就要对小孩子的创造力予以适当之培养。

（一）需要充分的营养。小孩的体力与心理都需要适当的营养。有了适当的营养，才能发生高度的创造力，否则创造力就会被削弱，甚而至于夭折。

（二）需要建立下层的良好习惯，以解放上层的性能，俾能从事于高级的思虑追求。否则必定要困于日用破碎，而不能够向上飞跃。

（三）需要因材施教。松树和牡丹花所需要的肥料不同，你用松树的肥料培养牡丹，牡丹会瘦死；反之，你用牡丹的肥料培养松树，松树受不了，会被烧死。培养儿童的创造力要同园丁一样，首先要认识他们，发现他们的特点，而予以适宜之肥料、水分、太阳光，并须除害虫。这样，他们才能欣欣向荣，否则不能免于枯萎。

最后，我要提醒大家注意创造力最能发挥的条件是民主。当然在不民主的环境下，创造力也有表现。那仅是限于少数，而且不能充分发挥其天才。但如果要大量开发创造力，大量开发人矿中之创造力，只有民主才能办到，只有民主的目的、民主的方法才能完成这样的大事。美国杜威先生（不是候选总统之杜威，而是哲学家、教育家之杜威）最近给我信说："现在世界是联系得这样密切，如果民主的目的与方法不能在全世界每一个角落里都普遍的树立起来，我怕它们在美国也难持久繁荣。"民主应用在教育上有三个最要点：

（一）教育机会均等，即是教育为公，文化为公。我们要求贫富的机会均等，男女的机会均等，老幼的机会均等，各民族各阶层的机会均等。

（二）宽容和了解。教育者要像爱迪生母亲那样宽容爱迪生，在爱迪生被开除回家的时候，把地下室让给他去做实验。我们要像利波老板宽容法拉第。法拉第在利波的铺子里作徒弟，订书订得最慢，但是利波了解他是一面订书一面读书，终于让法拉第在电学上造成辉煌的功绩。

（三）在民主生活中学民主。专制生活中可以培养奴才和奴隶，但不能培养人民做主人。民主生活并非乱杂得没有纪律。民主要有自觉的纪律，人民只可以在民主的自觉纪律中学习做主人翁。在民主动员号召之下，每一个人之创造力都得到机会出头，而且每一个人的创造力都能充分解放出来。只有民主才能解放最大多数人的创造力，并且使最大多数人之创造力发挥到最高峰。

【注释】

①本篇原载于1945年4月1日重庆《战时教育》第9卷第1期，系1944年9月20日下午在儿童福利工作人员会议上的专题演讲。

创造的社会教育①

（1945年1月28日）

"创造"与"改造"或"翻造"不同。

大清帝国的教育与中华民国的教育的区别：大清时代，人才即奴才教育，国民教育即奴隶教育。今天，时代不同了，因此，我们办理教育——社会教育，要用新的眼光和新的精神。这就是说，今天我们的"大学之道"，不是"在明明德，在新民，在止于至善"；而是"在明大德，在亲大众，在止于大众之幸福"。

所谓"大德"，就是"大公无私"。

所谓"亲民"者也，只是过去知识分子的优越感，好像是给老百姓洗把澡，洗后又远远地离开了他们。文化天使哪里会有工夫常常来替老百姓洗澡呢？（哄堂大笑）因此，我们是主张"亲大众"的，要文化天使思凡，思凡后即下凡。换言之，即要"文化、精神、学术下凡"。

要亲大众，必须实行文化下凡四部曲：一、钻进老百姓的队伍中去，与老百姓站在一条战线上，同甘苦、共患难；二、熟悉老百姓，要说出老百姓心中所要说的话；三、教老百姓；四、与老百姓共同创造。

"大众之幸福"包括"福、禄、寿、喜"四个字。一、"福"——老百姓需要和平、安全、乐业，不让少数人专有福气。二、"禄"——吃得饱，穿得暖，不啼饥号寒。三、"寿"——卫生、健康……四、"喜"——要和科学、学术等等结婚，皆大欢喜。一切均是自愿的，不是压迫的，也不是"埋头苦干"。要是埋着头，一干就干得不高兴，而是挺着胸膛，高高兴兴、快快乐乐地做去。

要"止于大众之幸福"，就必须解放老百姓的创造力。创造力是我们千千万万的祖宗在至少五十万年以来与环境不断奋斗的结果。"北京人"②在周口店的发现者是一位工人，可惜却做了"无名英雄"；因此我们要解放老百姓的创造力。要：

一、解放老百姓的双手。所谓思想、语言、文字等等，都是由双手劳动、工作而发展起来的。

二、解放老百姓的双眼。不要戴有色眼镜，近视的可配上远视的镜子（鼓掌）。

三、解放老百姓的嘴。防民之口，甚于防川（大鼓掌）。所谓"舆论"者，就是大众的意见，抬滑竿的（舆者）意见。

四、解放老百姓的头脑。内在的要除去听天由命、迷信、成见和幻想等等；外在的要除去那些"裹脚布""缠头布"（鼓掌）。我自入川以来，看到裹头布甚为流行。拿布来裹头固然要不得，可是还不打紧，而非布的（非物质的）裹头布呢，大概是传自意大利或者是日耳曼的③（鼓掌，哄堂大笑），却一天紧过一天，如果人人都是"三寸金头"立在国际之间，似乎是太不体面的事吧（大鼓掌）！

五、解放我们的空间。我国近④年来在各地设了许多民众教育馆，就"舘"字解释，将民众教育——社会教育关在一间房子里，不是"官舍"，便是"舍"中坐了一个"官"而已。如果将"舘"字写成"馆"，那也不过成了所谓"文化食堂""精神食堂"而已。我们办教育，应该力争做到让所有的老百姓都能各教所知、各学所好、各尽所能，为社会服务而将教育送到大自然、大社会、大森林中去。

六、解放我们的时间。赶考和赶路是同样要不得的。我们应该慢慢地走，然后才能吸收沿途中所接触的事物、所欣赏的风景。不致像学生赶考一样，结果是面黄肌瘦、腰驼背曲，恢复了我们老祖宗五十万年前伛偻状况的老样子，四肢伏地。真正的创造的社会教育，是要培养老百姓的创造力。由于时间关系，已无法详讲，只提四点供参考：一、在普及教育中提高老百姓的水准；二、……⑤三、因材施教；四、要有深刻的讲解。

最后，还应着重指出：专制时代的创造是顺乎皇帝的意旨的，是仅限于少数人的。而今天，民主时代的创造，是给每个人以同等的创造的机会，是动员整个民族力量以创造民众的福禄寿喜的。民主的程度愈高，则创造愈开放、愈好。

【注释】

①本篇系 1945 年 1 月 28 日在四川璧山县国立社会教育学院的演讲，摘自邹大肜的笔记。邹大肜在陶行知逝世 3 周年之际抄送给生活教育社。文前，抄录者注云："此系旧日记中片断，当时随听随写，事后未予整理，以致中途脱略之处，无法补正。所幸全文俱在，固无损于先生之真知灼见也。"《行知备忘》1945 年 1 月 27 日的笔记中载有同题演讲的详细提纲。又载于《中国学生导报》1945 年 2 月第 9 期。

②"北京人"：全称是"北京猿人"。北京猿人的发现，证明在中国这块大地上，最少也在 69 万年前就有人类的祖先居住。

③传自意大利或者是日耳曼的：指从意大利的法西斯头子墨索里尼和德国法西斯头子希特勒传到中国来的法西斯思想统治。

④原文中无"近"字，编者认为此处加"近"字更合文意。

⑤……：原来的纪录就是这样，并紧接着注明"（笔者遗漏）"。

全民教育

（1945 年 9 月 18 日）

一、计划名称

为四万万五千万中国人民推广民主教育的初步计划。

二、主持单位

生活教育社及育才学校。

三、指导原则

（一）民主第一。过民主生活以学民主。需要根据民主思想从根本上重建学校及学制，使属于大众、由大众自办、为大众服务的教育在中国蓬勃发展。民主不仅是治疗中国疾病的盘尼西林[①]，而且也是输血，使中国人民有新的活力去创造一个较好的国家。

（二）全民教育。不论宗教、种族、财富及所属阶级有何不同，男孩与女孩机会均等，男子与女子机会均等，成人与儿童机会均等。

（三）全面教育。心、脑、手并用。学政治，学经济，学文化相结合。健康、科学、劳动、艺术及民主将构成和谐的生活。

（四）终生教育。培养求知欲。学习为生活；生活为学习。只要活着就要学习。一旦养成学习习惯，个人就能终生进步不断。

（五）早在婴孩期就必须奠定民主教育的基础。或许，目前处理这个问题最好、最经济的办法是通过教父母兄弟姐妹，尤其是通过教母亲、姐妹及女佣来教婴儿。

（六）认识到中国还是个农业国，必定很穷，所以我们必须以最低廉的价格，给民众提供有益的文化粮食。让一千二百万名普通小学生利用写字课抄大众读本，一个月以后，就有一千二百万本书供民众使用了。上课最好安排在白天，以节省灯油。筷子蘸水就可以在桌上练习写字。课本没有准备好，街道上的招牌也可以当作一课。教育费用高昂就意味着没有教育或是只为极少数人的教育。

（七）社会即学校。动员社会上现有的一切可能动员的力量、学校和其他机构以及个人尽力为民众服务。庙宇、茶馆、监狱、兵营、商店、工厂、残废士兵医院、普通学校不上课的时间和空出的教室，都应给识字小组及训练中心使用。八千万受过一段时间再教育的识字成人可以作为教师，帮助家人及邻居进步。

（八）培养责任感、荣誉感及发自内心的与他人分享知识的迫切愿望。懂得了一项真理的人有传递这项真理的责任和特权。学会一个字的人就有资格教那个字，就有责任教那个字。有了与他人分享知识的欲望，才会认为这样做是种乐趣。

（九）根据与同胞分享真理的原则，我们把小先生培养成为免费教育的先锋。大约一十二年前，我们认识了第一位小先生。从那以来，这样做的一些优点终于表现出来了。对于在像中国这样的国家普及教育，这些优点是必不可少的。

1. 已经发现，小先生制是解决女子教育难最有效的手段。

2. 拜儿童为师的成人，必然获得新生，变得像儿童一样，并受到青年精神的感染。

3. 小先生手中的知识，不再是出卖的商品，而是免费赠送给全民的礼物。

4. 通过教学，小先生对课程内容会了解得更清楚、更透彻，还从他们的教育对象身上学到很多重要东西。

5. 招生的性质改变了。来者不拒；不能来者能通过免费送教育上门的办法受到教育。

6. 学校本身也起了变化，扩大了许多倍。社会变成学校；所谓的"学校"变成一间教室，更现实地说，变成发电室，通过小先生输送光、热和力；小先生就像通电的电线一样，把学校与社会的千家万户联结起来。这样，所有的社会成员便都能享受发电室发出的光、热和力了。然后，转过来小先生又从各家各户的小发电机上带来一切，增加中心发电室的功率，使之能将更多的光、热和力送给民众。

7. 乡村学校中孤独的教师也变了。他不再孤零零地教书、生活、做饭，孤零零地奋斗了。他一下子就成了50个或100个小同志的队长。这些小同志也不再是些小书呆子，而是活跃的小先生、小工人、小战士，而首要的是，他们是中国民主的小建设者。

（十）分享真理的原则不仅产生了小先生，而且产生了传递教师。我所见到的最能干的民众教师，来自广大人民群众，来自农民、工人、工匠及商店学徒。他们一学了那么几课书，就开始不拘形式地帮助别人。换句话说，他们就成了传递教师。在这阶段，他们非常热情，其中能干的人可以培养成为最好的传递教师。

（十一）农村及收复地区民众的教育应当最受重视。

（十二）鼓励民众边学习、边工作。决不要为一张学校毕业文凭而扔掉饭碗。

（十三）无论何时何地，只要有必要，有可能，就使用罗马化（即拉丁化）文字。

（十四）最充分地利用广播、电影、飞机、铁路、轮船把"民主教育"的思想、人员及物资输送到我国最边远的角落，以使我国最落后的地力也能尽早实现民主。

（十五）鼓励人民的首创精神，资助地方试验。

（十六）从群众中发现和挑选人才，把他们推荐到育才学校或其他合适的学校及其他机构受特殊的、高级的训练。

（十七）本计划仅限于研究、试验、训练、出版、示范、推广和激发等活动，并向政府及其他机构提出建议，供他们参考并在全国范围内采用。

（十八）与其他国家交流教育民主化进展的情况和经验。

四、实现的可能性

十二年前在贯彻上述原则时，山海工学团在半年之内，不花政府一分钱，在二十五个村庄普及了免费教育。生活教育社领导的这场运动，在九个月内，就在二十三个省铺开，并继续发展，直到思想控制介入为止。从那时起，随着民主的倒退，该运动的声势也减弱了。当然，十七个解放区除外。在这些解放区，小先生制蓬勃发展，方兴未艾。小先生队伍正在扩大，为在那儿居住的一亿民众服务。最近，随着民主潮流的回归，一所学校，即育才一所学校，就为附近四千五百名成人和儿童提供了受教育的机会。如果一百一十三所大学、二千二百七十八所中学、二十一万八千七百五十八所小学及七万九千五百五十个属教育部管辖的社会教育组织，贯彻同样的原则，以同样的速度，做同样的事情，把它们合起来，就可以使三亿五千万人继续学习和进步。当然，学校分布不平衡会打个大折扣。但在民主的鼓舞下，有政府力量的支持，有现成的读本和材料，有自愿提倡教育、竞相办教育等活动在全国的蓬勃开展，几乎不容置疑，三十万零六百九十九个用小先生和传递教师武装起来的学校，一年以后可以使人数达到亿；再加上受过再教育的八千万有文化的成人的帮助，四年就可以完成全部任务了；即使把所有意外的障碍都估计在内，至多也只要十年他们就可以完全成功。一旦养成学习的习惯及与他人分享知识的习惯，他们就会依靠自身的力量向前进，因而不断朝着民主方向的进步就会得到极为可靠的保证。

【注释】

①盘尼西林：英文 penicillin 的译音，即青霉素。

民主教育①

（1945 年 11 月 1 日）

民主教育是教人做主人，做自己的主人，做国家的主人，做世界的主人。把林肯总统的话引申到教育方面来说，民主教育是民有、民治、民享之教育。说得通俗些，民主教育是人民的教育，人民办的教育，为人民自己的幸福而办的教育。现在把这样教育的内容和方法，扼要的提出几点，供给从事举办民主教育的朋友参考。

一、教育为公，以达到天下为公；全民教育，以实现全民政治。积极方面，我们要求教育机会均等，对人说，无论男、女、老、少、贫、富、阶级、信仰，以地方说，无论远近、城乡都应有同等机会享受教育之权利。消极方面，我们反对党化教育②，反对党有党办党享的教育，因为党化教育是把国家的公器变做一党一派的工具。

二、教人民肃清法西斯细菌，以实现真正的民主。

三、启发觉悟性。教人民进行自觉的学习，遵守自觉的纪律，从事自觉的工作与奋斗。

四、培养创造力，以实现创造的民主和民主的创造。解放眼睛，敲碎有色眼镜，教大家看事实。解放头脑，撕掉精神的裹头布，使大家想得通。

解放双手，剪去指甲，摔掉无形的手套，使大家可以执行头脑的命令，动手向前开辟。解放嘴，使大家可以享受言论自由，摆龙门阵、谈天、谈心、谈出真理来。解放空间，把人民与小孩从文化鸟笼里解放出来，飞进大自然、大社会去寻觅丰富的食粮。解放时间，把人民与小孩从劳碌中解放出来，使大家有点空闲，想想问题，谈谈国事，看看书，干点于老百姓有益的事，还要有空玩玩，才算是有点做人的味道。有了这六大解放，创造力才可以尽量发挥出来。

五、各尽所能，各学所需，各教所知，使大家各得其所。

六、在民主的生活中学习民主、在争取民主的生活中学习争取民主，在创造民主的新中国的生活中学习创造民主的新中国。

七、尽量采用简笔汉字、拉丁字母，双管齐下，以减少识字困难，使人民特别是边民易于接受教育。

八、充分运用无线电及其他近代交通工具，以缩短距离，使边远地方之人民、小孩可以加速的享受教育。

九、民主教育应该是整个生活的教育。他应该要工以养生，学以明生，团以保生。他应该是健康、科学、艺术、劳动与民主织成之和谐的生活，即和谐的教育。

十、承认中国是从农业文明开始渡到工业文明，经济是极端贫穷。我们必须发现穷办法、看重穷办法、运用穷办法，以办成丰富的教育。开始的时候，唯独这样办才能使绝大多数之劳苦大众及其小孩得以享受教育，否则只有少数少爷小姐享受教育，不能算是真正的民主教育。

【注释】

①本篇原载于 1945 年 11 月 1 日《民主教育》创刊号。

②党化教育：指 1927 年"四一二"反革命事变后到新中国成立前以蒋介石为首的国民政府，为培养替自己服务的"忠臣"和"顺民"而推行的封建法西斯教育。

为新中国之新教育继续奋斗①

——致育才学校全体师生

（1946 年 7 月 16 日）

绿芷、博禹、意林、微林、公泽、永扬、冷云、蒋路、启刚、让能、再为、彭松、百令、淑怡诸位同志②：

七月十三日的信刚才收到，至为感谢。下关事件发生后，也接到你们的慰问信。大家，尤其是我，从这些信里，得到了无上的鼓励，使我知道我努力的方向没有错，也不是孤军奋斗。我今天也知道，我向援华会提议增加预算和增加薪金的建议已经通过，每月薪金加二万元，合计五万元。究自何月起，容我问明再行奉闻。自四月份起最好聚起来做点有益的生产，每月可以多得营养，这只是一点有胜于无的补助。希望它能给大家一点小小的安慰。从重庆来的报告都使我兴奋。由于各位同志、同学、同工的集体合作，育才是比我在渝时办得精神好，我在此向大家致敬。

公朴去了，昨今两天有两方面的朋友③向我报告不好的消息。如果消息确实，我会很快地结束我的生命。深信我的生命的结束，不会是育才和生活教育社之结束。我提议为民主死了一个，就要加紧感召一万人来顶补，这样死了一百个就是一百万人，死了一千个就有一千万人。死了一万个就有一万万人肯得为民主牺牲，而中华民族才活得下去。此地我们现在第一要事，是感召一万位民主战士来补偿李公朴之不可补偿之损失。只有这样才是真正的追悼。平时要以"仁者不忧，知者不惑，勇者不惧，达者不恋"精神培养学生和我自己。有事则以"富贵不能淫，贫贱不能移，威武不能屈，美人不能动"④相勉励。前几天，女青年会在沪江大学约我演讲《新中国之新教育》，我提出五项修养：一为博爱而学习，二为独立而学习，三为民主而学习，四为和平而学习，五为科学创造而学习。这些也希望大家共勉并指教。

我这封信是写给全体的。只因为诸位写了信给我，也就是同时给了诸位的回信。肖生、竹因以及其他没有写信的朋友，都希望使他们知道这信的内容，麻烦之处，容当后谢。

敬颂

康健!

陶行知

卅五、七、十六

【注释】

①这是陶行知生前所写的最后一封亲笔信。7月25日凌晨，陶行知突发脑溢血，逝世于上海。

②信首所列诸同志均系育才学校教职员。

③两方面的朋友：指共产党人和民主人士。

④前三句见《孟子·滕文公下》。后一句系陶行知加的。

政治思想

因循篇①
（1913 年 4 月）

披阅英儒培根所著之《因循论》*(Essay on Delays)*，兴起无穷感触。盖以生乎今之世，列强既具有进取之特性，其学术工商复高出吾人之上，以强佐强，进步一日千里。吾人欲与并驾齐驱，其进取当有列强十百倍之猛勇。即欲在世界求一生存，犹当夙兴夜寐，不容稍事蹉跎。苟仍萎靡不振，习于因循，则保守已无余地，大局何堪设想？爰引申培氏之说，撰着因循之篇，究因循之原因，揭因循之结果，俾国人晓然于因循之害，不独妨一己之发展，实足以障人群之进化焉！

一、释名

趑趄其行，应前不前，是为因循。因循之人，除退化无收效，除敷衍无方法。对于事言，是为放弛责任；对于己言，是为自暴自弃。阳膺职守，其实滥竽也。

二、辟因循者之图说

因循者，每自饰其说曰："'欲速则不达''其进锐者其退速'。与其不达何如迟？与其退速何如藏其锋？"曰：孔孟之为此言，盖以警夫世之暴躁者，深恐有如宋人之揠苗②，非徒无益，而又害之。然揠苗诚过矣，而圃人迁就其培植，延迟其灌溉，以致禾苗日即于枯槁，则又何说耶？不及犹过也！因循与欲速，皆背中庸之正道。则彼因循者之图说欺人，适以彰其偏耳！

三、因循之原因

（甲）原于畏　处此物竞之世界，与器间有竞争，与物诱有竞争，即下至饮食起居之细，亦莫不含有竞争之义。于是筹备竞争也，宜任劳；实行竞争也，宜耐苦。竞争而不能胜，则难生矣！竞争而败北，则痛生矣！彼畏怯者，心既懦弱，气安能壮？于是见劳而畏焉，见苦而畏焉，见难而畏焉，见痛而畏焉。畏则虽知其应进而不敢进，虽知其应行而不敢行。不敢进，不敢行，而因循之念萌矣。

（乙）原于惰　存诸念者，谓之惰；惰之见于事实者，谓之因循。"今日不学，曰有明日；今年不学，曰有明年。"因循自误，实惰为之原动力也。

（丙）原于自满　自满则目空一切。凡事举不足介其意，以为即稍自暇逸，先鞭亦莫我着。于是朝夕因循，放心不求。推求其故，则皆自满一念有以致之耳！（泰西寓言有所谓龟兔竞走者。一日，兔与龟订竞走之约。兔见龟行笨滞，以为莫能为，偷息中途，卒以延时太久，龟得先登。斯兔之所以失败，由于因循；而所以致兔之因循者，则自满耳！此言虽小，可以喻大。）

（丁）原于自私　人自私之念太过，则所为莫非扩张一己之利益。有益于我则求之，惟恐不力；利益少杀，则泄沓从之。甚或今日慕其利，明日见利之更大于此者，复移其爱慕之心于彼。既得所欲，而向昔之职守，或碍于势而未能遽卸；或尚有利益可渔，则其结果必为因循敷衍无疑。今日官僚界、社会界中，以一人而兼数差者，不可更仆数[③]，而所事皆鲜有成效可睹。问其何以致此？曰：惟因循故。问其何以因循？曰：惟自私而不量力故。

（戊）原于宴安　管子[④]曰："宴安酖毒，不可怀也。"吕东莱[⑤]又从而说明之，谓为隳心丧志之所由来。盖形为物役，形已不克自主；心志又为形役，而复由形而役于物，则心安得不丧？志安得不隳？心丧志隳，而

附录　陶行知文选

能不因循者几何哉？是故国事虽艰，先之以妻妾之奉，耳目之乐。宴安既不可须臾离，则敷衍国事，以循情欲，势所必然也。

以上五者，乃因循之大原。间有因大事牵连，势不得不迁延小事者，其情可原，故不列论。

四、因循之结果

因循之原既明，则吾人所急当研究者，即因循于个人果具何等之结果，于社会果有何等之影响。

（甲）失机宜　培根氏对于此点，论之最详。其言曰："机会之去，如射弹空中，霎时即没。"培氏又以为机会既难得而易失，则乘迎必期敏捷，断不容稍事徘徊。故其章末曰："吾人处事，当察之以阿耳嘎斯 (Argus)⑥之百目，行之以白流辽斯 (Briareus)⑦之百臂。"若舍此不务，专事狐疑，则由狐疑而观望，由观望而因循，忍此大好机会，偷逝于无声无臭之间。迨至四十五十，始嗟一事无成，悔之无及矣，岂不悲哉！

（乙）长惰　人能习于勤，亦能习于惰。人之有惰念，不难芟除之。所可惧者，既由惰而因循，复由因循而长惰。习与性成，斯惰之根牢不可拔矣。

（丙）伤名誉　因循者，鲜不陨职。迨至事无成，或成而不良，人必訾议之曰："此某责任之不尽也，此某因循之贻误也。"人相诽，家相谤，名誉隳落矣。吾雅不欲以名誉勉人为善，然此实因循必然之结果，无可讳者也。

（丁）妨他人之进步　人非皆鲁滨孙⑧，谁能处世而可离其群者哉？不能离群，则我与群有相互之关系。故名誉不独我伤，全体受其玷辱；机宜不独我失，全群滞其进步。我既因循，群亦难于有为，理势然也。懦弱如余，宁随勇为者之疾趋，虽力竭声嘶，犹觉愉快；一与因循者遇，则如逢逆风，如拉千钧。吾心焦，吾首疾，吾额蹙，吾不可以一朝居，吾无可如何。况彼忧时如焚之士，吾知其与因循者同群，其苦楚当有更甚于余者矣。

（戊）引他人之因循　因循之人，不独妨他人之进步，且足以引他人之因循。盖勇行之士，固可努力前进，曾不因人之因循而稍存退步。而懦弱之徒，其始亦未尝不以因循为非是，然浸假而灰心矣，浸假而效尤矣，浸假而随浪浮沉矣。观乎吾国在野各会之委蛇不进，参议院、政府之敷衍溺职，何一非由于一二人之因循，而牵及全局之因循者哉?

五、结论

由上论观之，则因循之害，既足以自误，复足以误人，更足以误国。吾人果自爱，则不当因循；吾人果爱人爱国，尤不当因循。然世人之因循，相习既久，脑印已深，一旦除之，自非易事。于此则吾人所当垂择者，有二事焉：（一）不问他人因循与否，吾惟努力前进，勇行其是；（二）因循既由畏、惰、自满、自私、宴安诸念所致，则欲远离因循，自非排去畏、惰、自满、自私、宴安五念不可。自警警人，务期易怯为勇，易惰为勤，易自满为不足，易自私为利人，易宴安为忧劳，使国人共跻于勇为之士，则吾辈所不可放释之责任也。由（一）说，则已不致陷于因循；由（二）说，则可勉人力行。果能如是，则吾国虽弱且贫，其前途必有光荣之希望。不然，社会因循而民气不张，政府因循而国魂不振。吾国行将由贫弱而渐臻于沦丧，岂不甚可畏乎? 勉哉国人!

【注释】

①本篇原载于1913年4月《金陵光》第4卷第3期。

②宋人之揠苗：事见《孟子·公孙丑上》。揠，拔也。宋人想通过拔苗以助其长。

③不可更仆数：即更仆难数，语出《礼记》。后用以形容事物繁多，数不胜数。

④管子：即管仲。

⑤吕东莱：即吕祖谦。

⑥阿耳嘎斯：百眼巨人，希腊神话人物。

⑦白流辽斯：百手巨人，希腊神话人物。

⑧鲁滨孙：通译鲁滨逊。

共和精义①
（1914年6月）

共和譬之金，国家譬之金矿。专制横威，民气雌状。共和之道不昌明，犹金在矿，瓦石蔽之，榛莽障之。天府虽富，不可得而见也。及民智日开，意志无由宣泄，则必思所以解脱其捆缚，犹之财用不足，则思辟地利以足生计也。故当民穷力敝之秋，有人告以某处有金矿，则闻之者莫不争先恐后以趋之。亦犹苦于虐政之民，一闻共和之三大信条，即视为全智全能之神，狂冲纷驰，不惜杀身流血以殉之。然而金矿深埋，或丈而见焉，或十丈而见焉，或百丈而见焉。即得金矣，或参以土，或参以石。为矿工者，或死于毒气，或死于塌泻，或死于过劳。恒人见丈而金未见也，见金未得而损失已大也，则莫不嗒然丧胆，悼然懊悔。昔日之讴歌金矿者，今日乃反唇相讥矣。共和为进化之结果，有必经之阶级，必施之培植，必运之心力。时机未到，共和不得成熟也。吾国民主告成，以迄于今，生民之涂炭，产业之凋敝，干戈之连结，经济之衰颓，外患之频临，不特无术防御，抑且视昔加甚。共和既不能作人民水深火热之救主，则其转讴歌而为吐弃，易希望而为失望者，亦物极必反之恒情耳！然金固犹是金也，共和固犹是共和也。金未获而捐弃者，非金之咎，而矿工之愚昧惰怯耳！共和未建而灰心者，非共和之罪，而人民之愚昧惰怯耳！民为邦本，本固邦宁。国本曷以固？曰：惟共则固，共而能和则固。故共和也者，国民全体同心同德，戮力以襄国事，以固国本，以宁国情，使进化于无穷之主义也。国本不固，国情不宁，有退化而无进化，患在共猜、共忌、共争而不能共和耳！共和岂有弊哉？今执途之人而问曰："子愿夫妻子女之与共乎？"吾知非抱极端来世主义者，必皆愿。又问之曰："子愿夫妻子女之能和乎？"吾知人非至丧心病狂，必皆愿。家如是，国何独不然？世安有对于特以治内防外之国，而不愿其共且和乎？吾于以知今之厌恶共和，吐弃共和者，必非对于国体之本心，不过如受创之矿工，征于一时之劫难，遂并其理想之财源而亦弃之耳！吾恐其中道灰心，徒碍进步，故本革丁、百吞二氏^②之旨，揭示共和之真相，以与国人共商榷也。

一、共和之三大信条

自由、平等、民胞，共和之三大信条也。共和之精神在是，共和之根本在是。谬解自由、平等、民胞三大信条，即为谬解共和之真相。不徒精神射入歧途，抑且动摇共和所与立之根本。危乎险哉！非正名何以挽狂澜于既倒？

（一）自由

法律之内有自由，道德之内有自由。逾越法律，侵犯道德，此自由之贼，而罗兰夫人所以有"自由，自由，古今几多罪恶假汝之名以行"之言也。自由有正负，曰：不自由毋宁死；曰：不有代议士，不出租税；曰：非依法律，不得侵及人民之生命财产，此负面之自由也。此种自由，人民久已不惜蹈汤赴火以争之，其成绩已大有可观。然人民脱离强暴之羁绊，未必即能自由也。盖天下之至不可超脱者，有他人焉！故真自由贵自克。天下之至不可侵越者，有他人焉！故真自由贵自制。天下之至不可忽略者，有公福焉！故真自由贵个人鞠躬尽瘁，以谋社会之进化。

（二）平等

天之生人，智愚、贤不肖不齐，实为无可韪之事实。平等主义亦不截长补短，以强其齐。在政治上、生计上、教育上，立平等之机会，俾各人得以自然发展其能力而为群用，平等主义所主张者此耳。况人虽万有不齐，然亦有其同焉！试问谁不欲衣食住之满意乎？谁不欲父母、夫妻、子女之安适乎？谁不欲发展其机能乎？谁在患难不欲人之拯救乎？谁逢恐悸而不欲人之解脱之乎？平等主义欲人一举一止，当思他人思安之心，固不减于我也。自由平等不过达目的之手续，非可以目的视之也。人民争自由平等，冀得各尽其能以为社会耳！为自由平等而争自由平等，则大谬也。自由平等所在即责任所在，天下无无责任之自由平等也。人欲求自由平等之乐，而不肯受责任之苦，多见其愈求愈远耳。

（三）民胞

胡越相处，尔猜我虞，行动能自由而机会能平等乎？故平等自由虽美名，必畛域铲除，博爱心生，国人以兄弟相视，始能得其实际。故自由平等，虽为共和三大信条之二，然共和之大本则在民胞焉！民胞之义昌，而后有共同目的、共同责任、共同义务；而后贵贱可除，平等可现；而后苛暴可蠲，自由可出。苟无民胞主义以植共和之基，则希望共和，犹之水中捞月耳！

二、共和主义对于个人之观念

（一）共和主义重视个人之价值

众人意志结合，以成社会邦国。共和主义曰个人者，社会邦国之主人翁也。主人翁可不自重乎？阳明子[③]人皆可以为圣贤之义，实隐符近世共和对于个人之希望。夫人皆可以为圣贤，则人安可不勉为圣贤乎？天生蒸民，有智愚强弱之不同；其见诸事也，复有成败利钝之不同：共和主义亦不能否认之。然分金，金也；两金，金也；即至亿金、万金，亦金也。轻重不同，其为金则一。人虽贵贱贫富不同，其柔能强愚能明之价值则一。共和主义则重视个人此种可能之主义也。西谚曰："蹄钉失，马鞋废；骅骝蹶，骑将亡。"夫蹄钉与骑将，其贵贱何啻霄壤别？然以失钉故，将亦不能保其首领。则以各自有其价值，而不可相蒙也。贾子[④]曰："一夫不耕，或受其饥；一女不织，或受其寒。"此个人在经济界各具之价值，共和主义则充其类耳！

（二）共和主义唤醒个人之责任

顾子[⑤]曰："天下兴亡，匹夫有责。"共和主义即以此责任付之各分子。盖个人之有价值，以其对于社会有天职之当尽耳。其在帝制之下，仅君主与诸臣负之。共和主义则责之全体国民，群策群力，群运群智，群负群责，以求群之进化福利，此共和之目的也。且各人因担负此责之故，渐知成德以福人群。奉天命为归宿，而不敢止于独善。况工欲善其事，必先利其器。人民身负重担，自不得不修德养力以为之备。故共和主义之大利，即藉责任以养成完善之国民。

（三）共和主义予个人以平等之机会

共和主义既承认个人有尽天职之价值，复责个人担负进化之大任矣。然或阂于阶级，或压于强暴，不克尽其天职，负其责任。共和主义于此则削其阶级，铲其强暴，无贫富贵贱，俱予以自由发展智仁勇之机会，俾得各尽其能，为全群谋福利进化；机会愈平衡，能力愈发展，斯进化愈沛然莫之能御。拿破仑尝以"登庸众才"自诩，此英主之言，实惟共和能实行之也。

三、共和主义对于社会之观念

共和主义，视人民为社会之主权。群之良窳，惟民是视。民苟愚劣，社会绝对不能兴盛。社会欲求兴盛，必负改良个人之责。故在共和主义之下，社会之大任即为济弱扶倾，而教其愚不肖，社会一而已矣。强忽弱，则强者亦弱；强扶弱，则强者愈强。因社会集众人而成，多一分病子，即病一分。其健者苟不思所以治之，则蔓延之祸，可立而待，强者亦不能高枕卧矣！故共和主义以博爱为社会组织之大本，而以兄弟视其分子。既昆弟矣，斯平等。富贵者不特不许以财势骄人，且当用以扶其贫贱之兄弟。故灾害相恤，疾病相扶持，爱敬相交待，以日趋于进化，系社会惟一之天职，绝不容稍有放弃。个人为社会而生，社会为个人而立，实共和主义之两元也。

四、共和主义对于政治之观念

政府者，人民之政府。人民自治以谋人民之福利，此林肯氏之概念，实共和政治之圭臬焉。

（一）共和政治图谋国民全体之福利

共和政治，观察施行舆论之政治也。舆论代表各界意志需求。共和政治予人民以言论、著述、集会之自由，俾各界意志需求，得以发为舆论，民隐得以上达，政府乃从而折衷之，开导之，择良而要者施行之。于是各界意志需求，多得圆满之效果。即各界对于政治俱有迫切之希望，浓厚之趣味。欲人民之不爱国，不可得已。

（二）共和政治重视共和目的、共同责任

有理想而无实习理想之机会，则理想不得达。一国之中不乏法家拂士[6]，然在专制政体之下，贤智者对于社会改良，虽有伟谋硕画，苦不得施之矣；而负责人少，鲜能达其目的。然在共和国，苟有良策，人民共持其目的，共负其责任。朝发理想，夕生事实，阻碍既少，功效自富，秕政易除，善政易兴。国人见其然也，则其伟谋硕望之心亦愈切。故共和政治不特有透达既往目的之能力，且有发生将来目的为进步之母。故苟采取共和政治，则进化无穷期。

（三）共和政治能得最良之领袖

治国不能无首领，治共和国更不能无首领。共和主义承认人民为主权，非主张无首领，乃主张良首领也。君主嗣统，只问血胤，鲜问才德。共和首领由民举，必其人能亲民、新民、恤民，然后民乃推戴之。即有大奸巨滑，以媚民手段占窃神器，然朝违民意，夕可弹劾也。

五、共和之险象

（一）国民程度不足

共和国政府既由人民治理，则人民能力之厚薄，其政府之良窳，即于焉定之。然国民程度之高下，不徒在识字读书已也。有读万卷书，卒业大学校，而不能为一圆满之国民者。故有政治知识、社会阅历，足当国民之名而无愧者，其为数盖少。况此少数良国民，或阻于人事之纷扰，或夺于来生之修证，或视官司为藏污之所而引身自洁，或惮案牍为劳神之魔而躲闲避事。有此诸因，于是良国民愈如凤毛麟角而不可多见。噫！贤能不出，则共同责任何人担负，共同目的何人筹划乎？

（二）伪领袖

法家拂士不出，国事竟无人问乎？动物不能无脑腑，即人群不能无领袖。君子不出，小人斯出矣！人民之性，能导于正，亦能导于邪。尧舜率天下以仁，而民从之；桀纣率天下以暴，而民从之。欲小人之不暴其民，舍"乱亦进治亦进"之君子出，其道末由。诗曰："彼其之子，不称其服。"君子不出，则非其人而有居其位者矣。诗曰："彼君子兮，不素食兮。"君子不出，则有居其位而不忠其职者矣。诗曰："受爵不让，至于已斯亡。"君子不出，则有贪禄不止者矣。诗曰："谁秉国成，不自为政，卒劳百姓。"君子不出，则有惮责重而不肯负荷者矣。诗曰："彼月而微，此日而微，今此下民，亦孔之哀。"君子不出，则有居高明之位而有以流俗自况者矣。为政重领袖，为共和政尤重领袖。故谓共和政治为愚民政治者，大谬也。人民不以其愚治国，而以其所付托之领袖治国。领袖愚劣，斯政治愚劣；领袖仁智，斯政治仁智。此革丁氏所以谓共和国之成败利钝，在于领袖之智愚仁暴也。共和政治之伪领袖有二：一为媚民政客。此辈不问国情，不顾进化，只施其和顺温柔之手段，取媚选举机关，以窃权势。二为选举理事。此辈乘国民无暇问政之隙，运其机械，约束选举，与媚民政客暗结，左右政局，以图安富。共和国有此二种伪领袖，则秕政难除，善政难兴，公共福利不能谋，公共进化不可期。虽然，此亦程度不足，贤能独善，阶之厉也。

（三）党祸

国民对于政治有自觉心，则必发生政治问题。而各人对于此种问题之决判，有主急进者，有主保守者，议论纷纷，其同者必各合于一。故政党之为物，实共和国必然之现象。且国大民众，共同之意志易于发表而力于施行，欲维持公安，必恃此强有力之政党。故在共和政体之下，政党实为必要之团体。然弊缘利生，政党之为祸于共和政体，盖亦未可忽也。

（甲）政党仅国家之一部分，而非其全体，党人往往以一党自画，而忘全体之福利。

（乙）缘此党见，实生偏忠。忠于一党，遂谓忠于全国，愈忠愈不忠。然急烈派热忱，本无限制，安能望其明此。

（丙）既具党见，复尽偏忠，则妒嫉倾轧之事，必然发现。一党当权，则反对党必尽其能以障碍其政策之施行，使失民心，而为将来夺权之地步。

（丁）党之意志，视同神圣，党人有违无赦，斯个人失自主之精神。

（四）多数之横暴

自服从多数之说行，而少数人失良心志愿之自由。多数之横暴，有视君主为加甚；多数之主张，可以定个人之命运。然多数人之主张，非可以尽合天理也。文底裴利比曰："国家对于强且众之部分，而不能护翼其至寡且弱之部分，是不啻为大盗之群。"盖人数之多寡，不能定理由之曲直，多数既占优胜，其大责任即为谋全体之福利。少数为全体之一部分，多数人苟不能均润其福利于少数，则多数政治已耳。共和云乎哉？多数横暴之最凶险者，是为乌合之众。伪领袖攘臂一呼，和者万人，其结合以脑感而不本于公理。征之历史，则法国恐怖时代，杀人如麻，流血成川，其彰明较著者也。

六、共和与教育

吾于共和之险象，既已详言之矣。然戒险防险，思所以避之，则可；因畏险而灰心，则大不可也。避之之道唯何？曰：人民贫，非教育莫与富之；人民愚，非教育莫与智之；党见，非教育不除；精忠，非教育不出。教育良，则伪领袖不期消而消，真领袖不期出而出。而多数之横暴，亦消于无形。况自由平等，恃民胞而立，恃正名而明。同心同德，必养成于教育；真义微言，必昌大于教育。爱尔吴⑦曰："共和之要素有二：一曰教育，二曰生计。"然教育苟良，则人民生计必能渐臻满意。可见教育实建设共和最要之手续，舍教育则共和之险不可避，共和之国不可建，即建亦必终归于劣败。罗比尔曰："吾英人第一责任，即教育为国家主人翁之众庶是已。"故今日当局者第一要务，即视众庶程度，实有不足。但其为可教，施以相当之教育，而养成其为国家主人翁之资格焉。

七、共和与交通

吾国国大民众，种庞族杂，方言不一，习惯不齐，情势睽隔，博爱难生。欲沟通声气，养成共和大本，非便利交通，则肤功不克奏也。

八、共和与人文之进化

共和者，人文进化必然之产物也。使宇宙万物无进化，则共和可以无现；使进化论放诸邦国社会而不准，则共和犹可以无现，无如进化非人力所能御也。进化非人力所能御，即共和非人力所能避。

（一）民智日进，自觉心生。于是觉苦思甘，觉劳思逸，觉捆缚思解脱。人不能甘之，逸之，解脱之，则亦惟思所以自助自为而已。不自由毋宁死，实感情必至之现象。人而至于不惜杀身以赴其目的，则何事不可成？况此种现象最易瘴染，一夫作难，和者万人。不徒理想，诚事实也。强有力者，亦未尝不欲施愚民政策，以塞人之自觉、自治之源。无如万国交通，必群策群力，群运群智，然后方可以制胜。若恃一二人之智力，则鲜不受天然之淘汰。故不教育其群者，必受外侮，而臻于亡。况世多慈善之家，苟有不教育人民之国，则又安能阻受教人民之发生自觉心也？自觉心不可逃避，即共和不可逃避。

（二）人民相处日久，互爱心生。他人痛痒，视同切肤。民胞主义，渐以昌明。宗教家、伦理家复从而提倡之，躬行之，以为民表。耶教"天父以下皆兄弟"，孔教"四海之内皆兄弟"之义，不独深印人心，凡奉其教义者，抑且不惜披发缨冠，以趋人之急难也。故民胞主义愈膨胀，则专制荼毒愈衰微，共和主义益不能不应时而遍布于全球矣。此共和为人文进化不可逃避之结果者二。知共和之不可避，则吾人亦无容施其抵抗共和之拙计，以生建设共和之阻力，而耗国家之元气也。

九、共和与秩序

专制人民，不能一跃而至共和。其间有一定之顺序，不可强求，不可速长。否则，妄解自由，谬倡平等，秩序紊，伦常乱，公理昧，权利争，祸患所中，烈于洪水猛兽。吾国共和初建，人民莫不以为成功之速，超越全球。不及三载，福利未享，而纲纪瓦裂殆尽，民生日趋艰窘。非共和之不足救国，发动太过之咎耳！此太过之发动力，至今已成陈迹，而无讨论之价值。然因发动太过，故有今日之反动力。此反动力虽为必然之现象，然不谨之又谨，亦易太过，而起反动之反动。故吾国当发动太过之后，不能不利用开明专制，只可当作航海之舵。易言之，则开明专制，为当今护持纲纪之要具。然只可当作透达共和之一种手续，断不可视为政体之目的。盖恐其过度而邀成反动之反动也。痴虬氏⑧曰："为政不难，为政于共和之时难。"为政于共和之时，而不得不厉行专制为尤难。厉行专制，而实欲养成共和，则难之尤难。民知其难，而遵循法纪，乃可以为民；官知其难，而视民如伤⑨，乃可以为官。能如是，则秩序能维，进化可期。非然者，民思革官命，官思革民命，官民多一度消长，则国步多一度艰难，即民主多一度憔悴，其结果不过产出一个贫与弱。多见其共争而沦胥以亡也。共和云乎哉？国人其审诸！

【注释】

①本篇系陶行知1914年在金陵大学的毕业论文，署名陶文濬。此文在毕业典礼上宣读后，当即面赠江苏省教育司长黄炎培，黄氏后来在哭陶诗中称此文为"秀绝金陵第一声"。原载于1914年10月《金陵光》第6卷第5期及11月《金陵光》第6卷第6期。

②革丁、百吞二氏：革丁，通译戈登。百吞，通译博登。

③阳明子：即王守仁。

④贾子：即贾谊。引文见贾谊《陈政事疏》。

⑤顾子：即顾炎武。

⑥法家拂士：出自《孟子·告子下》："入则无法家拂士，出则无敌国外患者，国恒亡。"拂通弼，拂士意为辅弼的贤士。

⑦爱尔吾：通译爱尔威。

⑧痴虬：通译芝诺。

⑨视民如伤：语出《左传·哀公元年》，如伤就是恐惊动之意，谓爱惜人民。

我们的政治主张①

（1922年6月）

我们为供给大家一个讨论的底子起见，先提出我们对于中国政治的主张，要求大家的批评、讨论或赞助。

一、政治改革的目标

我们以为现在不谈政治则已，若谈政治，应该有一个切实的、明了的、人人都能了解的目标。我们以为国内的优秀分子，无论他们理想中的政治组织是什么（全民政治主义也罢，基尔特社会主义也罢，无政府主义也罢），现在都应该平心降格的公认"好政府"一个目标，作为现在改革中国政治的最低限度的要求。我们应该同心协力的拿这共同目标来向国中的恶势力作战。

二、好政府的至少涵义

我们所谓"好政府"，在消极的方面，是要有正当的机关可以监督防止一切营私舞弊的不法官吏。在积极的方面是两点：

(1) 充分运用政治的机关为社会全体谋充分的福利。

(2) 充分容纳个人的自由，爱护个性的发展。

三、政治改革的三个基本原则

我们对于今后政治的改革，有三个基本的要求：

第一，我们要求一个"宪政的政府"，因为这是使政治上轨道的第一步。

第二，我们要求一个"公开的政府"，包括财政的公开与公开考试式的用人等等；因为我们深信"公开"(Publicity) 是打破一切黑幕的唯一武器。

第三，我们要求一种"有计划的政治"，因为我们深信中国的大病在于无计划的漂泊，因为我们深信计划是效率的源头，因为我们深信一个平庸的计划胜于无计划的瞎摸索。

四、政治改革的唯一下手工夫

我们深信中国所以败坏到这步田地，虽然有种种原因，但"好人自命清高"，确是一个重要的原因。"好人笼着手，恶人背着走"。因此，我们深信，今日政治改革的第一步在于好人须要有奋斗的精神。凡是社会上的优秀分子，应该为自卫计，为社会国家计，出来和恶势力奋斗。我们应该回想，民国初元的新气象，岂不是因为中国优秀分子加入政治运动的效果吗？当时的旧官僚很多跑到青岛、天津、上海去拿出钱来做生意，不想出来做官了。听说那时的曹汝霖，每天在家关起门来研究宪法！后来好人渐渐的厌倦政治了，跑的跑了，退隐的退隐了；于是曹汝霖丢下他的宪法书本，开门出来了；于是青岛、天津、上海的旧官僚也就一个一个的跑回来做参政咨议总长次长了。民国五六年以来，好人袖手看着中国分裂，看着讨伐西南，看着安福部的成立与猖獗，看着蒙古的失掉，看着山东的卖掉，看着军阀的横行，看着国家破产丢脸到这步田地！——够了！罪魁祸首的好人现在可以起来了！做好人是不够的，须要做奋斗的好人；消极的舆论是不够的，须要有决战的舆论，这是政治改革的第一步下手工夫。

五、我们对于现在的政治问题的意见

我们既已表示我们的几项普通的主张了，现在我们提出我们的具体主张，供大家的讨论。

第一，我们深信南北问题若不解决，一切裁兵、国会、宪法、财政等等问题，都无从下手。但我们不承认南北的统一是可以用武力做到的。我们主张，由南北两方早日开始正式议和，一切暗地的勾结，都不是我们国民应该承认的。我们要求一种公开的，可以代表民意的南北和会。暗中的勾结与排挤是可耻的，对于同胞讲和并不是可耻的。

第二，我们深信南北没有不可和解的问题。但像前三年的分赃和会是我们不能承认的。我们应该预备一种决战的舆论做这个和会的监督。我们对于议和的条件，也有几个要求：

(1) 南北协商召集民国六年解散的国会。因为这是解决国会问题的最简易的方法。

(2) 和会应责成国会克期完成宪法。

(3) 和会应协商一个裁兵的办法，议定后，双方限期实行。

(4) 和会一切会议都应该公开。

第三，我们对于裁兵问题，提出下列的主张：

(1) 限定分期裁去的兵队克期实行。

(2) 裁投虚额缺额不准补。

(3) 绝对的不准招募新兵。

(4) 筹划裁撤之兵的安置办法。

第四，我们主张裁兵之外，还应该有一个"裁官"的办法。我们深信现在官吏实在太多了，国民担负不起。我们主张：

(1) 严定中央与各省的官制。严定各机关的员数，如中央各部、大部若干人（如交通部）、中部若干人（如农商部）、小部若干人（如教育部）。

(2) 废止一切咨议顾问等等"干薪"的官吏，各机关、各省的外国顾问，除极少数必需的专家之外，一律裁撤。

(3) 参酌外国的"文官考试法"，规定"考试任官"与"非考试任官"的范围与升级办法。凡属于"考试任官"的，非经考试，不得委任。

第五，我们主张现在的选举制度有急行改良的必要。我们主张：

(1) 废止现行的复选制。采用直接选举制。

(2) 严定选举舞弊的法律。应参考西洋各国选举舞弊法（Corrupt Practice Laws），详定细目，规定科罚，切实执行。

(3) 大大的减少国会与省议会的议员额数。

第六，我们对于财政的问题，先提出两个简单的主张：

(1) 彻底的会计公开。

(2) 根据国家的收入统筹国家的支出。

以上是我们对于中国政治的几个主张。我们很诚恳的提出，很诚恳的请求全国的人的考虑、批评，或赞助与宣传。

十一，五，十三

提议人职业

蔡元培　国立北京大学校长

王宠惠　国立北京大学教员

罗文干　国立北京大学教员

汤尔和　医学博士

陶知行　国立东南大学教育科主任

王伯秋　国立东南大学政法经济科主任

梁漱溟　国立北京大学教员

李大钊　国立北京大学图书馆主任

陶孟和　国立北京大学哲学系主任

朱经农　国立北京大学教授

张恩慈　国立北京大学教员

高一涵　国立北京大学教员

徐宝璜　国立北京大学教授

王徵美　国新银行团秘书

丁文江　地质调查所前所长

胡适　国立北京大学教务长

附白　一切赞成与反对的言论，我们都很欢迎，请寄到《努力》周报社，或寄给提议的人。

【注释】

①本篇原载于1922年6月《中华教育界》第11卷第11期，又载于《东方杂志》第19卷第8号。

平等与自由①
（1927年9月）

中山先生②解释平等的意义，有很大的贡献。他说：世界上有真平等，假平等，不平等。什么是不平等？帝、王、公、侯、伯、子、男、民的地位是一步一步的高上去。我的脚站在你的头上；你的脚又站在他的头上。这是叫做不平等，现在要打倒这种不平等，那是应当的。但是打倒不平等的人，往往要把大家的头一齐压得一样平，变成平头的平等，殊不知头上虽平，立足点却是不能平了。好像拿可以长五尺长的树，和可以长得一丈高的树一齐压得一样平，岂不是大错吗？这种叫做假平等。真平等是要大家的立脚点平等，你的脚站在什么地方，我的脚亦站在什么地方。大家在政治上要站得一样平，经济上也要站得一样平。这是大家的立脚点平等，这才是真平等。

中山先生之解自由，没有他解释平等那样清楚。但他有一点说得很好。他说："中国人不是不知道自由；中国人的自由实在是太过了。"所以他不用自由做口号，而用民族、民权、民生做标帜，与梁任公③先生的维新以自由为口号，是完全不相同的。外国人说："中国人不知自由。"然而外国人哪里知道他们的自由远不如中国呢！

按中山先生的意思，说到自由是要求国家之自由。国民革命成功之后，团体能自由，个人不能自由。中国之所以弄到这地步，就是因为大家私人的自由太过，不注重国家之自由。私人的自由既然太过，则各人有各人的主张，所以中国人大多数是无政府党。我们中国人骨髓里，都含有无政府主义。这种无政府主义的倾向，往往在不知不觉中流露出来。比如蔡元培、吴稚晖总算是忠实的国民党员，但是在不知不觉的时候，难免要流露无政府主义的色彩。共产党是与无政府党绝以不同的，但他的中国首领陈独秀，在不知不觉中，又何尝不是个无政府主义者。我们想到国家危险时，固然是要自抑私人之自由，但在不知不觉中，难免不爱享过分之自由。我们于不知不觉中，都有无政府主义的倾向。现在我们要救中国，亟当抑制个人之自由，切不能火上加油的提倡一盘散沙的自由了。这是革命未成时所不得不采之政策。

但是，革命成功以后，个人可以不要自由，这句话，我很怀疑。因此我常想着什么地方要自由，什么地方不要自由。我又想到种山芋时所得的感想。我问邵德馨④先生山芋如何种法。他告诉我说："底下可以安根，上面可以出头，山芋乃可活。"因此，我忽然悟到人生"出头处要自由"。如树木有长五尺长的，一丈长的，十丈长的；树的出头处，是要自由的。如果我们现在只许树可以长五尺，不许他长一丈与十丈，那世界上不是无成材了吗？因此我们要使他尽他的力量自由长上去。我们人类的智愚贤不肖，也如树木有能长十丈长的，也有能长五尺长的，这是天生成的。如果你嫌五尺太矮，要把它拔到一丈，它因为力量的不足，是要死的；如果你嫌一丈太高，要把它压到五尺，它因为受了过分的压制，也是要死的。倘若不死，必是他的内力胜过压力，那压力必定是要被它撞穿了的。

个人如此，团体国家之自由解释，也是如此。如果国家的力量能够进步到什么程度，就尽她的力量进步到什么程度，谁也不能压迫的。如今列强对中国实施压迫，不许我国尽量出头。我们不愿被压力压死，就得使劲把压力撞破。个人能否得到出头的自由，是在乎个人之反抗与努力；国家能否得到出头的自由，那就非靠民众之努力与奋斗不可了！

近来我替友人书了一联："在立脚点谋平等，于出头处求自由。"上联是本着中山先生之学说；下联就是本着我的自由解释。在沪时我把这意思与胡适之⑤先生也谈论过的。他说："思想事业，要受困难与不自由，才能奋发振作。"颇与我们的标语"教师应当运用困难以发展思想及奋斗精神"相同。他说："烧肉要把锅盖盖得紧，才能熟。你要出头自由，我要出头不自由。"当时我反驳他说："（一）锅里的肉，是死的，出头不出头没有多大关系。（二）我们愿肉受压力是为肉的幸福呢？还是为我们口腹之欲呢？"凭借困难，培养人才，当然是最好的教育法。但是困难是否要在出头处压下去，是一问题。现在我仍旧坚信出头处要自由，但为使诸位同学明了各方面意见，并将胡适之先生的意思举出来，希望大家加以研究。

【注释】

①本篇系演讲录。记录者：陈昌嵩、戴邦杰。原载于1927年9月1日《乡教丛训》第1卷第17期。

②中山先生：即孙文。

③梁任公：即梁启超。

④邵德馨：即邵仲香。

⑤胡适之：即胡适。

政治家与政客^①

（1927 年 10 月）

昨天有一位同学对我说，他虽是终身要办乡村教育，但是若有机会，他很愿意干一度政客生活，以谋乡村教育之发展，如做县知事一类之职务。我说："我愿你做政治家，不愿你做政客。"其实他的本意是愿做政治家，不是愿意做政客的，因此我们就把政治家和政客的分别详细的讨论了一番。我觉得这个问题是很重要的，所以要拿他来和大家谈谈。政治家的存心只是一个诚字，一伪就变为政客了。政治家的动机是为公众谋幸福的，有所私就变成政客了。政治家的进退以是非为依据，若随利害转移，就变为政客了。政治家的目光注射在久远，若贪近功，就变为政客了。政治家为目的而择手段，政客只管达他的目的而不择手段。政治家是"富贵不能淫，贫贱不能移，威武不能屈"；政客就不然，他的主张，随富贵而变，随贫贱而变，随威武而变。孔子说："政者正也。"政治家以"正"为家；政客是"正"之客，自外于"正"的人。政客只怕天下不乱，政治家一心只求天下之治平。政治家与政客起初之相差只在念头之一转，但是到了表现出来，简直有白的黑的一样的分明。我愿大家做一村的政治家，不愿大家做一村的政客。我们勉励吧！

【注释】

①本篇系陶行知于 1927 年 10 月 26 日在晓庄试验乡村师范学校寅会上的演讲。原载于 1927 年 11 月 1 日《乡教丛讯》第 1 卷第 21 期。

陶知行的颜色①

（1931 年 10 月）

去年陶知行以勾结叛逆的罪名被中央通缉②。这叛逆大概是指冯玉祥。西北军的制服是蓝色，通缉令下，首都即有蓝色知行之封号。胡展堂③在立法院讲演，独说他是国家主义派，突然将一身国粹党的黑衣罩在他身上。过了几个月，晓庄学生中有十几个共产党被捕，于是陶知行赤化之风声，传遍都下。这时展堂给他那件黑衣服也立刻变为通红了。朋友们不放心，屡屡问他说："你究竟是蓝色，是黑色，是红色？"

他说："我一样也不能否认。我的静脉是蓝的，我的头发是黑的；我的血是红的。"

【注释】

①本篇原载于 1931 年 10 月 20 日《申报·自由谈》。

②指 1930 年 4 月 12 日国民党政府所颁通缉令。通缉令全文是："为晓庄师范学校校长陶知行勾结叛逆，阴谋不轨，查有密布党羽，冀图暴动情事，仰京内外各军警、各机关，一律严缉，务获究办，此令。"

③胡展堂：即胡汉民。

粉碎日本的大陆政策①

（1936 年 4 月）

前些时候，行知在上海听见好些朋友讲及和在报上看到关于广东方面的英勇的救国运动，觉得非常钦佩。这回行知代表上海文化界救国会到广东来，第一个任务就要对诸位表示慰劳的意思。今天承邹校长命来讲演，兄弟觉得是很大胆。可是大家心目中有一个共同的问题，这个问题需要我们讨论出一个办法来。今天兄弟就想把那个共同的问题提出来和诸位讨论，但是这个问题可用种种题目来说，兄弟现在采取日本的大陆政策这个题目，就是：我们怎样才能粉碎日本的大陆政策？

所谓大陆政策，我们可在"伪满"②的教科书中找得说明。他们是这样讲法的："满洲定而华北定，华北定而支那定，支那定而东亚定，东亚定而世界大同。"他们就是这么一套。

从近年的事实看来，我们已了然知道他的大陆政策就是要把中国一口吞下去。他拿去了我们辽宁的铁，拿去了我们吉林的森林，现在又想拿去我们山西的煤炭、华北的棉、福建的根据地……我们不要以为他只是想拿了中国的富源，做一个富家翁，安享现成福就算了，还要我们四万万同胞当他们的奴隶，还要我们进一步做他侵略的炮灰，所谓"中国定而东亚定，东亚定而世界大同"，他是想做世界的霸王。所以大陆政策就是要灭亡中国的一个政策！凡是不愿做亡国奴的，凡是不愿意做日本人的炮灰的，现在就要联合起来，把他这种大陆政策粉碎！

兄弟这一次到南方来，不禁回想到十年前③的一件事：十年前兄弟有一次乘坐一艘日本船去香港，船行到汕头的时候，我们一班中国的客人（客人当中，尤以三等仓的客人最多）和一些船上的中国水手，合起来大概是二百人左右，在船头围拢起来开一个小小的国民大会。当时有一些日本的客人也在旁看着，还有日本人的船主也带了翻译立在甲板上看着底下开会。我们开会在谈到日本帝国主义者怎样压迫我们，和我们应当怎样去对付他。到最后，我们二百多人齐声喊口号，声音如同打雷。我们喊的口号是：打倒日本帝国主义！打倒日本帝国主义！打倒日本帝国主义！在日本人的船里，高喊打倒日本帝国主义，这是十年前的情形。

这次到香港，情形便大不相同。我到香港时，有人告诉我，香港学校中的教员若是讲及"九一八"或是"一·二八"这类事件，被视学员看到或听到，立刻就要被革职。回想起十年前那次的情形，真叫人发生今昔之感。

我们要粉碎日本的大陆政策，一定要有十年前在日本船上开会的那种精神。那种精神是什么？就是大众起来抗日的精神。要粉碎日本的大陆政策，第一件事就是要大众起来抗日！

有些人在那儿做梦，以为只要靠了少数的当国者，就能够抗拒敌人，把中国复兴起来。这是没有的事！又有许多学者也正在那里做梦，以为写两篇"告日本国民书"，就可以把国难去掉。还有一两位先生，我知道他们这几天正准备到日本去游说日本的朝野，我看他们将来终归要失望。他们都是书呆子，都是在做梦。

要抗日救国，第一步就要把全国大众联合起来，并且是要不分区域地联合起来。我们不能说东四省④不是广东，华北问题不是广东问题，我们广东人管不着。我们认定东四省问题是中国问题，华北问题是中国问题，我们全国的大众应该联合起来，这种联合是没有地域性的。

有些人又说，既然是不分区域的联合，那么我们全国的文化界联合起来就行了。这句话我承认它有一半是对的，全国的文化界自然是要联合起来，但是这还不够，还要其他的民众都联合起来才行。有人一谈到农民要起来救国，他们就有点害怕；一谈到工人要起来救国，他们也有点害怕。害怕农民工人，就不必谈救国！要救国定要农民、工人、文化界、学生以至兵士一齐大联合起来才行！我们要认定，这种民族革命的斗争是我们神圣的天职，我们不可以逃避，逃避的就是汉奸！

又有人说，我们诚然要对日抗战，可是我们要准备一下才能实行抗战，你们不能责备我不抗日。我们要问，讲这句话的是什么人？如果他手上是有枪杆子，有飞机大炮的，他的责任是保卫国土，敌人来了就要和敌人开火。敌人来了，他说他要准备一下，这不是骗人的话？我们老百姓纳了许多税，请你老人家带许多的兵守卫国土，我国失了东四省一大块，他说还要准备一下，冀察⑤失了一大块，说还要准备一下，究竟要准备到什么时候？上海有些我们的同胞，替这种准备的论调辩护，说：我们被割掉了鼻子不要紧，再被割掉了耳朵也不要紧，只要我们的脑勺子还在就行，我们能够准备一下，将来有人要割我们的脑勺的时候，我们就能立刻把他打倒。这些话不是很可笑的吗？可是他们竟是很严肃地说，仿佛他们这样子才是救国，而你们那样子则是害国。这种准备论，不消说，我们东四省的失掉和华北的沦亡就是牺牲在这种论调底下。我们再不能相信这种论调的了。

在五中全会⑥开会的时候，有许多人说，现在是要打仗了。现在四面八方都拉夫，甚至连和尚都要拉去挑担子了。南京开的五中全会就是为的想法打东洋鬼子⑦。这自然不是假的。但是一种民族解放的斗争，决不是空口说准备，或是做一种花样，叫人看到我们是在"打脸子"就行了，要实实在在去干。日本人到了那块地方，那块地方就和他开火，全国就立刻响应，这才是真正的抗战。这是我们的神圣不可侵犯的天职。如果我们不把这责任担负起来，就什么都完了。打个比喻：有害的微生物若是进了我们的血管里，血管里的白血球一和它们接触就和它们斗，死了一千来一千，死了一万来一万，不顾死生的继续和它们搏斗。因为白血球的作用，就好比是我们身体上的军队，是用来和有害的微生物作战的。白血球不能遇到了微生物，说要准备一下才来作战，要是那样就会小病变成大病，大病变成跷辫子。拿这个比喻来说，武力抵抗是我国唯一的出路！我们的身体上没有一个要准备的白血球！我拿了这个例子和一位朋友说，这位朋友就拿汪精卫先生背上没有取出的子弹做例，说是如果这颗弹在骨头，也可不必一定要把它取出来，硬要取出来，恐怕于身体上反为有害。这种说法颇有点妙，道理不能说没有。我对他说，这颗子弹如果真的动也不动，那么不取出来也勉强可以，如果它还是在动，还是有跷辫子的危险，那就非取出不可。现在日本可不是子弹，它是有害的微生物。要是子弹，也是一个动的子弹。这个动的子弹，我们非把它取出来不可，否则就不行，这条生命会呜呼哀哉。所以就这些例子来说，我们做中国国民的神圣的天职，只有和日本帝国主义拼命抵抗！这是粉碎日本大陆政策的第一颗炸弹。

第二个炸弹是什么？我们要知道，日本的老百姓是和我们一样的受苦的。日本军阀对于老百姓压迫很凶，日本六千多万的老百姓为了供给侵略的费用而要负担一百万万的公债。我们中国人要卖孩子，日本的老百姓也是在那里卖孩子。他们老百姓也要病了才能吃到白米饭，树皮草根当柴烧，晚上无家可归露天睡在火车路轨底下的不知多少，就在东京这有名的都市我也亲眼看到几千几百的这样的穷苦的人。我前次到日本东京，日本招待我们的官吏专带我们去看好的地方，指点着很表面的事实说是他们能够多么的照顾到老百姓。可是日本的穷朋友都对我们说：你们看日本的老百姓看得生厌了，我给你们看别的更好的东西。他们带我们这里那里去看，看了简直叫人忍不住眼泪，全和中国的老百姓是一个样子。

为什么日本的穷苦的老百姓不起来反抗他们的军阀？因为军阀告诉他们：你看我们不费一兵一卒，东四省就拿过来了，只是两块钱一个人的收买了一班人，冀察也弄到了手，是这样的便当。你们老百姓要是爱国的，也不好意思不负担一点军费。这么说来，岂不是我们中国人倒害了日本的老百姓受苦吗？假使我国当时起来抵抗，东四省就不会失掉，东北就不会陷于今日的地位。我们试看现在意大利侵略阿国⑧，几个月来花了五万万多的里拉⑨，只占了阿国的六分之一的土地，意大利的人民已经起来讲话了。如果我们当时在辽宁就抵抗，使日军花了不少的钱，牺牲了不少的生命，还不能占据辽宁一省，日本的老百姓一定会起来责备政府了。试看淞沪之役，十九路军抵抗了几个月，日本军队中已经有不肯打仗的。如果中国和他打上一年半年，日本的军人，就要罢战，老百姓就要起来罢工，而反抗日本的侵略者。到日本的老百姓也起来反抗日本的侵略者，日本的大陆政策就要被粉碎！所以我们第二个炸弹，就是太平洋各国民众来一个反抗侵略战争的运动。

自然，太平洋反抗侵略战争的运动，主要的力量是在日本的老百姓，因为他们受侵略战争的痛苦最大。我们发动了这种运动，他们必定起来做我们的声援。但是这第二颗炸弹是要等第一颗炸弹爆发了，它才能爆发。这好比是一个新式的开花弹，外头的一层开了，第二层才能开，跟着第三层才能够开，于是才能轰然一声全爆开。所以我们要先发出第一颗炸弹——大众起来对日抗战。

第三颗炸弹就是太平洋的集体安全制。大家都知道，现在欧洲正有集体安全的运动，这是一种反抗侵略者的运动。如小协约国的互助公约⑩、法苏的互助公约⑪，就是这种表现。这种公约的用意，就是在共同防止侵略者的压迫，如果当事国有受侵略者的压迫时，其他国家要起来帮忙，合力打退侵略者。这是由政府方面发动的。我们太平洋沿岸的国家也可来实行这种集体安全制，以抵抗日本的大陆政策。在这一方面我们当然不能有什么奢望，因为各国政府相互间有许多矛盾的地方。这种集体安全制有哪几国可赞成，哪几国不赞成，不赞成的国家的民众能赞成这种制度的程度又怎样，都是很成问题的。我们虽不能有怎样希望，但是我们也不能够把它一笔勾销，完全不理。所以不妨把它当作第三颗炸弹看。

这三类炸弹原是互相联络，很有关系的。中国人神圣的天职是民族革命的斗争，而太平洋的反抗侵略者运动，和太平洋沿岸国家的集体安全，对于我们的民族解放都是很有帮助的，对于日本的大陆政策都是能够加以阻止的。可是现在还有一种歪曲的理论通行着，这是从日本来的，是所谓"自力更生"的论调。日本侵略者说：你们中国人要靠自己的力量才能恢复国势，靠外国人是不行的，靠国联也是不行的；如果靠外国人，也只有靠日本人才行，如果你们不愿靠日本人，那么只有靠自己。这便是日本人要骗我们所提出的自力更生的论调。一些日本留学生受了日本人的骗，以为这种说法很不错，回国后，就大倡这种论调，自欺欺人。不错的，要救中国，非我们起来拼命不可，这个谁不承认？我就首先承认。但是只是靠自己才能救国家，很难令人相信。打个比喻：有一班人走入山林里，碰着了老虎，其中有几位不幸被虎咬倒了，眼看他们鼻子被老虎一口咬掉了，耳朵也被一口咬掉了，其他的人想过去拯救，而他们却说不必用拯救，他可以"自力更生"。这不是很笑话吗？我们自己固然要拼命拯救自己，但是如果有人愿意来帮助我们，我们怎么不表示欢迎？

我们不会忘记中山先生临终说的一句话："唤起民众，及联合世界上以平等待我之民族，共同奋斗。"这便是我刚才所说的三颗炸弹，能粉碎日本大陆政策的三个炸弹。

【注释】

①本篇原载于 1936 年 5 月 4 日《石碑生活周刊》，系作者应中山大学校长邹鲁之请，4 月 30 日下午到该校所做的讲演。

②伪满：伪满洲国的简称。1931 年日本帝国主义侵占中国东北后制造

的傀儡政权，1932年3月在长春成立，1934年3月自称"满洲帝国"，1945年中国人民抗日战争胜利后被摧毁。

③十年前：时间可能记录有误。

④东四省：亦称东北四省，是黑龙江、吉林、辽宁、热河四省的总称。1956年，热河省分拆并入河北、辽宁两省及内蒙古自治区。

⑤冀察：冀是河北省的简称，察是察哈尔省的简称。察省属地已在1952年并入河北、山西两省。

⑥五中全会：指1934年12月召开的国民党第四届代表大会第五次中央全会。

⑦东洋鬼子：指日本帝国主义者。

⑧阿国：全称阿比西尼亚，即现在的埃塞俄比亚。意大利法西斯入侵该国，发生在1935年10月3日。

⑨里拉：意大利的货币单位。

⑩小协约国的互助公约：原称小协约国组织公约，为捷克斯洛伐克、罗马尼亚和南斯拉夫1933年2月在法国支持下为防范德国侵犯而签订。

⑪法苏的互助公约：亦称法苏同盟条约，1935年5月签订。

一件大事①

（1936年6月）

本月十六日西南执行部和西南政务委员会②,给了南京中央执行委员会、监察委员会③一个最重要的电报,④要求保障爱国言论和解放人民团体。这是一件空前的大事，是一件比出兵还要大上几十倍的大事。因为兵的数目是很有限的，西南务尽九牛二虎之力，也只能出他几十万人，而民众的数目，是大得无以复加；除了老的、小的、害病的、残废的、甘心做汉奸的，这个电报的精神如果真正的发挥出来，至少能够动员三万[万]⑤五千万人，这不是一件空前的大事吗？

现在日本的大队人马已经占据了华北的要塞。日本的军官已经对华北官吏发号施令去解散救国团体。日本的武装奸商已经粉碎华北的海关来大批的走私。日本的大陆政策已经在大步阔步的猛进，快要把整个的中国吞了下去。我们再也不能梦想依靠少数人去抵抗敌人了。有兵权的人再也不能梦想兵力万能，认为有了兵，就可不要民众了。要想真正粉碎敌人的大陆政策和粉碎汉奸出卖民族的毒计，是必须动员这三万[万]五千万的民众，一齐起来做抗日救国的战士。这三万[万]五千万民众怎样起来？只有照通电所说的保障爱国言论和解放人民团体，忠实的去履行就成了。我们对于南京和西南，是希望把通电所说的，即刻实行出来，以发挥全国真正的民众的伟大的力量，并证实政府是真正需要民众，一齐负起抗日救国的责任。怎样才算是把通电真正的实行出来呢？就我所想到的，有几件事要做。

一、释放抗日的救国同胞

在民众运动没有开放以前，政府与民众各干各的，爱国同胞因误会而被捕的消息，常常在报上看见。现在要开放民众运动，那么为抗日救国干民众运动而被捕的同胞，就该立予释放。

二、开放抗日救国的组织

在民众运动没有开放以前，各团体有时以原来的团体名义派派代表，发发电报。这固然也好，但抗日救国是件非常的事，应有非常的组织。例如文化界救国会、妇女界救国会、工人救国会、学生救国会、农人救国会、商人救国会、小先生救国会、各界救国联合会等等，都应该允许人民公开的自主的组织起来，才能够表现真正的民意。所谓"开发"是有具体的意义。各种救国会除汉奸外，对各党各派的人一律开放，不许再因党派不同而排斥人家入会。

三、取消机械的指导

在民众运动没有开放以前，政府怕民众闹乱子，设有指导机关。有时这种机关的作用，是太机械了。它们对于民众，好像当了算盘子拨，拨一下动一下，不拨就不动。这样的指导存在一天，则真正的民众运动就要耽误一天不能起来，或是毕竟起来，也必定是冲破了机械的指导下才能起来。这是两虎相斗，必有一伤，在整个抗日的立场看来，总是力量的浪费。那末民众运动就不要指导吗？真正的指导是鲜明的抗日的旗帜，是正确的抗日的国策，是英勇的抗日的行动。除此之外，再也不需要别的指导了。机械的指导是纠纷之母，只能使政府猜疑民众，民众猜疑政府，必至两败俱伤。为着发挥真正的民意和政府的诚意起见，是必须取消机械的领导，而代以鲜明旗帜、正确国策、英勇行动的积极的活跃的领导。

四、获得全国的联络

抗日救国，到了现在，是人同此心，心同此理了。各地的抗日救国运动，再也不可使它孤立起来。若使它孤立起来，即使有十万二十万在机械指导下的所谓"民众运动"，是不会发生很大的作用。如果是和全国的民众团体取得联络，即使是几百几千人也能发生伟大的效力。

中华民族的命运，是决定于民众运动。何以见得呢？民心即军心，得到民心，即得到军心。民心的传布，比寄信还要快。得到全国的民心，即得到全国的军心。失掉全国的民心，即失掉全国的军心。全国的民心军心打成一片，发挥起来，才可以粉碎敌人的大陆政策和汉奸的卖国毒计。

【注释】

①本篇原载于 1936 年 6 月 19 日《生活日报》。"两广事变"发生在 1936 年 6 月 1 日，亦称"六一事变"。事变发起人是国民党的元老胡汉民、李济深，广东的陈济棠和广西的李宗仁、白崇禧等。他们在这年 6 月 1 日发出通电，反对当时垄断着南京国民政府大权的蒋介石，另组政府，实行抗日救国政策。

②西南执行部和西南政务委员会：中国国民党内反对蒋介石的力量的组织。成立于 1931 年 12 月 15 日蒋下野之后。成立前，这些力量在这年 5 月云集广州，召开国民党执行委员会和监察委员会，决定在广州另组国民

政府，由汪精卫任主席，并通电要蒋下野。经过谈判，蒋同意下野，广州的国民政府也就取消，另成立西南执行部和西南政务委员会。

③南京中央执行委员会、监察委员会：这两个组织是当时以蒋介石为首的国民党的最高权力机关。

④"本月十六日……的电报"：应为本文题注中提到的6月1日的通电。

⑤[ ] 内的"万"字是编者所加。"三万[万]五千万民众"，是当时我国人口总数中除去老幼病残，能动员起来抗日的民众的约数。

新中国与新教育①

（1936年7月）

现在所要说的是新中国与新教育。我们先说新中国的敌人和日本的大陆政策，再说民族解放运动，然后说中国的出路。中国如果没有出路，新中国就新不来。新教育就是以新中国为目标的教育。现在依着这四个要点向诸位说说。

一、中国的敌人和日本的大陆政策

中国的敌人是谁？中国的敌人是日本帝国主义。中国的敌人不是日本人，是日本帝国主义，日本的军阀。日本的军阀推行他们的大陆政策，他们说，满洲定华北就定，华北定支那②就定，支那定亚洲就定，亚洲定世界就大同。所以日本由沈阳而热河，而上海，而冀东，而福建，而汕头。"九一八"③之后，中国土地在日本势力范围内的等于二十个江苏——这里有福建的同胞，何不算算看，究竟等于几个福建？这里有广东的同胞，何不算算看，究竟等于几个广东呢？中国究竟有多少个福建、多少个广东可供日本吞食？吞完了，我们要变成什么东西？吞完了，我们就要变成大家不肯变、不愿变的东西——亡国奴。所以，凡是不肯变不愿变的就该努力。

东北失陷后，东北的同胞究竟过的什么生活？东北的农人、学生、工人究竟过的什么生活？诸位也许完全知道，也许完全不知道，现在报告一下：

东北的农人，有的是田地，可是好的田地，日本人便要向他买，每亩值一百块钱的往往只给十元、二十元，最多也不过二十元，就这样拿去了。有一个农夫，有些很好的田，日本人向他买。他说："不能卖，田是祖宗传下来的，不能卖，一亩一百块钱都不能卖。"日本人听了，不免大怒说："好，你这农夫，好利害。"于是绑在马腿上——拖起来，农夫本来身体很好，拖了二十里，放起来，还是一个农夫。日本人看了，好不生气道："好，你这农夫，好利害。"于是打、踢，踢了一腿，踢掉一只眼珠，农夫眼珠没有了，但站起来，还是一个农夫。这是东北农人的生活。

东北的工人，有个朋友写信说：抚顺的矿工是全国最强壮的，差不多全中国军队没有一支比他强壮。可是，每人最多活四年，因为死的死得快，伤的更伤的快。同时佣主希望他死，不希望他伤，死的固然要发抚恤金，可是工人都是山东人，路途这样远，谁的家属知道他死？知道领抚恤金？伤的呢，今天打针要钱，明日开刀又要钱，谁愿意付出这些钱？于是，凡是伤的，抬到了医院，让他摆下，血流光了，也就自己会死，什么都不要了。不说抚顺的矿工，且说上海日本工厂的工人。上海日本纱厂的工人生活，十二月运动之后，人家才知道得详细，简直是地狱的生活。上海日本纱厂的工人，二人不能说话。现在各处实行强迫教育，日本纱厂是不许的，甚至连一本《平民千字课》都不可以有，有就开除；如果有一本《大众生活》，那不得了，那就要打，打了一顿，通知工部局④，教他入狱去。上海工厂工作时间，大家是十二小时，日本纱厂的是十三小时，每礼拜还有一天是十八小时的。我们记得上海日本纱厂有个工人叫梅世钧的，给日本佣主活活打死，至今还无人肯给他报仇伸冤。梅世钧给日本佣主打死的原因是这样的：梅世钧曾做过十九路军的士兵，照了一张武装相片，放在衣袋里做纪念，并且时常要拿出来看，给日本雇主看到了，说他是捣乱分子，给他一个巴掌。梅世钧本来晓得拳术的，见他来了一掌，接了这掌，回过一拳，那日本人倒地了。另外一个日本人见了，给他一腿，梅世钧接了这腿，回过一拳，那日本人又照样倒地了。那两个日本人倒在地下，吹叫子，叫子一吹，来了五六个人，将梅世钧痛击一回。打完了，摔在门外，过了三四日，也就死了。这是"九一八"以后，上海日本纱厂工人的生活。

我们要知道梅世钧的死，并不是他一个人的死，他是我们四万万人的代表，他是为抵抗而死的。我们四万万个人，应该有梅世钧的精神，抵抗的精神。

现在来说学生的生活。"九一八"之后，东北学生，日语就是国语，国语自然是外国语了。天津图书馆，凡是谈到抵抗日本的书都被丢进水沟里去。如果有人在讲台上谈到抗日的问题，便有汉奸去报告，过了几天，这在讲台上讲抗日的就会失踪，永远不见了。到哪里去了谁也不知道。可是，有人看到日本军营，往往用汽车装载麻袋，麻袋装得满满的，究竟装的什么东西，谁也不能知道。汽车将麻袋运到海边，运进轮船里头，轮船载了麻袋向海洋去，不久，轮船回来了，麻袋也就不见了。失踪的人，至今不知多少。

敌人实在是你退一步，他进两步的。所以说他得了东四省就会停止，这是书呆子的话。说得了华北就会停止，这也是书呆子的话。实在日本就取得中国的全部，也还是不会停止的。

二、民族解放运动

现在来说民族解放运动。民族解放运动，是去年十二月九号开始的。这种运动可以说是十二月运动。十二月运动和以前的"五四"运动不同，十二月运动是每一个人都看得清楚，都要牺牲的。当时敌人的飞机在上空翱翔，中国军队在长官命令下排着刺刀，十二月运动的学生就从飞机和刺刀的威吓中冲过去。十二月十六日那天，城内的学生和城外的学生约好到一个地方会合。中国长官知道了，马上派了军警将城门把住，城内的学生走不出城，于是冲锋，女学生做了冲锋队，四个一排，手拉着手冲出去。

这一天，军队在城门布置的防线共有四道：第一道防线，警察手里拿着木棍子；第二道防线是水龙；第三道防线是刺刀；第四道防线是机关枪。中国军队布置四道防线，不是抵抗侵略中国的敌人，却是抵抗举行民族解放运动的学生。

举行民族解放的学生，到了第一道防线，警察举起木棍子向前要打，大家叫口号，说："中国人应该救中国人，中国人不打中国人！"警察手里的木棍子不动了，变成棉花了。到了第二道防线，因为水龙喳喳的冲，并且又冲得远，口号的声浪不能激动军警的天良，所以冲锋的尽冲锋，冲水的尽冲水，在天冰地冻的十二月，学生们都被冲得几乎变成冰人，跌的跌，挤的挤，一直冲到第三道防线。第三道防线因为是刺刀，所以流血的二百余人。

十二月民族解放运动胜利的地方，是将全国国民，一齐唤醒。中国人民的觉悟，是二百余学生的血换来的。

十二月十八日，学生运动的风气传到天津，日兵用刺刀挑学生，学生愤怒极了，签名组成敢死队的一百人。有些原来不愿加入敢死队的，看到那一百人冲去了，在后头叫着："不要跑，我们也要来！"于是，这里八百，那里三百，不到一刻，凑了四千，打算冲到日本租界去拼命。日租界当局知道了，铁门一拉，布了铁丝网，通了电流，教学生队伍冲不过去。学生在铁门前大叫："打倒日本帝国主义！有勇气的快出来！"叫了好久，终于没有人敢出应，所以，这一天无人流血。

再说上海学生运动。上海的学生由复旦学生率领赴京请愿抗日，南京方面说，有话可以写信来，不必派代表。学生说，南京是中国的地方，我们是中国人，为何不能去呢？南京方面无法，致电各校校长，竭力制止，但没有效果，又叫保安队防守北站。学生到北站，见了保安队，大呼口号，说："中国人不打中国人！"保安队手里的竹棍，也终于无用。学生在北站停了好久，车站中的人忽叫他们上车，说要送他们到南京去。学生有的欢喜，有的怀疑。可是，终于一齐上了火车，向前进发。火车进行中，两个学机械的学生，看着司机人开车，暗暗记好，车到半途，忽然停止，司机人下车后，一去不来。这时车站有人在旁讪笑着说："看你们学生，再厉害到哪里？"可是不久，火车动了，学机械的两个学生自己开车前进。当局无法，叫人拆去路轨，使火车不能前进。可是，另一部分学生，用铁钳把后面的铁轨拆来接在前面，继续将火车开动。当局迫得没有办法，即刻派了三千大兵到无锡去抵抗。他们不是抵抗外寇的侵略，是抵抗爱国的学生。

学生无法，又不愿使政府蒙屠杀学生的恶名，就折回上海。

农人本来是乡愚，可是，现在却自己成立救国会。华北各地，无不如此。在天津，土肥原可用两毛钱收买一个汉奸，教他穿起"要求自治"的衣服；可是，在乡下却不行，卖劣货的也要赶、打，不让进来。

不说小孩说老人。上海九七老人马相伯，每天写信做文章，勉励爱国青年，鼓吹救国。有人说他给我包围了，其实是我给他包围了。因为他做了文章就打电话叫我去看，看了自然觉得非常好，好就要给他拿到报上发表。实在他是包围我，不是我包围他。

上海律师公会会长沈钧儒现年六十三岁，是个老少年。今年"一·二八"和我一齐去祭"一·二八"死难的无名英雄，走了三四十里，他一点都不觉到疲乏。今年五月三十日，看到一张照片，两个人在前头走，细看时，前有须的那一个就是沈先生，原来他又领着青年们祭烈士墓去了。沈先生自己做了一首诗，是问答体的。问的是："我问你，你这六十三岁的老人，你终日奔跑，你恐怕被包括在白色汉奸或红色汉奸的里头了！"答的是："不，因为我是中国人。"第二句还是："因为我是中国人。"第三句还是："因为我是中国人。"

照上面所报告的看，无论老、少、男、女，凡是不愿做亡国奴的，都要起来了！

三、中国的出路

中国的出路究竟在哪里？日人侵我不全吞中国不止。所以，有笔杆的人，就要用笔杆抵抗；有钱的人，要用钱来抵抗；有主义的人，要用他的主义来抵抗。无论是经济、是文化、是武力，都可抵抗，都应该抵抗。

人身好比国家，白血球好比军队。白血球杀灭病菌，碰到就杀，否则被杀。只有杀敌或被杀的两条路。无论是来了虎烈拉病，或是重伤风病，他都不能停一下，说声："虎烈拉先生，或是重伤风先生，请你等一回，让我来预备一下。"如果白血球是这样的畏惧、妥协，那我今日就不会在这里说话，老早进了棺材了。军队也是这样，敌人一来，就要全体总动员，出来抵抗。能够这样，请问谁还敢来侵略呢？可见要保国唯有抵抗。可是，单靠一个人的抵抗不够。靠前进的青年么？请问有多少前进的青年？所以靠前进青年抵抗也还是不够；就是靠一党一派来抵抗也还是不够，如果由一党包办抵抗，另一党就不服。如此一来，一党力量原已单薄，如果还要分出一部分力量来压制敌党，自然不足以抗强寇了。并且如果这一党包办抗敌，那一党就要观望，有时不只观望，说不定还要抽他一腿。所以，一党包办抗日，实在不当。如果由一党包办抗日，到后来一定弄到我打你，你打我，自己打自己，给旁边的老虎吞去。如果老虎真的有了这一个机会，那他今日有得吃，明日有得吃，后日又有得吃，实在感激不尽。不过，我们能让老虎把自己吞去吗？所以我们不救国则已，如要救国，就该联合起来。联合不是联合志同道合的人。志同道合的人，他本来已经是合的，还须联么？所谓联合，是联合各党各派的人，各党各派的人如果以前是打架的，现在就该停手，把旧账搁在一边，以后再算，大家马上妥协携手！一齐来打共同的敌人。

譬如坐船，没有风浪，没有变故，我们就可起来辩论，起来谈天。好像我是倡用新文字的，你是反对新文字、保守旧文字的。我说新文字很好，你说新文字不好，旧文字更好。我说旧文字好像裹脚布，裹脚布把脚缠、缠、缠，缠得你的脚变成三寸金莲，旧文字把头缠、缠、缠，缠得你的头变成三寸金头。你说，新文字看来，一串那么长，长得非常难看，吃下肚子不消化。于是我不服你，你不服我，大家打了起来。如果这时船着了火，那么大家就该罢手，联合起来救火。火救完了，大家没有事了，或者你爱惜旧文字的人已经在抽大烟了，我这时候，没有事做，那么，我当然可以问你说："喂，你说新文字不好，究竟还有什么不好？"你当然也可同样的问我。又如船到中途，遇了强盗，那我们自然也须抗了强盗再来说话。

联合战线，就是这么说，大的敌人在前，小的冤仇应搁起，否则，大家都要做成亡国奴，不好过。我死不怕，怕做亡国奴。我们要明白，我们如果做了亡国奴，不只我们要做，世世代代，连我们的子孙小孩，都要做小亡国奴。

联合什么呢？第一要联合中国目前的四大力量。四大力量联合，才可以抗日。第一是中央政府统治下的二百万军队；第二是西南的兵力；第三是中国的红军；第四是老百姓——无论任何力量，撇开老百姓就不能抗日救国。

有人说主义不同，联合不来。其实不然。以前法国反苏联，现时苏法对德国有共同的戒心，就携手了。所以，无大敌在前，要他联合，恐不容易；大敌在前，要他联合，即有可能。有可能而偏咬定说不可能，那就混账！

联合要谈到开门主义，开门就是不要任何一党一派包办抗日。要大家联合战线，一齐抗日。然倡言联合的人，又不能成为联合战线派，同时指人家为非联合战线派、妥协派、改良派。如果这样，那就犯大错误，那简直是关上了门，教人家进不来了。开门又不是开我家的门，是开战场之门。战场之门一开，凡是能为中华民族战斗之士，都可进来。开门又不是国民党或共产党开门，给我们进国民党或共产党去。如果那样，那就大家都窘，大家都不好受。开门，是开战斗之门，对日抗战。

抗日固然要前进的青年，可是有些青年，自己看了几本书，或者几本《大众生活》，就自命为前进，骂人家不前进、落伍，连落伍者也变为敌人。这样的前进青年绝不是前进青年。前进青年是要领导落伍者一齐前进的；如果将落伍者变为敌人，那就打不胜打了。

四、新中国的新教育

四种力量联合了，不单可以打退日本，并且可以造成新中国。新中国的新教育就应该根据这一点。否则就有教育也不过是"教死书""死教书""教书死"；那读书的也不过是"读死书""死读书""读书死"。新中国的新教育，应是帮助中华民族争取自由的教育。新中国的新教育，应该启发中华民族的抵抗力量，应该促成联合战线，不唯要促成，并且要推动；应认明中华民族的敌人是日本帝国主义；应培养中国的斗士。

我们的目的既定，技术如何？我们技术方面，有四个办法：

第一，我们应该认社会做学校。破庙、亭子间、晒台、客厅、一片空地都是现成的学校，中国不须再造几千百万的学校，就有几千百万的学校。

第二，我们应该即知即传。我们今日所知的事，今日即传给别人，我传你，你传他，大家教来教去。同样，学生今日学的，今晚就可教给别人，一人可教十人、八人，多至三四十人，少至一人、二人。如果你不肯教人，我也就不必教你。中华民族小小的这一点事，你都不肯帮忙，我教了你，将来大了，也是一个败类，实在无须教你。

中国人求学，往往不在服务，在出风头。他们将学问往头颅里边装，学问一装，头颅就大，越装越大，再装再大，大得不可再大，就要出洋。出洋回来，头颅更大，从此就锁起来，不再开了。开必须金钥匙，否则永远不开。这种人无以名之，名之曰守知奴。今天的守知奴，是将来的亡国奴。我这回到星加坡，听说星加坡的中国人，十人有八人不认得字。如果十人仅有八人不认得字，有二人认得字，那倒容易。认得字的二人，每人教四个人就得了。

第三，要有新文字。新文字有人赞成，有人反对。可是，大家都要抗日救国，枪杆对外，大家携手、妥协，等到共同的敌人打完了再说。

学新文字只要三四分钱，时间不过个把月，学会了，就可以看新文字印成的报。现在广东话的、客话的、福建话的新文字都已出世，很便当了。文字写出来要可以听得懂，愿意听。不过学新文字，汉字也不能丢掉（所谓新文字即最近风行海内之罗马字母拼音字）。

第四，用汉字写文章，要写得人家听得懂。最好请教四位先生，这四位先生也是不要花钱的：

一、是耳朵——写了文章，要读给耳朵听，看看听得懂听不懂，听不懂就要改到听得懂。

二、是老妈子——写了文章最好读给家内的老妈子听，问她听得懂听不懂，听不懂就要改到使她听得懂。

三、是人力车夫——也是一样，读给他听，不懂改到懂。

四、是小孩子——还是一样，读给他听，从中改好。

这些先生，有时可以把我们的文章改得非常的好，好得自己想不到的好。记得有一回，南京小先生们成立一所"自动学校"，这名目已经来得可喜，所以我寄一首诗去送他们，道：

有个学校真奇怪，

大孩自动教小孩；

七十二行皆先生，

先生不在学如在。

不到三天，他们回信说，好是很好，可是里头有一个字要改，"大孩教小孩"，难道小孩不会教大孩吗？"大孩自动"，难道小孩不能自动吗？所以"大"字要改成"小"字，"大孩自动教小孩"一句，改为"小孩自动教小孩"。真佩服极了。

新教育和老教育不同之点，是老教育坐而听，不能起而行，新教育却是有行动的。譬如抗日救国，须有行动，可是，行动又不能错误，所以要有理论。"抗日救国"是目标，"联合战线"是步骤，新中国将从行动中生出来！

【注释】

①本篇原载于1936年7月31日香港《生活日报》，系7月16日下午应邀在新加坡青年励志社的演讲。主持者为义安会馆潘醒农，黄虹笔记。7月17日《南洋商报》曾发消息云："听者300余人，后来者未能占得一席，然皆环立远听，全无倦容。陶先生演讲精彩处，辄闻掌声四起，其得听众同情，足见一斑。"

据同年7月16日《总汇新报》报道，7月15日下午陶往怡和轩俱乐部访晤陈嘉庚，商谈有关中央与西南军政大局。陶谓："国内民众向来都很重视华侨公意，希望此间华侨运用方法，极力电阻双方发生内战。"

②支那：古代印度、希腊、罗马等地人称中国为 China 的译音。近代日本等国也有人这样称呼中国。

③"九一八"：通称"九一八"事变。1931 年 9 月 18 日，日本驻在中国东北的关东军突然袭击沈阳，同时在吉林、黑龙江发动进攻。由于蒋介石下令东北军不准抵抗，至次年 1 月，东北就全部沦陷。

④工部局：美、英、日等帝国主义国家在旧中国上海、天津等地的租界设立的行政机构。

全面抗战与全面教育①

（1939 年 1 月）

各位同学：

今天我要讲的题目是"全面抗战与全面教育"。现在先讲全面抗战：

大家知道，我们抵抗侵略的战争，已到了第二阶段。这阶段的战争特征是把战争的形势展开成全面，它已不是点线的战争，而是各方面的全面战争了。现在我就把现阶段中军事战、经济战、政治战、外交战、教育战诸方面提出来说说：

一、军事

现阶段的军事形势，是用六十师放在敌人后方打游击，六十师作阵地战、六十师做后备。就地形说，我们是以四川为肚子，西南做右手，西北做左手，造成一个相持的局面，来继长增高的产生我们的新力量。现在我们要用这两手来打，但若两手拿不着好东西，空手空拳是打不出去的；所以我们必须想法子使这两手拿到东西，以便打出去，但拿到东西在西南要二年的准备，在西北要三年的准备。拿到更多的东西以后，就不是单单的相持了，我们便可以冲出相持的局面，进而收复失地。现在这两只手也不是空手，不过所拿的东西还少一点，等到第三个年头，西南的右手便会有很大的力量拿来；第四个年头，西北的左手也会有很大的力量拿来，便能势如破竹的打出去了。现在的局势，我们以天时、地利、人和来和敌人打，已不是像上海战争那样的五个人比一个人，而是由五个人换四个人，此时是进到一个人换一个人的阶段，如再打下去，日本要占便宜，一定是没有的。

前面所说的三分之一的兵力放在敌人的后方打游击战，这是关系重大。敌人的后方有了不断的强有力的游击，便能使敌人的市场毁灭，伪政权无法成立。这样敌人便不能拿我们的力量来打我们，我们反能继续增加我们的力量，到最后，这种力量必然的会把所有敌人驱逐出去。

二、经济

全面抗战不单是军事战而且是经济战。我们在经济战上有两点重要的战略：第一是增加我们的经济力量；第二是减少敌人的经济力量。在第一点，我们利用合作的方法和外来帮助的技术人材发展轻工业。再来就是稳定我们的法币。

本来我们的法币是稳定的，敌人虽想捣乱是很难的。这因为，第一是我们的现金准备充足；第二是敌人的现金快要用尽，势力不够，没有捣乱的力量。所谓敌人的现金，是指敌人有数目的现金，这是差不多流完了（那无数目的现金是不在内——如妇女的金银首饰和守财奴埋藏的金银等，我们没有确切的统计）。现在他们总动员，计划之一即是动员一切无数目的现金，但他们用于购买军火的付值还恐不够，有什么力量来捣乱我们的金融呢？除此以外，他们的军阀和财阀的不能合作，亦是无力捣乱我国金融的一个原因。他们的军阀认为是为财阀打地盘、打出路，财阀应给他们的钱，但是现在财阀的钱几乎被刮光了，而地盘终是拿不稳，即使军阀得到一些点线的地盘，财阀的货物亦难以行销。原因是日本随营酒保在占领区内，舞弊走私，进出货物，可以不纳捐税，把士兵们的军用品克扣下来出卖。比如啤酒，财阀的每瓶要出卖四角钱，而军阀舞弊克扣的只卖二角半，所以财阀的货物在沦陷区域亦就难有出路。这样一来，财阀军阀便起了不可调和的冲突，而想合作去破坏我们的金融也就愈觉难有办法。

关于第二点——减少敌人的经济力量——我认为日本的经济基础是建

筑在"日货"上的，卖出多，赚钱多，军火便买得多，杀人亦杀得多。反之，卖出少，赚钱少，军火便买得少，军事亦无法取胜而逐渐走上失败的路。但在将败未败时，他为着要硬撑死撑，便只有把现金去换军火，可是现金完了，又怎样呢？所以我们抵制日本货就是减少敌人的经济力量，也就是制裁日本最有力的一种方法。

我在星洲②时看到一般华侨抵制日货的情形，确是认真。他们抱定"宁可不穿裤，不买日本布"的决心。如果有人贩卖日本货，有钱的罚款；无钱的小贩卖日本货，便剪耳朵，一次剪一只，两次剪一双，竟剪了一百多人的耳朵。但这办法是过分了。没有耳朵在路上走，不大好看。所以我便请他们要用教育来代替剪刀，用宣传的方法来说明买日本货就是自杀中国人的行为，同时并劝卖日本货的改卖他国的货物，帮助小贩找出路，那么日货的销场自然就可以日见减少了。

我到了美国，也看见了不少同情我们的青年，拒用日货，有许多青年和妇女自动将日本的丝袜、领带解下来烧毁掉，以示决心不再买用日本货。这样一来，日本货的销路在美国就减少了百分之三十五。我们知道美国是日丝最主要的销场，少了百分之三十五，在日本是一大打击。

我到印度时会见甘地先生、泰戈尔先生和波斯先生，也谈到这个问题。印度的民众用日货的还很多。印度是日货的第三个市场，如果印度也能和美国一样，日本的经济便更难维持。所以我请求他们组织一个特别委员会来抵制日货，想不久或可实现的。

抵制日货虽然是减少敌人的经济力量的一种方法，但我们认为单是"抵制"是不够的，我们还要希望各国不卖军火或不卖制造军火的原料给日本（因为日本的军火原料是大部分要靠外国输入的）。

日本从英美输入的军火及制造军火的原料，占他输入总额的百分之七十五。所以我尝告诉美国人说："日本杀死一百万中国人的时候，就有五十四万五千是美国的东西杀死的。"他们现在已有好几次劳工拒绝搬运卖给日本的军火或原料了，这种运动扩大下去，也是很能给日本一个大的打击。

抗战工作就好像烧开水，只要一把火一把火，不断的烧下去，烧到一百度，它自然沸了起来。只要我们不灰心，努力做，所要求的目的，一定可以实现出来。

以上所说的两点——抵制日货和不卖军火或原料给日本，就是减少敌人的经济力量，这是关于经济战上我所要说的话。

三、政治

说到政治，我们看见日军的军纪败坏，以及从敌兵的日记里，处处表现对战争的前途抱悲观，就可以知道他们军队中的政治教育不好，没有持久战斗的认识的。我们是抵抗侵略，为生存而战斗，我们的军队知道这一点，便能够拼命抵抗；但这也不是每个兵士都已明白，所以我们自己军队中的政治教育，还要更加努力的做去。

在汉口失陷后，我们的最高领袖和重要长官，在衡阳开了一个会议，议决几点很重要：（一）政治重于军事；（二）民众重于军队；（三）游击战重于阵地战；（四）后方重于前方。这是转危为安的大方针，以后照这方针做去，一定能得到很好的效果。我们要知道从民主中表现出来的力量，不是封建专制的日本所能克服的！比如延安，它是个小小的地区，民众只有几十万人，它的力量就非日本所能消灭了。政治走上大路，人民只知有国，与军队联成一气，老百姓爱军队，军队爱老百姓，军队与老百姓都如家人父子兄弟姊妹，是必能愈战愈勇。又如现在的广西，我已经看到这种政治的发展了。所以抗战以后所表现的力量也特别强大，它只有一千三百万的人口，便能出兵四十万，全国若能完全这样，便可以出兵一千四百万。有这样多的兵力在前线，即不独武汉可以不失，南京也可以不失，即上海也可以不退。由此可以知道，我们的政治，若能注重民主，那么我们的军事力量，便能提高，增加好几倍，政治一定要使下层能够真正组织完善。广西省现在着手组织乡镇民代表会，继而要成立县参议会，最后要成立省参议会，向着民主化迈进。从人民表现出来的力量才是真正的力量。

此外，我们在政治上还有个"决心"，就是"抗战到底"的决心。蒋先生曾屡次表示得非常恳切、明白、肯定。我在路上遇着很多的将领，他们也都很坚决表示这个"决心"。到处人民更都表示这"决心"。一般"文人"，虽然头脑复杂，不大靠得住，但亦没有什么。在座各位，或许以为重庆的情形很复杂，因为外间的谣言很多。其实不然，所谓妄想议和的"妥协派"数目并不多，计算起来最多怕不上两打——讲得最响的也只有一个罢了，那就是现在正在闹出走的汪精卫。汪精卫每到一次失地的时候，他就放一次和平空气，摇动人心。他反对游击战，用意很巧妙，以为和敌人打仗，是要扎硬阵、打硬仗，打游击就是游来游去。并且说游来游去是剥民众的膏血，游来刮去，游去刮来，好像明末的流寇一样。这样说法，实在是恶意中伤，为敌张目。他所说的话正是敌人所想说的话，他所想的事也正是敌人所希望的事。比如硬打硬拼就是敌人最希望的战略，因为一打就完，完了就投降，就亡国，真是最快最速的痛快事。又比如游击队为明末的流寇，他不知道明末的流寇不是政府组织的，而现在的游击队却是政府组织的军队，敌人常骂之为流寇，但现在竟出于汪精卫的口中，那真是奇怪。游击队不是"游来游去"，而是击来击去，击敌人的后方、击汉奸、击敌人所制造的伪军队及汉奸政府，它为了击来击去，所以配合着运动战、阵地战而发生力量。

现在世界上的官，要算汪精卫顶自由了。他说话不管和政府所定的政策符不符，和最高领袖的表示合不合，只管胡说八道。其实一个政府内的人，不能有两种不同的话，加里宁的话能与斯大林不同吗？戈林的话能与希特勒不同吗？齐亚诺的话能与墨索里尼不同吗？这或许有人说他们是独裁国家。但美国的副总统对外所说的话有一句和罗斯福不同的话吗？有一次加尔耐和罗斯福一同出席某会议，加尔耐以总统在座，他的演词只有一句："我要说的话有总统在，可以不用说了。"又如英国外相艾登与张伯伦的政见不同，他要发表不同的意见，是在他辞掉外相之后。由此可见政治家的风度是应该怎样。天下的官没有一个比汪精卫更自由了。可是做官是不能这样自由的，应当跟着顶大的官走，不能像汪精卫这样自由的今天向中央社③，明天向路透社④，后天向海通社⑤，随便发表谈话。因为这样便给外人看了，以为中国是有两个领袖两个意见。世界上没有自由的官。汪精卫他如果要自由发表意见，就要先把副总裁、参政会议长的官辞去，做一个平民，或者可以多得一点说话的自由，因为民主国中只有自由的民而没有自由的官。平民有说话的自由，也有选择坐牢的自由。

现在汪精卫走了，但走了也不算什么大事。相反的，我们还觉得政治的形势好转，抗战到底的血是澄清了。这是政治上的进步。

四、国际与外交

国际形势和我们的外交，事实上也只是属于政治的一部分。在最近国际形势对我们比较有利的，可以见出下列几点：

（一）英美远东政策的趋向合作。英国和美国，本来是有很大的矛盾，在经济商业上有难以调和的矛盾。但自从订立了"英美商约"后，已使这矛盾减少。矛盾减少以后，他们便可更进一步合作。在这一年来，英美是走平行行动，这虽是好的一点，但是还不够的。现在这个问题与中国是在发展着。这些矛盾减少，是证明英美两国对远东的政策，要由平行渐近为更密切的合作的一种表示。

（二）美国对中国态度的积极化。美国对中国的态度是比较好的。"九国公约"[⑥]是美国提出签名的。他遵守着这"九国公约"，他不满意日本侵华，他在过去不承认伪组织，他们的外交委员长这样讲："如果中国政府被迫退到山洞里去，假使只留下蒋委员长一个人，我们也承认这个政府是代表中国四万万人的政府。"这告诉敌人是：你不要以为得到了汉口、南京，便可以得人承认。但美洲内部也有矛盾。为了减少内部矛盾，肃清日、德、意在美洲的侦探和细胞与一切想侵入美洲的法西斯势力，以便更有力的注意远东，便召集了"泛美会议"[⑦]，以巩固后方，这是很有意义的工作。在我们失了广州，失了汉口之后，他还对我们作信用借款。这便是同情的具体表现。

（三）苏联是我们的好朋友。苏联在我们抗战开始时，就是最援助我们的一个，但有人却对他起了怀疑，以为苏联助我是有目的的，是要我们"赤化"，其实这是别有用心，不值一驳的话。须知苏联、英、法都是国联的会员国，国联有会员国各别援助中国的决议案，苏联援我就是执行国联的决议案，我们不要以为其他会员国没有执行决议案或执行不力而对已执行颇力的觉得奇怪，起了怀疑，这是不对的。苏联对我们的援助是积极的，他是我们的好朋友。

上面所说的就是国际的一般形势，也是我们外交战得了胜利的效果。但我们谈到国际战，就不能不连带谈一谈我们在国际上所做的宣传战。

宣传是国际外交战的一种手段，是很重要的。自开战以来，我们的宣传一向是得了胜利的，我们的宣传在组织上虽然不统一，在精神上却是统一的……

日本的宣传是像个不道德的女子，虽然扮得十分妖丽，到处招摇，但人家却是不理！在我们则理直气壮，到处说老实话，到处受人家欢迎。记得日本指派一个工人头脑名叫铃木⑧的到美国去，想向美国的工人做宣传工作。给美国的朋友知道了，我们便先告诉了美国两个大组织——A. F. L与 C. I. O，告诉他们这个"铃木"来美用意。于是到他来了，便想和码头工人宣传，他说："请你们开一个会，让我同贵国码头工人见见面，说几句话。"美国工人代表问他说："你是代表什么来的？你是代表日本工人呢？还是代表日本政府呢？"他说："当然是代表工人，但也得政府的同意。""那么你对你们政府的侵略政策是否赞成？""不敢反对。""你们不反对，我们却反对。""听说你们抵制日货运动，那么日本工人便要饿死了。""谁使你们饿死？是你们的侵略军阀，驱工人去侵略中国，使工人失业送死。你们只要反对你们政府的侵略就有饭吃。"最后美国码头工人代表给铃木的请求以一个拒绝，而且说："抵制日货是工会的决议，我们只有奉行而不能取消。"这样使这位日本工人头脑自感无颜回国了。日本派到外国的人，四处招摇，人们都嫌他们说谎，不理睬他们。可是我们中国人，讲老实话，到处都受人欢迎。所以中国的宣传战失败的很少。在美国有七百六十多人代表中国宣传：内中有中国人，有美国人，有高丽⑨人，还有日本人。日本有一个女子，名叫松林春小姐，她是侵略中国的松井⑩大将的侄女，但是她同情中国。她的话大受美国人欢迎，她说："我爱日本，所以我爱日本的近邻的中国。因为我爱日本，所以我反对侵略中国。我们的军阀害中国，便是害日本。侵略中国，就是日本的自杀。"还有两个高丽人唱双簧：一个代表中国，一个代表日本。代表日本讲话的，把日本军阀盲干到底的话讲出来；其他一个则很清楚地、头头是道地说明中国的抗战。在美国，日本军阀的代表单独讲话是得不到群众。中国人在什么地方都可以说话，什么地方都受人欢迎。在"八一三"以前没有这样的现象。"八一三"以后，他们都很喜欢听中国演讲。他们因中国群起抗战，中国有"国格"了。

他们曾这样说："我们不敢谈论侵略者，而中国则敢抵抗侵略者，这是很值得尊敬的。"他们为了尊敬我们，所以很乐于听我们的演讲，也就是看得起我们的一种表示。

不过，现在世界上还有二个看不起我们的国家，一个是德国，一个是意国。在德国我们是得不到机会去宣传。希特勒在《我的奋斗》一书中还骂我们"中国人是半生半死的人"，更把中国人与黑人比做一起。有一次一个人问他说："黑人受了德国教育也能发明，总该另眼看待吧？"希特勒说："他生下来是黑人，死了进棺材还是黑人，穿了一件德国的外套算得什么？"又有人向他问："日本人呢？"他则说："日本人是白种人！"在德国报纸上中国打胜仗是受骂的，日本胜了便大大的宣传。所以当他骂我们的时候，就是我们打胜仗。

意大利更多对不起我们的事，我们上墨索里尼的当上够了！从前我们聘请意大利人做顾问训练飞行员，他们说"飞行员""贵精不贵多"。于是录取新生严格，有一次在一百六十几个体育家中，只取了二个。中国训练成的飞行员也就因此不够用了，这都是拜受意大利顾问弄虚玄的"恩赐"。他们在好题目之下干汉奸活动。墨索里尼卖给我们的飞机，多数是坏的，用起来常常失事，不能战斗。由此可见，墨索里尼是个顶坏的人！最近他还有一件很对不起我们的行为，就是在意轮上搜查我们出国的学生代表团的宣传品，还拘留我们三名代表，这也是令我们不能容忍的事件。

但是现在还有人说什么德意路线！讲什么德意路线，那真不知情势了。我们的孙中山先生曾经说过："联合世界上以平等待我之民族共同奋斗。"但他并没有教我们联合世界上看不起我们的人来共同奋斗啊！

现在国际上对我有利的形势，正在逐渐展开，英美对我的援助，正在逐渐积极，我们也正在逐渐的走上胜利之路。以上所述就是我对于全面抗战的报告。以下我们就要谈到"全面教育"了。

所谓全面教育，就是"教育战"。我们的抗战是全面抗战，我们的教育也跟着全面抗战的开展而成为全面教育。但假使只为教育而教育，也即是为教书而教书，为读书而读书，这是不正当的，我们可以不必讲它。抗战与教育有什么关系呢？教育应该配合抗战，教育在现在就是战时教育。

有一位校长说："我没有学过战时教育，所以不会办战时教育。"但他又不肯下台让晓得的人来办。于是我便写了一首小诗，发挥我的感慨："遍地发瘟，妈妈病倒在床。叫他倒口开水，他说功课忙。叫他请医生，他说功课忙。叫他买服药，他说功课忙。等到妈妈死了，他写讣文忙，写祭文忙，称孤哀子忙。"

这班为教育而教育的人们，在平时是这样，在战时也要来这样，那真是不可思议的！我们不能坐视中华民族的妈妈病死，必定要起来服侍她。全面教育可分作几点讲。

第一，从空间来说：不能只办后方教育，要把教育扩大到敌人的后方，扩大到全中国、全世界去。

第二，从教育的对象说：不只着重青年教育，而且要顾到老年人和小孩子的教育。老太太不是没有用的，你看赵老太太，现在她是游击队的母亲。我曾写了一首诗送她说："日本出妖怪，中国出老太。老太捉妖怪，妖怪都吓坏。"谅大家必有看过的吧！青年固然有用，小孩子也很有用。我在第五战区时，曾听李宗仁将军告诉我台儿庄一个故事：当台儿庄形势紧张的时候，有一群小孩子组织歌咏队，在村上唱歌，等到听众多了，他们乘机来演讲，宣传救中国必先除汉奸的意义。不料听众中恰有一个姓黄的小孩子，他是给敌人利用来打探我们军情的小汉奸。小汉奸听了这些话马上觉悟悔过，自动起来向大家招认，承认他是个小汉奸，并且发誓从此不再做小汉奸而要做个小战士。大家就要求他用做汉奸的手段去做"反汉奸"的工作，去打探敌人的消息。结局他是如命而行，探出敌人的火药库而带我们的军队去炸毁。小孩唱歌演说的力量，可以把一个小汉奸变成一个小战士。这些都是老太太和小孩子所表现的力量和功绩。所以我们的教育不能以老太婆老而不顾及，小孩子小而看不起他，须知当此全面抗战的时候，青年壮丁固然有用，老太和小孩也有他的用处啊！

第三，要顾到随战事的进展而产生的特殊生活。譬如因抗战而有了伤兵，我们就要有伤兵的教育；因抗战而有了难民，我们就要有难民的教育。我们对伤兵要用教育的方法来启发伤兵，使他们在后方可以鼓励民气，在前方可以鼓励士气。对难民亦是这样，在难民的收容所中组织工学团，增加难民的生产力量，坚定他们的抗战意识，把逃难的一群变为冲锋的一群。

第四，全面教育还要跟着老百姓跑。百姓跑到东，我们教到东；百姓跑到西，我们教到西；百姓跑到树林，我们教到树林；百姓跑到山洞，我们教到山洞。所谓跟着教，并不是跟着逃走。跟他们做什么？教他们！教育是要跟着老太太、老太公走，跟着青年走，跟着小孩子走。所谓教育不是只教他们识几个字，或印印讲义就算了，帮助人就是教育。全面教育扩大到无论什么地方，是跟着老百姓的教育，那么知识分子就应该开展他们的教育到那儿去。所谓跟"老百姓去"并不是"逃走"！而是跟着他们，走进他们的生活中去教育他，使他改逃跑为冲锋，走回来抗战。只是逃跑，那是"逃走教育"，不是全面教育。

在后方的云南、贵州办教育是要紧的；到山东、河北办教育亦是要紧的，但也不一定在敌人炮火下办教育。若到山东、河北去只是为教育而教育，这又有什么用处呢？

教育不要呆板，要灵活的运用。只要使他们发生一种力量到达前线去，增加抗战的力量，要很快的发生效力，真正发生效力。

第五，教育的行为是服务，而服务的行为也就是教育。譬如在逃难的时候帮助老太婆不使跌倒、帮助小孩子不使踏伤，这都是教育，以身作则的实践教育。

第六，要顾到高深的研究，也要顾到目前需要的实用技术。譬如有人说一个医生，非五年七年不能养成，但现在前线上兵士最普遍的疾病是疟疾与痢疾和因血管破伤流血过多以至于毙命！这种医疟、痢、扎血管止血的医生，那就不需要五年七年了，如果认真学习，几个月便可毕业，到前线去服务救人。我们可用轮流服务、轮流研究的法子来调剂。若硬说一律需要五年七年而后有医生可应世，那是我们所不敢附和的，所以在后方办教育我们并不反对，所谓全面教育并不是一定要硬撑在炮火之下来办教育；在云南、贵州，甚至任何地方办教育都可以。不过教的工作在后方，而教育的力量却要达到前方，达到敌人的后方。教育的目的不是为教育而教育，乃是为抗战而教育。因此，所授的课程和方法，必须变更，·以求切于抗战建国之用。

以上六点，就是我对于全面教育的一些意见。此外，还有一点要请大家格外注意的，就是：全面教育是要真干而不可假干，要穷干而不可浪费的干，要合干而不可分裂的干，是要快干而不可慢慢的干，是大规模干而不可小干的教育。

今天时间很长了，我的话就讲到这里。但我的全面教育还有一段，留待另定一个时间，来和诸位谈"生活教育"时再说。

【注释】

①本篇系陶行知1939年1月在香港中华业余学校的演讲记录。记录人：李伯丝、叶翼如、汤儒卿、陈烈。原载于1939年3月15日《生活教育十二周年纪念刊》（留沪社友编印）。

②星洲：新加坡的简称。

③中央社：全称是"中央通讯社"，为国民党1927年所创办。

④路透社：英国最大的世界性通讯社。

⑤海通社：德意志帝国的通讯社，创办于1915年，1945年停办。

⑥九国公约：全称《九国关于中国事件应适用各原则及政策之条约》，

1922 年 2 月 6 日美、英、法、日、意、比、荷、葡和中国北洋政府签订。条约规定："维护各国在中国全境之商务实业机会均等"和"中国之门户开放"的原则，是对中国主权、独立、领土完整的粗暴侵犯。

⑦泛美会议：又称美洲国家会议，总部设在华盛顿。

⑧铃木：即铃木茂郎。

⑨高丽：即现在的朝鲜。

⑩松井：即松井石根。

民主①

（1945 年 11 月）

民主的意义还是在发展，因为它的内容还是在发展。照我看来，真正的民主必须包含：一、政治民主；二、经济民主；三、文化民主；四、社会民主；五、国际民主。林肯总统在葛梯斯堡②所说的"民有民治民享之政府不致从大地上消灭掉"一语，是指政治民主。中山先生所说之民生主义，罗斯福总统所说之无不足之自由，是指经济民主。山海工学团所主张之教育为公，和陕甘宁边区所实行之民办学校，是指文化民主。中国五四运动在社会关系上所发动之种种改革，例如男女平等，是走向社会民主。威尔逊总统所提出之民族自决，中山先生所倡导之民族主义，是走向国际民主，然而从英国对印度、对希腊、对安南、对南洋，和美国对日本管制、对原子弹管制的态度行动看来，我们离国际民主之实现简直是十万八千里之远。从总的方面说，古人所讲的话而现在还有引导作用的，莫过于"大道之行也，天下为公"。近人毛泽东先生写的《新民主主义论》，和中国民主同盟临时全国代表大会所通过的纲领，都系实现真正民主的路线。民主是中国之起命仙丹。民主能叫四万万五千万老百姓团结成一个巨人。民主能给我们和平，永远消除内战之危机。民主好比是政治的盘尼西林，肃清一切中国病。民主又好比是精神的维他命，给我们新的力量，来创造一个自由独立进步的新中国和一个富足平等幸福的新世界。民主第一！人民万岁！

【注释】

①本篇原载于1945年11月1日《民主教育》创刊号。

②葛梯斯堡：通译"葛底斯堡"，美国宾夕法尼亚南部的一个自治村镇，是美国南北战争中"葛底斯堡战役"（1863年7月1—3日）的战场。当时的美国总统林肯曾在该地发表具有历史意义的演说，提出"民有、民治、民享"的口号。

小学教师与民主运动①

（1946年5月）

我这次到上海，在一个小宴会上，听了几句令人深思的话。我的朋友说：抗战八年来，五位教师之中，有一位逃难去了，一位做生意去了，一位变节了，一位死了，只剩了一位仍旧还在这里做教师，我们是多么寂寞啊！我说剩下的这一位，头上是裹着裹头布，嘴上是上了封条，肚子是饿瘪了，被迫得只有干腌菜喂后一代。我们接着谈论胜利后的他们，逃难的难得回乡，做生意的倒胜利霉，变节的无法戴罪立功，死者不可复生，站在岗位上的，头上的裹头布仍旧裹着，嘴上的封条仍旧封得很紧，肚子是饿得更瘪了，除了干腌菜还没有别的精神粮食给学生吃。这谈话指示我们，如果我们要为民主奋斗，我们得加强自己、改变自己、武装自己，而且要为教育招兵，为民主募马。

首先我们自己需要再教育，再受民主教育。中华民国虽然成立了三十五年，我们只上了很少的民主功课。细算起来，民国初立的几个月②，推翻袁世凯的几个月，五四运动后的一两年，推翻复辟后的几个月③，五卅惨案以及北伐前后的一二年④，一二九到抗战开始后一年⑤，算是断断续续的上了几课，但是一曝十寒，胜不过二千年传下来的专制毒和这十余年来的有系统的、反民主的、变相的法西斯蒂训政⑥。特别是我们做教师的人，需要再教育来肃清一切不民主甚至反民主的习惯与态度，并且积极的树立真正的民主作风。校长对于我们，我们对于学生，多少都存在着一些要不得的独裁作风。中国现在，自主席以至于校长教师，有意无意的，难免是一个独裁。因为大家都是在专制的气氛中长大，为独裁作风所熏陶，没有学习过民主作风。我们所要学习的民主作风，至少应该包含这些：

（一）民为贵。人民第一，一切为人民。

（二）天下为公。文化为公，不存心包办，或征为私有。

（三）虚心学习，集思广益，以建立自己的主张。

（四）自己要说话，也让别人说话，最好是大家商量。自己要做事，也让别人做事，最好是大家合作。自己要吃饭，也让别人吃饭，最好是大家有饭吃。自己要安全，也让别人安全，最好是大家平安。自己要长进，也让别人长进，最好是大家共同长进。

（五）民主未得到之前，联合起来以争取民主为己任；人民基本自由得到之后，依据民主原则共同创造，创造新自己，创造新家庭、新学校、新中国、新世界。

这是一种全新的生活方式，我们必须天天在实际的生活中学习，学习，再学习，才能习惯成自然，造成民主的作风。

个人学习不如集体学习，偶尔学习不如经常学习。为着进行经常的集体学习，最好是联合起来组织社会大学、星期研究会，以实施共同之进修。这些新的学习组织，在重庆已经施行有效，应该在各地举办起来，以应好学的教师与好学的青年的需要。孔子说："学而不厌，诲人不倦。"我看出这两句话有因果的关系。唯其学而不厌才能诲人不倦；如果天天卖旧货，索然无味，要想教师生活不感觉到疲倦是很困难了。所以我们做教师的人，必须天天学习，天天进行再教育，才能有教学之乐而无教学之苦。自己在民主作风上精进不已，才能以身作则，宏收教化流行之效。我们在民主作风之外，要学习的东西很多，应该按着自己的兴趣、才能和工作岗位的需要继续不断的学习，活到老，学到老。但是最重要的不能忘了社会科学。每一位现代的教师，必须把基本的政治问题、经济问题、世界大势、社会的历史的发展和正确思想方法弄清楚，最好是要参加教师进修的组织，如社会大学、星期研究会，凭着集体的力量督促自己长进。在没有社会大学或星期研究会的地方，小学教师们应该主动发起创办。这是如同吃饭一样的急不容缓、不可等待。

我们进行自我再教育，不能没有先生，我们要三顾茅庐请出第一流的教授来帮助我们进行各项学习。第一流的教授具有两种要素：一、有真知灼见；二、肯说真话，敢驳假话，不说谎话。我们必须拿着这两个尺度来衡量我们的先生。合于此者是吾师，立志求之，终身敬之。

在各位大师之中，我要介绍两位最伟大的老师。

一位就是老百姓。我们要跟老百姓学习，学习人民的语言、人民的情感、人民的美德。努力发现老百姓的问题、困苦和他们心中所希望达到的目的，并认识他们就是中华民国真正的主人，要他们告诉我们怎样为他们服务才算满意。我愿把我写的一首小诗献给每一位小学教师，共同勉励：

> 民之所好好之，
>
> 民之所恶恶之。
>
> 教人民进步者，
>
> 拜人民为老师。

还有一位最伟大的先生要介绍，那就是小孩子——我们所教的小学生。我们要跟小孩子学习，不愿向小孩学习的人，不配做小孩的先生。一个人不懂小孩的心理、小孩的问题、小孩的困难、小孩的愿望、小孩的脾气，如何能救小孩？如何能知道小孩的力量，而让他们发挥出小小的创造力？

唯独肯拜人民与小孩为老师的人，才能把自己造成民主的教师，也只有肯拜人民与小孩为老师的，那民主作风才自然而然的获得了。

其次，就是运用民主作风教学生，并与同事共同过民主生活，以造成民主的学校。教育方法要采用自动的方法、启发的方法、手脑并用的方法、教学做合一的方法，并且要使学生注重全面教育以克服片面教育；注重养成终身好学之习惯以克服短命教育。在现状下，尤须进行六大解放，把学习的基本自由还给学生：一、解放他的头脑，使他能想；二、解放他的双手，使他能干；三、解放他的眼睛，使他能看；四、解放他的嘴，使他能谈；五、解放他的空间，使他能到大自然大社会里去取得更丰富的学问；六、解放他的时间，不把他的功课表填满，不逼迫他赶考，不和家长联合起来在功课上夹攻，要给他一些空闲时间消化所学，并且学一点他自己渴望要学的学问，干一点他自己高兴干的事情。还要把工友当做平等的人，和他们平等合作。只有校长、教师、学生、工友团结起来共同努力，才能造成一个民主的学校。

再其次，要教学生为民主的小先生。我们不能把小孩单单当作学生教。最重要的教育是"给的教育"，教小孩拿出小小的力量来为社会服务。人生以服务为目的，不是毕业后才服务，在校时，就要在服务上学习服务。学生最好的服务是做小先生，拿学得的知识教给人。中华民国是一个公司，四万万五千万人联合起来做老板。男人是男老板，女人是女老板，大人是大老板，小孩是小老板，大家都是中华民国的老板，大家都是中华民国的主人。拿这种浅显而重要的意思，由学生一面学，一面教给不能进学校的老百姓，他们变成了民主的小先生。一位先生教四十位学生，照老法子，他只是四十个学生的先生。如今把这四十个学生变成小先生，每位小先生平均帮助五个人，便能帮助二百人，连原来的四十人，便是一位二百四十人的先生，力量与贡献大得多了。这样，学校变成了发电机，学生变成了四十根电线，通到每一个家庭里去，使四十家，乃至二百四十家都发出民主的光辉来，这不能算是小学教师的重要任务吗？

再其次，要教民众自己成为民主的干部。小学教师应该是民主的酵母，使凡与他接触的人都发起酵来，发起民主的酵来。农人、工人、商人、军人、官吏、学生家属只要一接触便或多或少起一点变化，顶少要对民主运动减少一点阻碍，顶好是一经提醒便成了民主的斗士，乃至成为民主的干部。大家起来创造一个名副其实的中华民国。去年中秋，当我亲眼在四川看见一位老农拿出插在腰带背后的旱烟管来，指挥他的七位学生，一连合唱了八个歌曲，我好像是看见了新中国的前途。这样可贵的，从人民中产生出来的民主干部，将来是要几十万几百万的产生出来。发现他们、培养他们，是小学教师不可放弃的天职。

最后，争取民主以保障生存权利与教学自由。小学教师值得几文钱？我这次到上海来看见从前乃英先生写的一首感动人的歌曲："小学教师值几钱？五元钱一天。教一天，算一天。请假一天扣工钱。不管你喊哑喉咙，不管你绞尽脑汁，不管你坐弯背腰，不管你饿瘪肚皮，预支不可以。小学教师值几钱？要求提高待遇，还没有这种福气。"

这首歌的末一句，我提议修改为"争民主奋斗到底"。提高待遇，只有民主才有保障。现在的尊师运动，必须包含争取民主，才能将一时救急的办法，变成经常安定的办法。如不争取民主，使真正的民主政治、民主经济、民主文化全盘兑现，我们必定是一辈子陷在"吃不饱来饿不死"的地狱里。所以为着提高生活的待遇，我们必须参加在整个国家民主斗争里面去。实现天下为公，有我们自己的一份在内。

教师的职务是"千教万教，教人求真"，学生的职务是"千学万学，学做真人"。这教人求真和学做真人的教学自由，也只有真正的民主实现了才有可能。在不民主的政治下，说真话做真事的人是会打破饭碗，关进集中营，甚至于失掉生命。因此这教学自由，也是要在整个的人民基本自由中全盘解决。让我们和人民站在一条战线上，争取真正民主的实现。共同创造一个独立、自由、平等、进步、幸福的新中国。

【注释】

①本篇原载于1946年5月10日《教师生活》第4期，上海教师生活社出版。

②民国初立的几个月：指1911年10月10日武昌起义胜利后，17省推选孙中山就任临时大总统。到1912年2月13日在军阀袁世凯的暴力压迫下，孙中山被迫辞职为止。

③推翻复辟后的几个月：指1917年军阀张勋为清室复辟被击败后的几个月。

④五卅惨案以及北伐前后一二年：指1924年年初到1927年蒋介石发动"四一二"反革命政变前这段时期。

⑤一二九到抗战开始后一年：指从 1935 年 12 月 9 日，由中国共产党所领导的"一二·九"运动掀起全国性的抗日救亡运动新高潮开始，到 1938 年 10 月武汉沦陷。

⑥训政：孙中山《建国大纲》一书，把建国程序分为军政（武装革命）、训政（教育人民运用民主）、宪政（让人民当家做主）三个时期。原定头两个时期都很短，蒋介石却把训政时期延长了十余年，并实行独裁专权，妄图把人民训练成为"顺民"。

怎样可以得到和平①

（1946 年 6 月）

怎样可以得到和平？让我来拆一个字吧。和字从禾从口，要大家有饭吃，而又平等相待，才是和平之道。所以天下为公，立刻可以得到和平；天下为私，是永远得不到和平，一直到那个私字化为公字才行。

邱吉尔批评苏联说他不懂西方的民主。就美国近来在中国的行动来说，我也难免要批评一句，美国到现在还不懂得中国的民主。如果懂得中国的民主，是不必费这样多的力气而中国的和平是久已实现了。

国民党当局在中国执政了十九年之久，到如今还不懂得中国的人民，不懂得中国人民的要求。从教育的眼光看来，实在是学习得太慢了。如果学习得稍微快一点，和平是早已来到了。

币原实在可以算是一位有远见的人。当日本军阀要想并吞东三省的时候，只有他说他们是吞了一颗炸弹。中国和美国关于东北的策划者，到如今还没有这样高的智慧。从今以后，企图独吞东北，不是吞下一颗炸弹而是吞下一颗原子弹。如果东北战事之策动者协助者有这一点智慧，和平可以立刻降临。

华莱士从苏联带来过斯大林的愿望：边界希望有了解苏联的人，中苏边境三千多哩，两国官吏都互相了解总比互相反对要好些。

东方的和平乃至世界的和平，有赖于中苏边境军政人民之互相了解。

前次停战协定，将东北划在停战之外是一个漏洞。这次停战条款，只谈军事不谈政治也是一个大漏洞。我们所需要的是真的和平，是有内容的和平。和平与民主不可分，我们要有和平的民主，民主的和平。为什么只谈军事而不谈四项诺言和政治纲领之实现？只有基本自由之兑现，和平才有真价值。否则，在奴隶的和平下做和平的奴隶，有什么意义？因此我们需要和平，同时需要民主。和平与民主都不是从天上落下来的，也不完全靠着代表商谈出来，要靠全国人民，万众一心，拼命争取，才能得到和平，同时得到民主。因此我们希望谈判公开，军事与政治，和平与民主的谈判都公开，使老百姓皆得与闻，而作最后之裁定。

【注释】

①本篇原载于 1946 年 6 月 15 日《周报》第 41 期。系该刊《十五天后能和平吗？》笔谈的稿件。又载 6 月 22 日《民主》第 39 期。这年 6 月 6 日，周恩来和蒋介石分别代表共产党和国民党各方，宣布自 1946 年 6 月 7 日中午 12 时开始，东北战场休战 15 天。《周报》从第 41 期起辟专栏讨论，发表了周建人、茅盾、郭沫若、柳湜、丁玲、石挥、张伐、马叙伦、胡绳、田汉、陶行知等共 42 位知识界名流的笔谈稿。

哲学思想

伪君子篇^①

（1913 年 11 月）

　　伪君子之居乡而假愿者，即孔子所谓之乡愿^②。人之为伪，不必居乡，凡率土之滨皆可居。人之行诈，不仅假愿，凡君子之德皆可假。然必假君子之德以行诈，始谓之伪，故总名之曰：伪君子，从广义也。

　　伪君子曷由乎来? 曰：非圣贤皆求名，惟其求名，故避毁邀誉。人之有誉，而己不能行，不敢行或不愿行，又欲邀其誉，则不得不假之。人之所毁而明由之，必损于名，又欲邀毁中之名，而避名中之毁，则不得不掩之。中人以下，莫不趋利，惟其趋利，故避祸邀福。由其道而可得福，而己不能行，不敢行或不愿行，又欲邀其福，则亦不得不假之。明由其道而祸从之，又欲趋祸中之利，避利中之祸，则亦不得不掩之。假人之所誉，掩人之所毁，与夫假其可得福，而掩其可得祸，皆伪也。为伪所以求名趋利也。天下之名，莫美于君子，而非分之利，则舍小人之道莫由趋。世人慕真君子，而真君子之墙数仞，不得其门而入。真小人则亡国败家，身死为天下笑，复凛然可惧。为真君子难，为真小人不易。舍难就易，于是相率而为似君子非君子、似小人非小人之伪君子。是故伪君子非趋利即求名，而趋利求名者，必是伪君子。伪君子之由来，名利为之也。

　　世衰道微，人欲横流。遇一名正言顺之词说，必群相假之以饰人之耳目，防人之攻击，而逞其心思之所欲。于是伪君子乃杂然应时而兴，随地而起。位高者为伪大，位卑者为伪小；时急则伪烈，时安则伪微。就总纲论之，有言是心非者，有行是心非者。其尤者，则心有杀人之心，行有杀人之行，而惟以语言文字为之涂饰。其险者，则造其近因，而收其远果，沫以小惠而攫以大利。就细目分之，争权则曰平等，逞志则曰自由，好事则曰热心，有求则曰力行，"任情则曰率性"[丙]，"矫饰则曰尽伦，拘迫则曰存心，粘缀则曰改过，比拟则曰取善"[乙]，"虚见则曰超悟"[丙]；"持位保禄则曰老成持重，躲闲避事则曰收敛定静，柔媚谐俗则曰谦和逊顺"[丁]，"意气用事则曰独立不惧"[己]，漫然苟出则曰如苍生何，逐物意移则曰随事省察，心志不定则曰讼悔迁改，苟贱无耻则饰以忍耐。"随俗袭非则饰以中庸"[己]，"不悖时情则饰以忠厚，不分黑白则饰以混融"[庚]。"阳为孔颜无上乐，阴则不事检点"[丙]；"名为圣人无死地，实则临难苟安"[己]。"以破戒为不好名者有之"[丙]，以冥顽为不动心者有之。放心不求，姑以恬淡无为为搪塞；枉寻直尺，直以舍身济世为解释。"有利于己，而欲嘱托公事，则称引万物一体之说；有害于己，而欲远怨避嫌，则称引明哲保身之说"[庚]。假警惕以说滞，借自然以释荡。直而讦，辩而佞，恭而劳，慎而葸。"自谓宽裕温柔，焉知非优游忽怠，自谓发强刚毅，焉知非躁妄激作"[甲]？外似斋庄，中实忿戾；表似密察，里实琐细；貌似正而志在矫，容似和而神在流。仲尼③其面，阳货其心；虞舜其瞳，项羽其行。睚眦必报，则藉口于奋勇；鸡鸣狗盗，则借辞于用智；两毛不擒，则图说于施仁；狡兔三窟，则托称于示惠；逢亲之恶，所以显吾之孝；遂兄之过，所以著吾之悌；成国之暴，所以彰吾之忠；践诺之误，所以明吾之信；嫂溺不援，自谓执礼；率土食人，自称义师；避兄离母，自号操廉；矜己傲物，自谓知耻。众矣哉！伪君子之类。杂矣哉！伪君子之途。

伪君子虽百出而莫穷，然自外言之，其所以为诱者则一。一者何？名利而已。伪君子与世浮沉，随祸福毁誉而变其本色，以博名利。故其出处、去就、进退、取与，不定于义理，而定于毁誉祸福，而义理亡。夫人之出处、去就、进退、取与，贵当其义理耳。出处、去就、进退、取与，而违乎义理，则非人之出处、去就，进退，取与矣。自内言之，人之所以受名利之诱，而演出千百之伪状者亦一。一者何？心伪而已。张甑山曰："为人须为真人，毋为假人。"朱子④曰："是真虎必有风。"真人必有四端之心："心不在焉，视而不见，听而不闻，食而不知其味。"故人而心伪，则耳目口舌俨然人也，而实假人矣。孔子曰："恶乎成名？"谓其无以成真人之名也。

　　天下非真小人之为患，伪君子之为患耳。真小人，人得而知之，人得而避之，并得而去之。伪君子服尧之服，诵尧之言，而处心积虑，设阱伏机，则桀纣也。桀纣，汤武得而诛之也。桀纣而尧，则虽善实恶，虽恶而难以罪之也；虽是实非，虽非而难以攻之也；真中藏假，虽假而难以察之也。博尧之名，而无尧之艰；享桀纣之利，而无桀纣之祸。无人非，无物议，伪君子以此自鸣，世人以此相隐慕。一家行之而家声伪，一国行之而国风伪，行之既久而世俗伪。嗟夫！真小人之为患，深之不过数世，浅则殃及其身而已；伪君子则直酿成伪家声、伪国风、伪世俗，灾及万世而不可穷。故曰："乡愿，德之贼也！"孔子恶似而非，恶乎此也。综天下而论，伪君子惟吾国为最多；统古今而论，伪君子惟今世为最盛。吾国之贫，贫于此也；吾国之弱，弱于此也；吾国多外患，患于此也；吾国多内乱，乱于此也。读者疑吾言之骇乎？他姑不论，使吾总统之神武大略，国会之济济多才，苟于公诚一端，稍加之意，同心同德，以戮力国事，则中国不其大有为乎？不以公诚使其才与势，此其宵旰忧劳，所以鲜补于国计民生也。诗云："君子如怒，乱庶遄已。"孟子⑤曰："文王⑥一怒而安天下之民。"吾政府对于年来内乱，亦既赫赫斯怒，然而平乱而乱不平，安民而民不安，毋亦能怒而不能真文王、真君子之怒乎？呜呼！真人不出，如苍生何？

　　著者曰：吾十八以前，只知恶人之为伪，不知恶己之有时亦为伪，且每以得行其伪为得计。呜呼，误矣！自入本校，渐知自加检点。然初一二年中，致力于文科之学，未暇在受用学问上加功。虽时有道学演说，心不在焉，故诚心终不伪心胜。入大学后，暇时辄取《新约》⑦展阅之，冀得半言片语以益于身心而涤其伪习。读至耶稣责法利赛人徒守旧俗假冒为善一节，恍然自失曰："吾从前所为得毋为法利赛人乎？"触想孔圣亦有"恶似而非"及"乡愿，德之贼也"之言；又痛自深恨曰："吾从前所为，得毋为贼乎？"自后乃痛恶己之为伪，视为伪之我如贼，如法利赛人。自呼为真我，呼为伪之我曰伪我，或曰贼，或曰法利赛人。吾圆颅不鬔为真我与伪我之战场，真我驱伪我不遗余力。伪我虽有时退却，然我之大病根，在喜誉恶毁。名之所在，心即怦然动，伪言行即不时因之而起。事后辄痛悔不安，因思不立定宗旨，徒恃克治，终少进步。龙溪先生⑧曰："自信而是，断然必行，虽遁世不见，是而无闷；自信而非，断然必不行，虽行一不义而得天下，不为。"小子不敏，窃愿持此以为方针。历不破除名利之见，决无不为伪之理。率此行后，纵未能一时肃清伪魔，然较前颇有进步。孟子自言四十不动心，王子⑨自言南都以前尚有些乡愿意思。二贤岂欺我哉？阅历则然耳！夫二贤，一则善养浩然之气，一则善致良知。其立真去伪，尚且若是其难，何况吾辈小子！然其工夫虽困难万状，二贤终有成功之日。吾于是乎且喜将来真我之必胜，而伪我之必可败。其胜其败，是在及早努力，百折不回，在心中建立真主宰，以防闲伪魔。行出一真是一真，谢绝一伪是一伪。譬如淘金，期在沙尽金现，顾可因其难而忽之哉？暑假中，存养省察有得，辑之成篇，意在自勉而兼以勉人也。

【原注】

[甲] 欧阳南野⑩

[乙] 罗念庵⑪

[丙] 王塘南⑫

[丁] 邹南皋⑬

[戊] 顾泾阳⑭

[己] 顾泾凡⑮

【注释】

①本篇原载于1913年11月《金陵光》第5卷第6期及12月《金陵光》第5卷第7期。

②乡愿：《论语·阳货》："乡原，德之贼也。"原通愿，乡愿指乡

里中言行不一，伪善欺世的人。

③仲尼：即孔子。

④朱子：即朱熹。

⑤孟子：即孟轲。

⑥文王：即周文王。

⑦《新约》：《圣经·新约全书》的简称。

⑧龙溪先生：即王畿。

⑨王子：即王守仁。

⑩欧阳南野：即欧阳德。

⑪罗念庵：即罗洪先。

⑫王塘南：即王时槐。

⑬邹南皋：即邹元标。

⑭顾泾阳：即顾宪成。

⑮顾泾凡：即顾允成。

行是知之始①
（1927 年 6 月）

阳明先生说："知是行之始，行是知之成。"我以为不对，应该是"行是知之始，知是行之成。"我们先从小孩子说起，他起初必定是烫了手才知道火是热的，冰了手才知道雪是冷的，吃过糖才知道糖是甜的，碰过石头才知道石头是硬的。太阳地里晒过几回，厨房里烧饭时去过几回，夏天的生活尝过几回，才知道抽象的热。雪菩萨做过几次，霜风吹过几次，冰淇淋吃过几杯，才知道抽象的冷。白糖、红糖、芝麻糖、甘蔗、甘草吃过几回，才知道抽象的甜。碰着铁、碰着铜、碰着木头，经过好几回，才知道抽象的硬。才烫了手又冰了脸，那么，冷与热更能知道明白了。尝过甘草接着吃了黄连，那么，甜与苦更能知道明白了。碰着石头之后就去拍棉花球，那末，硬与软更能知道明白了。凡此种种，我们都看得清楚"行是知之始，知是行之成"。佛兰克林②放了风筝，才知道电气可以由一根线从天空引到地下。瓦特烧水，看见蒸汽推动壶盖，便知道蒸汽也能推动机器。加利里③翁在毕撒斜塔④上将轻重不同的球落下，便知道不同轻重之球是同时落地的。在这些科学发明上，我们又可以看得出"行是知之始，知是行之成"。

《墨辩》⑤提出三种知识：一是亲知，二是闻知，三是说知。亲知是亲身得来的，就是从"行"中得来的。闻知是从旁人那儿得来的，或由师友口传，或由书本传达，都可以归为这一类。说知是推想出来的知识。现在一般学校里所注重的知识只是闻知，几乎以闻知概括一切知识，亲知是几乎完全被揮于门外。说知也被忽略，最多也不过是些从闻知里推想出来的罢了。我们拿"行是知之始"来说明知识之来源，并不是否认闻知和说知，乃是承认亲知为一切知识之根本。闻知与说知必须安根于亲知里面方能发生效力。

试取演讲"三八主义"⑥来做个例子。我们对一群毫无机器工厂劳动经验的青年演讲八小时工作的道理，无异耳边风。没有亲知做基础，闻知实在接不上去。假使内中有一位青年曾在上海纱厂做过几天工作或一整天工作，他对于这八小时工作的运动的意义，必有亲切的了解。有人说："为了要明白八小时工作就要这样费力的去求经验，未免小题大做，太不经济。"我以为天下最经济的事，无过这种亲知之取得。近代的政治经济问题，便是集中在这种生活上。从过这种生活上得来的亲知，无异于取得近代政治经济问题的钥匙。

亲知为了解闻知之必要条件已如上述，现再举一例，证明说知也是要安根在亲知里面的。

《白鼻福尔摩斯》⑦一书里面有一个奇怪的案子。一位放高利贷的被人打死后，他的房里白墙上有一个血手印，大得奇怪，从手腕到中指尖有二尺八寸长。白鼻福尔摩斯一看这个奇怪手印便断定凶手是没有手掌的，并且与手套铺是有关系的。他依据这个推想，果然找出住在一个手套铺楼上的科尔斯人就是这案的凶手，所用的凶器便是挂在门口做招牌的大铁手。

他的推想力不能算小，但是假使他没有铁手招牌的亲知，又如何推想得出来呢？

这可见闻知、说知都是要安根在亲知里面，便可见"行是知之始，知是行之成"。

十六年六月三日

【注释】

①本篇系于 1927 年 6 月 3 日在晓庄学校寅会上的演讲词。第一段原载 1928 年 1 月 15 日《乡教丛讯》第 2 卷第 1 期，题为《行是知之始　知是行之终》。开头引王阳明的话，原为"知是行之始，行是知之终"。第一段结尾的"知是行之成"原为"知是行之终"。1929 年 7 月 30 日《乡教丛讯》第 3 卷第 12 期全文刊载。

②佛兰克林：通译富兰克林。

③加利里：通译伽利略。

④毕撒斜塔：通译比萨斜塔。

⑤墨辩：名，指《墨子》中的《经》上、下和《经说》上、下四篇。

⑥三八主义：即"三八制"（工作 8 小时，学习 8 小时，休息 8 小时）。美国无产阶级为反对资产阶级的残酷剥削，1886 年 5 月 1 日，芝加哥 20 万工人为争取 8 小时工作制举行大罢工，遭到警察的武装镇压。

⑦福尔摩斯：指英国作家柯南道尔（1859—1930）所著侦探小说《福尔摩斯探案》。福尔摩斯为书中的主要人物。

"伪知识"阶级①

（1928 年 1 月）

自从俄国革命以来，"知识阶级"(Intelligentsia)②这个名词忽然引起了世人之注意。在打倒知识阶级呼声之下，我们不得不问一问：什么是知识阶级？知识阶级是怎样造成的？应当不应当把他打倒？这些问题曾经盘旋于我们心中，继续不断的要求我们解答。近来的方向又转过来了，打倒知识阶级的呼声一变而为拥护知识阶级的呼声。我们又不得不问一问：什么是知识阶级？知识阶级是怎样造成的？应当不应当将他拥护？在这两种相反的呼声里面，我都曾平心静气的把这些问题研究了一番，我所得的答案是一致的。我现在要把我一年来对于这些问题考虑的结果写出来，与有同样兴趣的朋友们交换意见。

我们要想把知识阶级研究得明白，首先便须分别"知识"与"智慧"。智慧是生成的，知识是学来的。孟子③说："由射于百步之外也：其至，尔力也；其中，非尔力也。"会射箭的人能百步穿杨。射到一百步的力量是生成的限度；到了一百步还能穿过杨树的一片叶子，那便是学来的技巧了。这就是智慧与知识的分别。又比如言语：说话的能力是生成的，属于智慧；说中国话、日本话、柏林话、拉萨话，便是学成的，属于知识。人的禀赋各不相同，生成的智能至为不齐。有的是最聪明的，有的是最愚笨的。但从最愚笨的人到最聪明的人，种种差别都是渐渐的推上去的。假使我们把一千个人按着聪明的大小排列成行，我们就晓得最聪明的是少数，最愚笨的也是少数，而各人和靠近的人比起来都差不了几多。我们只觉得各个不同，并找不出聪明人和愚笨人中间有什么鸿沟。我们可以用一个最浅近的比方把这个道理说出来。人的长矮也是生成的。我们可以把一千个人依着他们的长矮顺序排列：从长子看到矮子，只见各人渐渐的一个比一个矮；从矮子看到长子，只见各人也是渐渐的一个比一个长。在寻常状态之下，我们找不出一大群的长子，叫做长子阶级；也找不出一大群的矮子，叫做矮子阶级。我们在上海的大马路上或是在燕子矶关帝庙会里仔细一望，就可以明白这个道理。从人之长矮推论到人之智愚，我们更可明白生成之智慧只有渐渐的差别，没有对垒的阶级。智慧既无阶级，自然谈不到打倒、拥护的问题。

其次，我们要考察知识的本身。知识有真有伪。思想与行为结合而产生的知识是真知识。真知识的根是安在经验里的。从经验里发芽抽条开花结果的是真知灼见。真知灼见是跟着智慧走的。同处一个环境，同等的智慧可得同等的真知灼见。智慧是渐渐的相差,所以真知灼见也是渐渐相差。智慧既无阶级,真知识也就没有阶级。俗语说:"三百六十行,行行出状元。"真知识只有直行的类别,没有横截的阶级。各行的人有绝顶聪明的,也有绝不中用的。但在他们中间的人,智力上的差别和运用智力取得之真知识的差别都是渐渐的,都是没有阶级可言。倘使要把三百六十行的"上智"联合起来,称为知识阶级,再把三百六十行的"下愚"联合起来,称为无知识阶级,那就是一件很勉强很不自然的事了。

照这样说来,世界上不是没有知识阶级了吗?不,伪知识能成阶级!什么是伪知识?不是从经验里发生出来的知识便是伪知识。比如知道冰是冷的,火是热的是知识;小孩儿用手摸着冰便觉得冷,从摸着冰而得到"冰是冷的"的知识是真知识;小孩儿单用耳听见妈妈说冰是冷的而得到"冰是冷的"的知识是伪知识。小孩儿用身靠近火便觉得热,从靠近火而得到"火是热的"的知识是真知识;小孩子单用耳听妈妈说火是热的而得到"火是热的"的知识是伪知识。有人在这里便起疑问:"如果样样知识都要从自己经验里得来,岂不是麻烦得很?人生经验有限,若以经验范围知识,那末所谓知识岂不是也很有限了吗?没有到过热带的人,就不能了解热带是热的吗?没有到过北冰洋的人,就不能了解北冰洋是冷的吗?"这些疑问是很重要的,我们必须把他们解答清楚,方能明了真知识与伪知识的分别。我只说真知识的根是要安在经验里,没有说样样知识都要从自己的经验上得来。假使我们抹煞别人经验里所发生的知识而不去运用,那真可算是世界第一个大呆子。我们的问题是要如何运用别人经验里所发生的知识使他成为我们的真知识,而不要成为我们的伪知识。比如接树:一种树枝可以接到别一种树枝上去使他格外发荣滋长,开更美丽之花,结更好吃之果。如果把别人从经验发生之知识接到我们从自己经验发生之知识之上去,那末,我们的知识必可格外扩充,生活必可格外丰富。我们要有自己的经验做根,以这经验所发生的知识做枝,然后别人的知识方才可以接得上去,别人的知识方才成为我们知识的一个有机体部分。这样一来,别人的知识在我们的经验里活着,我们的经验也就生长到别人知识里去开花结果。至此，别人的知识便成了我们的真知识。其实，他已经不是别人的知识而是自己的知识了。倘若对于某种知识，自己的经验上无根可找，那末无论如何勉强，也是接不活的。比如在厨房里烧过火的人，或是在火炉边烤过火的人，或是把手给火烫过的人，便可以懂得热带是热的；在冰房里呆过的人，或是在冰窖里呆过的人，或是做过雪罗汉的人，便可以懂得北冰洋是冷的。对于这些人，"热带是热的，北冰洋是冷的"虽从书本上看来，或别人演讲时听来，也是真知识。倘自己对于冷热的经验丝毫没有，那么，这些知识虽是学而时习之，背得熟透了，也是于他无关的伪知识。

知识的一部分是藏在文字里，我们的问题又成为："什么文字是真知识？什么文字是伪知识？"经验比如准备金，文字比如钞票。钞票是准备金的代表，好一比文字是经验的代表。银行要想正经生意必须根据准备金去发行钞票。钞票是不可滥发的。学者不愿自欺欺人，必须根据经验去发表文字。文字是不可滥写的。滥发钞票，钞票便不值钱；滥写文字，文字也不值钱。欧战后，德国马克一落千丈，当时有句笑话，说是"请得一席客，汽车载马克"。这句话的意思是马克纸币价格跌的太低，寻常请一席酒要用汽车装马克去付账。这是德国不根据准备金而滥发纸币之过。滥发钞票，则虽名为钞票，几是假钞票。吾国文人写出了汗牛充栋的文字，青年学子把他们在脑袋子里都装满了，拿出来，换不得一肚饱。这些文字和德国纸马克是一样的不值钱，因为他们是在经验以外滥发的文字，是不值钱的伪知识。

我国先秦诸子如老子④、孔子⑤、孟子、庄子⑥、墨子⑦、杨子⑧、荀子⑨等都能凭着自己的经验发表文字，故有独到的议论。他们好比是根据自己的准备金发可靠的钞票。孔子很谦虚，只说"述而不作，信而好古"，自居为根据古人的准备金为古人清理钞票，他只承认删诗书，定礼乐，为取缔滥发钞票的工作。孟子虽是孔家的忠实行员，但心眼稍窄，只许孔家一家银行存在，拚命的要打倒杨家、墨家的钞票。汉朝以后，学者多数靠着孔子的信用，继续不断的滥发钞票，甚至于又以所滥发的钞票做准备库，滥上加滥的发个不已，以至于汗牛充栋。韩文公⑩的脾气有些像孟子，他眼看佛家银行渐渐的兴旺，气愤不过，恨不得要拚命将他封闭，把佛家银行的行员杀得干干净净。他至今享了"文起八代之衰"的盛名，但据我看来，所谓"文起八代之衰"只是把孔家银行历代经理所滥发的钞票换些新票而已，他又乘换印新票的时候顺带滥发了些新钞票。程、朱、陆、王⑪纵有许多贡献及不同的地方，但是他们四个人大部分的工作还是根据孔、孟合办银行的招牌，和从前滥发的钞票去滥发钞票。他们此时正与佛家银行做点汇兑，所以又根据佛家银行的钞票，去滥发了些钞票。颜习斋⑫看不过眼，谨慎的守着孔家银行的准备库，一方面大声疾呼的要严格按着准备金额发行钞票，一方面要感化佛家银行行员使他无形解体。他是孔家银行里一位最忠实的行员，可是他所谨守的金库里面有许多金子已经上锈了。等到八股⑬发达到极点，朱注的"四书"⑭被拥护上天的时候，全国的人乃是以朱子所发的钞票当为准备金而大滥特滥的去发钞票了。至此，中国的知识真正濒于破产了。吴稚晖先生劝胡适之先生不要迷信整理国故，自有道理。但我觉得整理国故如同清理银行账目一样，是有他的位置的。我们希望整理国故的先生们经过很缜密的工作之后，能够给我们一本报告，使我们知道国故银行究有几多准备金，究能发行多少钞票，哪些钞票是滥发的。不过他们要谨慎些，千万不可一踏进银行门，也去滥发钞票。如果这样，那这笔帐更要糊涂了。总括一句：只有从经验里发生出来的文字才是真的文字知识，凡不是从经验里发生出来的文字都是伪的文字知识。伪的文字知识比没有准备金的钞票还要害人，还要不值钱。

伪的知识，伪的文字知识既是害人又不值钱，那末，他如何能够存在呢？产生伪知识的人，应当连饭都弄不到吃，他们又如何箍成阶级呢？伪知识和伪钞票一样，必须得到特殊势力之保障拥护才能存在。"伪知识"阶级是特殊势力造成的，这特殊势力在中国便是皇帝。

创业的皇帝大都是天才。天才忌天才是很自然的一件事。天下最厉害的无过于天才得了真知识。如果政治的天才从经验上得了关于政治的真知灼见，谁的江山也坐不稳。做皇帝的人，特别是创业之主，是十分明了此中关系的，并且是一百分的不愿意把江山给人夺去。他要把江山当作子孙万世之业，必得要收拾这些天才。收拾的法子是使天才离开真知识去取伪知识。天才如何就他的范围、进他的圈套呢？说来倒很简单。皇帝引诱天才进伪知识的圈套有几个法子。一、照他的意旨在伪知识上用功，便有吃好饭的希望。俗话说"只有穷秀才，没有穷举人"，伪知识的工夫做得愈高愈深，便愈能解决吃饭问题。二、照他的意旨在伪知识上用功，便有做大官的希望。世上之安富尊荣，尽他享受。中了状元还可以做驸马爷，娶皇帝的女儿为妻。穿破布烂棉花去赴朝考的人，个个都有衣锦回乡的可能。三、照他的意旨在伪知识上用功，便有荣宗耀祖的希望。这样一来，全家全族的人都在那儿拿着鞭子代皇帝使劲赶他进圈套了。倘使他没有旅费，亲族必定要为他凑个会，或是借钱给他去应试。倘使他不去，又必定要用"不长进"一类的话来羞辱他，使他觉得不去应试是可耻的。全家全族的力量都做皇帝的后盾，把天才的儿孙像赶驴子样一个个的赶进皇帝的圈套，天下的天才乃没有能幸免的了。

　　"伪知识"阶级不是少数人可以组织成功的。有了皇帝做大批的收买，全社会做这大批生意的买办，个人为名利权位所诱而不能抵抗出卖，"伪知识"阶级乃完全告成。依皇帝的目光看来，这便是"天下英雄，尽入我彀中"。雄才大略的帝王个个有此野心，不过唐太宗口快，无意中把他说破罢了。最可叹的是皇帝手段太辣：一方面是积极的推重伪知识，所谓"满朝朱紫贵，尽是读书人"一类的话，连小孩都背熟了；一方面是消极的贱视伪知识以外的人，所谓"万般皆下品，惟有读书高"，又是从娘胎里就受迷的。所以不但政治天才入了彀，七十二行，行行的天才都入了他的圈套了。天才是遗传的，有其父必有其子。老子进了圈套，儿子、孙子都不得不进圈套。只要"书香之家"四个大字，便可把全家世世代代的天才圈入"伪知识"阶级。等到八股取士的制度开始，"伪知识"阶级的形成乃更进一步。以前帝王所收买的知识还夹了几分真，等到八股发明以后，全国士人三更灯火五更鸡去钻取的知识，乃是彻底不值钱的伪知识了。这种知识除了帝王别有用意之外，再也没有一人肯用钱买的了；就是帝王买去也是丝毫无用，也是一堆一堆的烧去不要的。帝王是醉翁之意不在酒，他哪里是收买伪知识，他只是用名利、权位的手段引诱全国天才进入"伪知识"

的圈套，成为废人，不能与他的儿孙争雄罢了。

这些废人只是为"惜字炉"继续不断的制造燃料，他们对于知识的全体是毫无贡献的。从大的方面看，他们是居于必败之地。但从他们个人方面看，却也有幸而成的与不幸而败的之分别。他们成则为达官贵人，败则为土豪、劣绅、讼棍、刀笔吏、教书先生。最可痛心的，就是这些废人应考不中，只有做土豪、劣绅、讼棍、刀笔吏、教书先生的几条出路。他们没有真本领赚饭吃，只得拿假知识去抢饭吃，骗饭吃。土豪、劣绅、讼棍、刀笔吏之害人，我们是容易知道的；教书先生之害人更广、更深、更切。我们是不知道的。教书先生直接为父兄教子弟，间接就是代帝王训练"伪知识"阶级。他们的知识，出卖给别人吧，嫌他太假；出卖给皇帝吧，又嫌他假得不彻底。不得已，只好拿来哄骗小孩子。这样一来，非同小可，大书呆子教小书呆子，几乎把全国中才以上的人都变成书呆子了，都勾引进伪知识阶级了。伪知识阶级的势力于是乎雄厚，于是乎牢不可破，于是乎继长增高，层出无穷。

皇帝与民争，用伪知识来消磨民间的天才，确是一个很妙的计策。等到民间的天才消磨已尽，忽然发生了国与国争，以伪知识的国与真知识的国抗衡，好一比是拿鸡蛋碰石头，那有不破碎的道理！鸦片之战，英法联军之战，甲午之战，没有一次幸免，皇帝及大臣才明白伪知识靠不住，于是废八股，兴学堂，这未始不是一个转机。但是政权都操在"伪知识"阶级手中，他们哪会培养真知识？他们走不得几步路，就把狐狸尾巴拖出来了。他们自作聪明的把外国的教育制度整个的抄了一个来。他们曾用眼睛、耳朵、笔从外国贩来了些与国情接不上的伪知识。他们把书院变成学堂，把山长改为堂长⑮。"四书"用不着了，一律换为各种科学的教科书。标本、仪器很好看，姑且拣那最好看的买他一套，在玻璃柜里陈列着，可以给客人参观参观。射箭很不时髦，要讲尚武精神，自须学习兵操。好，他们很信他们的木头枪真能捍国卫民咧！这就算是变法！这就算是维新！这就算是自强！一般社会对于这些换汤不换药的学堂却是大惊小怪，称他们为洋学堂，又称学堂里的学生为洋学生。办学的苦于得不到学生，于是除供饭食发零用外，还是依旧的按着学堂等级给功名：小学堂毕业给秀才；中学堂毕业给贡生；高等学堂毕业给举人；大学堂学生给进士；外国留学回来的，赴朝考及第给翰林点状元。社会就称他们为洋秀才、洋贡生、洋举人、洋进士、洋翰林、洋状元。后来废除功名，改称学士、硕士、博士等名目，社会莫名其妙了。得到这些头衔的人还是仍旧用旧功名翻译新功名，说是学士等丁秀才，硕士等于举人，博士等于翰林，第一名的博士便是从前的状元。说的人自以为得意，听的人由羡慕而称道不止，其实这还不是穿洋装的老八股吗？穿洋装的老八股就是洋八股。老八股好比是根据本国钞票发行的钞票；洋八股好比是根据外国钞票去发行的钞票，他们都是没有准备金的假钞票。洋八股和老八股虽有新旧之不同，但同不是从经验里发生的真知识，同是不值钱的伪知识。从中国现在的情形看来，科学与玄学⑯之争，只可说是洋八股与老八股之争。书本的科学，陈列的实验，岂能当科学实验之名。他和老八股是同样无用的东西。请看三十年来的科学，发明在哪里？制造在哪里？科学客倒遇见不少，真正的科学家在哪里？青年的学子：书本的科学是洋版的八股，在讲堂上高谈阔论的科学客，与蒙童馆里的冬烘先生⑰是同胞兄弟，别给他们骗走了啊！

所以中国是有"伪知识"阶级。构成中国之伪知识阶级有两种成分：一是老八股派，二是洋八股派。这个阶级既靠伪知识骗饭吃，不靠真本领赚饭吃，便没有存在的理由。

这个阶级在中国现状之下已经是山穷水尽了。收买伪知识的帝王已经消灭，再也找不出第二个特殊势力能养这许多无聊的人。但因为惰性关系，青年们还是整千整万的向着这条死路出发，他们的亲友仍旧是拿着鞭儿在后面使劲的赶。可怜得很，这些青年个个弄得焦头烂额，等到觉悟回来，不能抢饭的便须讨饭。伪知识阶级的末路已经是很明显了，还用得着打倒吗？又值得拥护吗？

但是一班狡猾的"伪知识"者找着一个护身符，这护身符便是"读书"两个字。他们向我们反驳说："书也不应当读了吗？"社会不明白他们葫芦里卖的是什么药，也就随声附和的说："是啊！书何能不读呢！"于是"读书不忘救国，救国不忘读书"，便成了保障伪知识阶级的盾牌。所以不把"读书"这两个字说破，伪知识阶级的微生物便能在里面苟延残喘。我们应当明白，书只是一种工具，和锯子、锄头是一样的性质，都是给人用的。我们与其说"读书"，不如说"用书"。书里有真知识和伪知识，读他一辈子，不能辨别他的真伪；可是用他一下，书的本来面目便显了出来，真的便用得出去，伪的便用不出去，也如同真的锯子才能锯木头，真的锄头才能锄泥土，假的锯子、锄头一用到木头、泥土上去就知道他不行了。所以提到书便应说"用书"，不应说"读书"，那"伪知识"阶级便没得地方躲了。与"读书"联成一气的有"读书人"一个名词。这个名词，更要不得。假使书是应当读的，便应使人人有书读。决不能单使一部分的人有书读，叫做读书人；又一部分的人无书读，叫做不读书人。比如饭是应当吃的，应使人人有饭吃。决不能使一部分的人有饭吃，叫做吃饭的人；又一部分的人无饭吃，叫做不吃饭的人。从另一方面看，只知道吃饭，不成饭桶了吗？只知道读书，不成为有脚可以走路的活书架子了吗？我们为避免堕入伪知识阶级的诡计起见，主张用书不主张读书。农人要用书，工人要用书，商人要用书，兵士要用书，医生要用书，律师要用书，画家要用书，教师要用书，音乐家要用书，戏剧家要用书，三百六十行，行行都要用书。行行都成了用书的人，真知识才愈益普及，愈能发现了。书是三百六十行的公物，不是读书人所能据为私有的。等到三百六十行都是用书人，读书的专利营业便完全打破，读书人除非改行，便不能混饭吃了。这个日子已经来到，大家还不觉悟，只有死路一条。凡受过中国新旧教育的人，都免不了有些"伪知识"的成分和倾向。为今之计，我们应当痛下四个决心：

一、从今以后，我们应当放弃一切固有的伪知识；

二、从今以后，我们应当拒绝承受一切新来的伪知识；

三、从今以后，我们应当制止自己不要再把伪知识传与后辈；

四、从今以后，我们应当陪着后起的青年共同努力去探真知识的泉源。

最后，我要郑重的说：二十世纪以后的世界，属于努力探获真知识的民族。凡是崇拜伪知识的民族，都要渐就衰弱以至于灭亡。三百六十行中决没有教书匠、读书人的地位，东西两半球上面也没有中华书呆国的立足点。我们个人与民族的生存都要以真知识为基础。伪知识是流沙，千万不可在他上面流连忘返。早一点觉悟，便是早一点离开死路，也就是早一点走向生路。这种生死关头，十分显明，绝无徘徊迟疑之余地。起个取真去伪的念头，是走向生路的第一步。明白伪知识的买主已经死了永不复生并且绝了种，是走向生路的第二步。以做"读书"人或"读书"先生为最可耻，是走向生路的第三步。凡事手到心到——在劳力上劳心，便是骑着千里驹在生路上飞跑了。

【注释】

①本篇的最后两段曾以《读书人》为题刊载于 1928 年 1 月 31 日《乡教丛讯》第 2 卷第 2 期。

②知识阶级 (Intelligentsia)：即知识界或知识分子的总称。把知识分子称为"知识阶级"是五四运动时期的叫法。

③孟子：即孟轲。

④老子：即老聃。

⑤孔子：即孔丘。

⑥庄子：即庄周。

⑦墨子：即墨翟。

⑧杨子：即杨朱。

⑨荀子：即荀况。

⑩韩文公：即韩愈。

⑪程、朱、陆、王：程，即程颐与程颢兄弟，合称"二程"。朱，即朱熹。陆，即陆九渊。王，即王守仁。

⑫颜习斋：即颜元。

⑬八股：明清科举考试制度所规定的文体。全篇由破题、承题、起讲、入手、起股、中股、后股、束股八部分组成。"入手"后的四部分才是正式议论，以"中股"为全篇的重心。这四部分中各有两段对偶文字，共八股，

所以叫八股文。其题材内容，限于四书五经，不许作者自由发挥，字数也有严格规定。用八股文取士的科举制度束缚人们的思想，阻碍科学文化的发展。

⑭朱注的"四书"：指朱熹注的《四书章句集注》，包括《大学章句》一卷，《中庸章句》一卷，《论语集注》十卷，《孟子集注》七卷。朱熹在书中按其唯心主义理学的观点，对四书做了系统的注释。宋以后被历代封建统治者规定为必读的教科书。

⑮山长：元代书院设山长，讲学之外，并总领院务，清乾隆时改名院长，清末仍名山长；堂长，清末创设各级各类学堂后，设堂长总理校务、教务。

⑯玄学：指魏晋时期主要的哲学思潮。它以宣传《老子》的"玄而又玄，众妙之门"而得名。玄学主张"以无为本"，认为世界的本源是"无"，万事万物都是"无"所派生的。宣扬"无为而治"。

⑰冬烘先生：指思想迂腐、学识浅陋的教师。

行知行①
（1934 年 7 月）

谢育华先生看了《古庙敲钟录》之后对我说："你的理论，我明白了，是'知行知'。知行底下这个知字是安得何等有力！很少的人能喊出这样生动的口号。"我向他表示钦佩之意之后，对他说："恰恰相反。我的理论是，'行知行'。"他说："有了电的知识，才去开电灯厂；开了电灯厂，电的知识更能进步。这不是知行知吗？"我说："那最初的电的知识是从哪里来的？是像雨一样从天上落下来的吗？不是。是法拉第、爱迪生几个人从把戏中玩出来的。说得庄重些，电的知识是从实验中找出来的。其实，实验就是一种有目的、有计划、有组织、有步骤、有创意的把戏。把戏或实验都是一种行动。故最初的电的知识是由行动中得来。那么，它的进程是'行知行'，而不是'知行知'。"

"既是这样说，你就应该改名了。挂着'知行'的招牌，卖的是'行知'

的货物，似乎有些不妥。"

改名！我久有此意了。在二十三年前，我开始研究王学②，信仰知行合一的道理，故取名"知行"。七年前，我提出"行是知之始，知是行之成"的理论，正与阳明先生的主张相反，那时以后，即有顽皮学生为我改名，常称我"行知吾师"。我很乐意接受。自去年以来，德国朋友卫中先生，即傅有任先生，每每欢喜喊我"行知"。他说："中国人如果懂得'行知'的道理而放弃'知行'的传统思想，才有希望。"近来有些人常用"知行"的笔名在报纸上发表文字，我不敢夺人之美，也不愿代人受过。本来，"知行"二字，不是我姓陶的所得据为私有。我现在所晓得的，在中国有黄知行先生，熊知行先生，在日本有雄滨知行先生，还有几位无姓的知行先生。知行队中，少我一个，也不见得寂寞，就恕我退出了吧。我对于二十三年来天天写、天天看、天天听的名字，难免有些恋恋不舍，但为求名实相符，我是不得不改了。

【注释】

①本篇发表时，署名为陶行知，此后即改知行为行知。原载于 1934 年 7 月 16 日《生活教育》第 1 卷第 11 期"行知行闲谈"栏，这个栏目是从这一期开始的。

②王学：王阳明（守仁）的学说。

文化思想

文言白话又一战[①]

（1934 年 5 月）

最近一个月来，出现了好几篇文言白话之争论。一篇是汪懋祖先生所写，题为《禁习文言与强令读经》，主张小学高级必参用文言文，初中必读《孟子》。吴研因先生出来反驳，写了一篇《辟小学参用文言初中必读孟子及指斥语体文诸说》。汪先生又写了一篇《中小学文言运动》，除了回驳吴先生言论之外，并指斥新国语教本不健全。接着就是吴先生发表的《读中小学文言运动后声明》。后来又有柳诒徵先生响应汪先生所写的《小学国语教材之疑问》，对现行国语教科书大施攻击。最后又读到文学社未发表之《大众语文学运动宣言草案》，这宣言说：我们现在的问题已经不是离开社会意识，空空洞洞的争论文白的问题。读了这几篇文章之后，我也想说几句话。我的主张是：一切公立学校，都应该教白话文，不应该教文言文；凡合乎现在社会需要的文言文，都应该翻成白话文。

中国现在几个大问题之一，便是普及教育：普及大众教育，普及儿童教育。负了这个重大使命而能完成这个重大使命的，便是一千万有资格做小先生的中小学生。小先生必须学白话文，因为白话文容易学，容易教。如果改用文言文，小先生失了效用，中国教育再等一百年也不得普及。故为小先生普及教育运动着想，我们反对中小学校采用文言文。

从前中学以上学校采用文言文，是根据一种似是而非的人才教育论，以为士大夫便是人才，能读古书便是人才。殊不知人才的新解释，是抱有学术为大众除痛苦谋幸福的人。这种人才所说的话，是大众能懂的话；所写之文，是大众能懂之文。故培养学术人才的学校所应该注重的，也是大众能懂的白话文，非大众不能懂的文言文。今日之学校名为造就人才，是在造就三种人，一是少爷，二是小姐，三是蛀书虫。少爷小姐，有的是空闲，学文言文也好，学白话文也妙。文言文可以当做绣花鞋穿，白话文可以当做高跟皮鞋套。绣花鞋也好，高跟皮鞋也妙，他们爱穿什么就穿什么，用不着我们多嘴。只有那蛀书虫，倒非文言文不可。因为文言文汗牛充栋，可以给他们大蛀特蛀。白话文可蛀的太少，不够味，徒子徒孙不多，很寂寞。这些人提倡文言文，自有不得已的苦衷。少爷小姐蛀书虫要想繁殖，可以用他们的私款创办几所私立学校提倡文言文。大众血汗钱所办的公立学校，不该偏重少爷小姐蛀书虫之所好，这里面只该教大众所需要的东西！其中之一件，便是白话文。大众的要求，儿童的要求，新人才的要求，都是逼着白话文进展，而不让文言文复辟。

【注释】

①本篇原载于1934年6月《生活教育》第1卷第9期。1934年5月，鲁迅、陈望道、胡愈之、叶圣陶等人，针对"复兴文言"的逆流发动了大众语运动。这是五四时期文白论战的继续与发展。陶行知积极参加了这场论战，提出"大众语与大众文必须合一"的主张。他是提倡大众语的《太白》半月刊的特约撰稿人之一，也是推行手头文字（简化汉字）的一位发起人。

大众语文运动之路①

（1934年7月）

胡愈之先生所下之大众语之解释很好，我想提出两个字的修正。大众语是代表大众前进意识的话语，大众文是代表大众前进意识的文字。

大众语与大众文必须合一：在程度上合一，在需要上合一，在意识上合一。

大众语文适合大众的程度、需要和意识时，在大众本身所起的反应是高兴。所以大众语文是大众高兴说，高兴听，高兴写，高兴看的语言文字。这高兴的境界便是艺术的境界。

一个月前，我从一家电影公司里，借得一卷电影片子，送到乡下去公映。我们想在公映前几天教农人读说明书。这说明书虽是用白话文写的，但是乡下小先生不会教，农人也读不来。我只好重新写一篇说明书来教大家。这工作是不容易的，我一连换了几次稿才勉强写成。据小先生说，我最后写成的说明书，还嫌太深。但比了电影公司的原稿是浅了十倍也不止。这个例子说明现在通行的白话文，只是把文言文的"之乎者也"换了"的吗啊呀"，夹了一些外国文法和一些少爷小姐新士大夫的意识造成的。这种白话文，写起来，大众看不懂，读起来，大众听不懂。我们可以看出在中国文学运动里是有一个大黑幕：白话文不与大众语合一。

大众是过着符号贫穷的生活，但是他们需要符号是铁打的事实。老太婆用绳结记账，农夫刻树皮抒情，野孩子写王八旦骂人，民众学校学生用注音字母代替他所不会写的字。这种需要更可以用一个故事来说明。从前有一位妇人寄了一封信给她的丈夫，丈夫打开一看，纸上画的是"○○○○○○○○○○○○○○○○○○"。

丈夫看不懂。一位聪明人把他夫人所画的圈中秘密指点他说："欲寄相思无从寄，画几个圈儿替。单圈儿是我，双圈儿是你。圆圈儿是团圆，破圈儿是别离。还有说不尽的心思，把一路的圈儿圈到底。"

这些例子，指示出大众的生活中是有一个大缺憾。大众没有取得够用的思想的符号，情感的符号，行动的符号。总而言之，没有取得充分的生活的符号。大众的符号是和大饼一样的贫乏。剥削大众的大饼的人是同时独占了大众生活所需要的符号。

照这样看来，大众语文运动是有两条大路可走：

（一）知识分子参加大众生活，在大众语演进的基础上努力写作语文合一的大众文；

（二）将生活符号普及于大众，使大众自己创造出语文合一的大众文。

知识分子要想写大众文必须先学大众语,他必须拜大众做老师。不够!他必须钻进大众的生活里去,与大众共生活共甘苦。他必须是大众队伍里的一位战士。等到自己的生活与大众的生活打成一片,然后他才能领略大众生活之酸甜苦辣;然后他写大众便是写自己,写自己便是写大众。如果他不屑拜大众做老师,不屑在大众的队伍里做一个小兵,他决写不出好的大众文。

拿什么符号来向大众普及?汉字呢?注音字母呢?拼音文呢?我的建议是三管齐下:汉字要教;注音字母要教;用注音字母拼成大众文更要教。

汉字是士大夫的法宝,大众必须认得这法宝,才能看破士大夫的神秘。能教汉字的人有八千万。汉字的本身虽难学,但是能教这符号的人如此之多,是推广运动的一个大便利。我以为汉字只要认得就够了。帮助大众认识汉字的一个方法,便是注音字母。有了注音字母,大众可以自动去用字典,认生字,追求新知识。但是我们不能停顿在这里。我们必须立刻教导大众运用注音字母记录自己的思想、情感、行动。我们必须立刻教导大众运用字母写大众文。我们教汉字的目的,在使大众认识那被汉字包围的中国;我们教字母的目的,小而言之在帮助多识汉字,大而言之在用秋蝉脱壳之方法创造拼音字来代替汉字,以产生拼音的大众文。

我们做普及文字符号的工作时,应当连带提倡俗写简笔汉字,印写字体合一,国音字母正草合一,以节省学习之时间精力。

中小学校及民众学校之学生,都该做起小先生来,每人至少教两个不识字的人。这样一来,我们便有一千多万有组织的分子,来负起普及符号之重任。再加上八千万识字民众之进一步之培养及总动员,数年之间,必可使大众取得他们生活所必需的符号。

大众得到符号,便能将自己的生活深刻的描写出来。大众的队伍里自有文艺的天才。他们自然而然的会产生出第一流的大众文。

我们把文字符号传给大众的时候,要做一番"滤清"的工作。我们要把时代落伍的意识滤掉,要把麻醉的毒质滤掉,要把古典滤掉,要把洋文法滤掉。我们献给大众的符号是要和没有微生物的清水一样。大众得了这种清水的符号，便能自由的、毫无成见的写出真正的大众文。

我想指出大众语必以一种活语言为基础。中国四分之三的国人能懂的活的语言，便是滤过的北平话。北平话又最好听，好听人就愿意学。因此，北平话实有成为大众语之主要成分之资格。但大众语应当胆量大，凡与大众前进生活有亲切关系之各地土语，甚至于外国话，都可尽量吸收。我们也不必悬一抽象的主观的标准，勉强加以去取。让大众自己去选择好了。不合前进大众的口味的，必归天然淘汰，用不着我们过滤。

抱有前进意识之大众，要领导意识落后之大众，把自己的生活提高起来。把程度提高，把需要、把意识提高。这样，大众语便能继续不断的提高，大众文也就跟着它继续不断的提高了。

【注释】

①本篇原载于 1934 年 7 月 1 日《生活教育》第 1 卷第 10 期，后在同年 7 月 4 日《申报·自由谈》重新发表时作者又增加了最后两段，现将这两段在篇末间隔一行排出。

流通图书馆与普及教育①
（1935 年 12 月）

流通图书馆的意义，只要看一看它的名字就能明白一个大概。从藏书到看书，从看书到借书出去看，这过程是代表了图书馆发展之三阶段，也就代表了普及教育发展之三步骤。让人借书出去看是流通图书馆的特性。但是借给谁看，怎样借法是成了问题。这些问题如果不弄明白，则流通图书馆不免要做成知识分子及有暇阶级的高等听差，负不起普及教育之使命。

一、借给谁看？对于这个问题，我毫不迟疑的说："借给大众看。"识字的借深一点的给他们看；不识字的借图画书给他们看。图画书不够用，就赶紧的要求作者和书店赶紧的编。流通图书馆的对象是大众，它必须为劳苦大众充分的服务，才算是一个真正的流通图书馆。

二、怎样借法？现在穷人借书最大的困难有两点：一是没有钱，二是空闲少。我们必须根据这两点来修改借书手续。平常流通图书馆要保证金，少则五毛，多则一元二元，只是这个条件，已经把穷光蛋赶到门外去了。我提议只要介绍人，不要保证金。有些图书馆还要借书人亲自来借，这在有闲的少爷小姐看来并没有多大困难，但一天忙到晚的大众就觉得为难。这当然要允许别人代借。干这件事最觉得便利的那是无过于小先生了。小先生代替学生借书是一件应当鼓励的事。

现在各省市提倡识字运动，成千成万的大众继续不断的加入到读书的队伍里来。"哪里找书看"成了一个迫切的问题。若不赶紧提倡流通图书馆，这些人将因没有继续读书的机会而把从前读过的书都荒疏了。我心目中的流通图书馆是小规模的。它在拯救文化饥荒的地位看来是一个小饭馆。这种文化小饭馆要普遍的设起来：一镇一个，一村一个，一街一个，一弄堂一个！当然，一县、一市、一乡设一较大规模之流通图书馆，更能收指导、沟通之效。但我所怕的是有了高级的流通图书馆，就忘了低级的流通图书馆，最合理的办法是敷设流通图书网。但与其等待大规模的敷设，不如从小做起。花一二十块钱办一个弄堂或乡村流通图书馆是轻而易举。这是每一位热心提高大众文化水准的人都能做得到的一件事。这样的小小流通图书馆，大众自己就能约几个人凑几块钱办它一个。如果有这样的流通图书馆产生，那是更有意义了。

【注释】

① 本篇原载于 1935 年 12 月 1 日《生活教育》第 2 卷第 19 期。

文化细胞①

（1935 年 5 月 1 日）

一般人只要一提到教育便联想到学校，一提到普及教育便联想到普设学校。他们好像觉得学校是惟一的教育场所，如果要想普及教育便非普设学校不可。倘使没有钱普及四年的学校教育，他们便退一步主张普及一年的学校教育，甚至于退到四个月、两个月、一个月的学校教育。万一不能普及全天的教育，他们想半天、二小时、一小时也是好的，但必须在学校里办。仔细把它考虑一下，这种意见只是一种守旧的迷信。我们若不跳出学校的圈套，则普及现代教育在中国是不可能。我不说学校没有用，但学校之外，我们必须创造一种下层文化的组织，适合大多数人的生活，便利大多数人继续不断的长进，才是有了永久的基础。

我建议要创造一种文化细胞。每一家，每一店铺，每一工厂，每一机关，每一集团组成一个文化细胞。这种细胞里的分子有两种：一是识字的，一是不识字的。我们叫每一个细胞里的识字分子教导不识字分子，说得正确些，我们要叫识字分子取得现代知识精神，连文字一同教给不识字的分子。这样一来，每个文化细胞里的分子都能继续不断的长进。任何文化细胞里倘若识字分子过剩，可以分几个出去，帮助缺少识字分子的细胞。这种文化细胞在山海工学团范围以内叫做工学队，为工学团最下层之组织单位。俞塘②称它为生活教育团，安徽省会称它为普及教育团。有人建议称它为自学团或共学团。名字不同，无关重要，但他们有一点相同，便是感到专靠学校来普及教育在中国是很勉强，不易做到；即使做到了，也是一种短命教育，没有久远的长进。所以要在学校之外创出一种较为自然之组织来救济，不但要谋教育之普及，并要谋所普及之教育得以继长增高。他们用得着学校的地方，不妨先开一个学校。铺中、家中连一个识字的人也没有的地方，不妨叫每家每铺先派一人每天来校学半小时或一小时，再依即知即传之原则，把各个文化细胞成立起来。

普及教育动员令一下，有暇进学校的，尽可进学校；无暇进学校的，在自己家里、店里、工厂里及任何集团里创起文化细胞来共谋长进。文化细胞成立后，必须向负责学校或教育行政机关注册。凡在文化细胞里自谋长进的，可以不进学校；凡在学校里求学的，必须常回到他的文化细胞里来尽义务教人。

学校是文化的旅馆，只能暂住而不可以久留。自学团、共学团、普及教育团、生活教育团或工学团下之工学队，才是文化之活细胞。

【注释】

①本篇在《晨报·普教周刊》发表时，题为《文化细胞之创造》，载于 1935 年 5 月 1 日《生活教育》第 2 卷第 5 期时用现题。

②俞塘：指当时上海县的俞塘民众教育馆。

文化网①

（1935 年 5 月 16 日）

文化细胞虽是最下层的组织，但是光棍的细胞是没有多大用处，我们必须把一个个的"文化细胞"联合起来，结成一个文化网。在都市里，每一铺户里的识字者与不识字者组织一个生活教育团，继续不断的共同教学做，便成了一个"文化细胞"。有了这个"文化细胞"的组织，这一铺户里的人便可以活到老做到老，教到老学到老。如果一条街上之"文化细胞"都联了起来，成了一街的文化组织，再进一步，一区的街文化组织都联了起来，成了一区的文化组织，以至全市的文化组织，那便是有了文化网的作用了。我们可以称它为街文化网、区文化网、市文化网。乡下的可以称为村文化网、乡文化网等等。

"文化网"的目的，无论在乡下或是在城里，都是要把单个的"文化细胞"联合一气，把它范围里面的人一齐捞到时代的岸上来，不使一个漏掉。"文化网"对于"文化细胞"负有两种使命。一是培养新的"文化使者"去创造新的"文化细胞"。例如这一条街上或这一个村里，有一半的人家家里没有识字的人，我们就可以叫每一家派一个人来，一面学，一面回到家里去创造新的"文化细胞"。二是从外界吸收新血液，向着范围内的每一个"文化细胞"继续不断的灌注进去，使它们可以继续不断的生长。例如某街某村之"文化网"，必得运用说书、滩簧②、留声机等等，把"文化细胞"的分子，每星期号召来开一次会，以摩擦出来新的精神。范围较大的区域，更可运用演戏、电影、无线电话来号召。我们要寓教育于娱乐，才能发挥这"文化网"的作用。如果到会的人觉得是单单来受测验或是受训练，不久将要变成一桩枯燥无味的事情，大家都要望而生畏了。

文化细胞是基本的组织；文化网是有提纲挈领的作用。从事普及教育者必须兼筹并顾，方能发生广大深刻的效力。

【注释】

①本篇原载于 1935 年 5 月 16 日《生活教育》第 2 卷第 6 期。

②滩簧：一种地方曲艺。

白话文与大众文①

（1936 年 1 月）

昨天在商务印书馆②里把《胡适论学近著》翻了一翻，内面有一篇文章引起了我的注意。这篇文章的题目是：大众语在哪儿？这个我可以简单的说一句：大众语在大众的嘴巴上。胡先生或者要驳我说：白话不也是嘴巴讲的吗？这个我又可以简单的说一句：白话在小众的嘴巴上。说得正确些，白话已经从小众的嘴巴跳到小众的笔头上去了。近年来的白话诗和白话文，嘴巴念起来，连小众也听不懂。胡先生又可以说：这不是一个语言文字的问题，只是一个技术的问题。他并且具体的指出一个方法，说：我们如果真有心做大众语的文章，最好的训练是时时想象自己站在无线电发音机面前向那绝大多数的农村老百姓说话，要字字句句他们都听得懂。用一个字不要忘了大众，造一句句子不要忘了大众，说一个比喻不要忘了大众。这样训练的结果，自然是大众语了。这个我有三点意思要说。第一点是语言。小众说"结婚"，大众说"做亲"；小众说"恋爱"，大众说"轧姘头"。我们能说这种分别是毫无问题吗？第二点是文字。大众语只有拼音的新文字③才可以把它忠实的写出来。汉字是没有这个本领，汉字难写难认。它是普及大众教育最大的障碍物。我们不能靠它来提高大众的文化。我们要想建设大众文，必须采取那容易认、容易写、容易学的拼音新文字。有了拼音新文字，大众自己就可以根据大众语和前进大众意识来创造大众高兴看、高兴读、高兴听的大众文。新文字拿在手里，大众自己就能产生文化粮食。他们再不至于做文化饿鬼，也不至于做文化乞丐，也不至于苦苦的哀求小众拿吃不了的文化面包来赈济他们了。到那时，大众的队伍里自然有他们的诗人和科学家了。第三点是技术。胡先生所指示我们的方法是不够的，也可以说是错误的。他叫我们写文章的时候要想象大众在面前，不要忘了大众……都是唯心论的办法。他存心虽好，但是照他的法子行出来，所得的结果决不是大众文。近来中国有一种播音，先请专家对着无线电发音机讲话，再把讲话的稿子登在报纸上，叫做"教育播音专刊"。这的确是实行胡先生的方法：想象自己站在无线电发音机面前向那绝大多数的农村老百姓说话，要字字句句他们都听得懂。我看过好几篇这样的文字，仍旧是小众的白话文。究竟是什么缘故呢？农人种瓜得瓜，种豆得豆，是实实在在的种瓜方才可以得瓜，实实在在的种豆方才可以得豆。如果农人单单想象种瓜，不忘种豆，他有什么东西可得？你想象在播音台前讲话，农村老百姓听得懂听不懂，你是不知道的。不知道而以为知道，那是没有用的。我在《大众生活》④上曾经对大众文同志介绍四个先生，即：（一）耳朵先生，（二）大众先生，（三）生活先生，（四）新文字先生。这四位先生可以指导我们怎样写大众文。我们如果真有心做大众语的文章，最好的训练是钻进大众的队伍里去和大众的生活打成一片，感受大众的压迫，觉悟大众的问题，发现大众的生路，然后说一句话便是大众要说要听的话，写一篇文章便是大众要写要看的文章了。

【注释】

①本篇原载于 1936 年 1 月 16 日《生活教育》第 2 卷第 22 期。

②商务印书馆：我国历史悠久的出版机构之一，1897 年创办于上海，中华人民共和国成立后，总馆迁北京。

③拼音的新文字：即拼音新文字，也称拉丁化新文字，是用拉丁字母

拼写汉语的重要方案之一。产生于 1931 年在海参崴举行的中国新文字第一次代表大会。1933 年后，国内各地相继成立不少团体，进行研究推广。因其词法不够精密，1955 年全国文字改革委员会成立后停止使用。

④《大众生活》：1935 年 11 月 16 日在上海创刊，为邹韬奋主编的进步周刊。该刊因宣传救亡运动，坚持团结抗日、民主自由的政治主张，1936 年 3 月被国民党当局查封。共出 16 期。1941 年 5 月 17 日在香港复刊为新一号，同年 12 月 6 日出至新三十号，因太平洋战争爆发停刊。

新文字和国语罗马字①
——答复黎锦熙先生
（1936 年 4 月 16 日）

俗话说：三句话不离本行。我因为要想把教育普及给大众，所以凡是可以帮助教育快点普及的工具，都引起了我的兴趣。因此，注音字母②、国语罗马字③、拉丁化新文字④都和我们的普及教育运动发生过不少的关系。当然，看到黎锦熙先生出马高谈这个问题的时候，我是免不了要加入讨论的。对于黎先生在第八十二期《文化与教育》上登载那封《复济南青年文化社书》，我想发表下面的一些意见。

第一，黎先生开口就说他只能站在"技术的立场"来说话，完全离开"政治"的立场。如果黎先生坚守这个立场，倒也不失为科学家的态度。但是，我们一看他的题目便不能不怀疑。他的标题是：《苏俄的"中国字拉丁化"与国定的"国语罗马字"之比较》。这个标题好像是一个推销国货的标语。他好像是告诉人说：国语罗马字是国货，中国字拉丁化是洋货，而且是通红的洋货。推销国货的当然是爱国志士，推销洋货的便是奸商，甚而至于是红色奸商。黎先生的用意想来是不至如此，但他的标题是与事实不符。北方话拉丁化方案，的确是在海参崴⑤产生的。但制造这方案的是海参崴的华侨。海参崴的华侨不是中国人吗？现在北方话拉丁化方案已经由中国新文字研究会⑥改为北方话新文字方案⑦。新近由该会发表的上海话新文字方案，乃是在中国领土上由中国人制造的。那将要发表的福州话、广州话等新文字方案，也必定是由中国人自己制造而成的。因为北方话新文字一个方案的出生地关系，就把全中国的新文字运动划归苏俄所有，如果没有恶意，便是考据有些疏忽。依黎先生的论断，日本人在上海所开的纱厂的出品都能算是中国货了。

第二，现在的新文字运动是主张拿易写易认的新文字教大众，不主张拿难写难认的汉字教大众。从速废止汉字是对于大众教育而说。小众吃汉字如同吃鸦片烟一样早已吃上了瘾，现在谁要向小众主张废止汉字是一个大呆子。但是对于知识分子也得提出"打倒汉字独裁"的口号。小众也应当学学新文字去为大众服务，把新文字免费教给大众。民国十二年的"汉字改革号"⑧的老调可以不弹，民国二十五年的"大众新文字教育"的新调是要大弹而特弹了。

第三，现在的新文字运动是反对北平话独裁，即反对国语独裁。如果有真正的统一国语，又有谁来反对国语统一呢？我们所反对的是提倡一种假国语来勉强全国大众学。原因还是因为各处大众没有这许多时间金钱来同时学北平语又学罗马字；而且将来有做统一国语资格的是北平语是上海语还是别种语，现在还不能确定。北方话新文字方案虽然以北方普通话为根据，但新文字运动决不希望把北方话当做国语提倡，也决不勉强来它一个运动勉强教上海人学北方话新文字。至于公共场合需要所谓"国语"一层也得分析。依照我们的经验，不但是农村的公共场合不需要这种"假国语"，城市里工人的公共场合也不需要这种"假国语"，只有仕商的公共场合是需要这种"假国语"。归总一句，只是有钱有闲的小众的公共场合需要这种"假国语"，而无钱无闲的大众的公共场合不需要这种"假国语"。至于全国的思想如何沟通，各地的文化如何联络，在《我们对于推行新文字之意见》中已经详细说明，这里只好从略。那篇意见里所提出的要点，是无需借重汉字做媒介，而可以叫全国的思想文化得到超速度之沟通与联络。

第四，关于声调的符号，初学的人是觉得很麻烦。黎先生说："不标声，拼法简单，词儿不长，较易拼写；标声，面孔明白，词儿不混淆，易于认读。两害相权取其轻，两利相权取其重；害谁轻？利谁重？请候实验，毋作空谈。"我想这个态度是对的。我们应该等待双方实验的报告再作批判。因此，黎先生随后所提出的一些例子，也等到将来一并讨论。

第五，黎先生说"拉丁化"压根儿就不大注意这个技术问题，这未免是武断，可是我要说在技术方面，拉丁化新文字与国语罗马字所注重之点是有些不同。国语罗马字好比是注重刺绣的技术，为太太小姐绣花；拉丁化新文字是注重平常针线的技术，为大众缝老布衣。新文字研究者所省略的正是国语罗马字研究者所舍不得的。

第六，黎先生说："G.R（国语罗马字）十分认识清楚了，将来这种新文字实实在在是要政治的大力量来推动的，我们管不着。"我们在这一点上也和黎先生的见解不同。我们十分认识清楚了，现在这种新文字（中国新文字），实实在在是中华民族大众争取解放之重要工具，要由整个民族的大力量来推动，我们既是国民一分子，就得尽一分子的力量，就管得着！

【注释】

①本篇原载于1936年4月16日《生活教育》第3卷第4期。

②注音字母：是1956年全国人民代表大会批准推行《汉语拼音方案》前通行的汉字注音和学习普通话的一套音标。1913年由读音统一会制定，1918年由北洋政府教育部公布。

③国语罗马字：用拉丁字母（亦称罗马字母）拼写汉语的重要方案之一。方案特点是用字母变化来表示声调变化。1926年国语统一筹备会制定《国语罗马拼音法式》，1928年由国民政府大学院公布。

④新文字：即拼音新文字，也叫拉丁化新文字。

⑤海参崴：苏联远东的海港。"中国新文字第一次代表大会"于1931年9月26日在这里召开，到会的有吴玉章、林伯渠、萧三和苏联各地华侨代表、远东华侨工人以及苏联的汉学家等。大会讨论通过了《中国汉字拉丁化的原则和规则》方案。

⑥中国新文字研究会：宣传和执行中国新文字第一次代表大会关于推广拉丁化新文字的决议的团体。1933 年后，在上海、北京、西安、重庆、汉口、广州等 20 多处地方，先后成立了 70 多个团体研究推广新文字，并在上海成立了全国总会。

⑦北方话新文字方案：全称是北方语拉丁化新文字方案，简称"北拉"。即 1931 年在苏联海参崴召开的中国新文字第一次代表大会所通过的方案《中国汉字拉丁化的原则和规则》。这一方案是以北方话为拼音标准。这样称呼，是为了区别于以其他地方方言用拉丁字母拼写的方案。

⑧汉字改革号：即 1923 年（民国十二年）《国语月刊》出版的《汉字改革号》。黎锦熙等学者在上面撰文呼吁汉字革命和汉字拼音采用罗马字母。

大众的文字①

（1936 年 5 月）

中国已经到了生死关头，我们必须教育大众组织起来解决国难。但是这教育大众的工作，一开始就遇着一个绝大的难关。这个难关就是方块汉字。方块汉字难认难写难学。每一个人必得花费几年工夫几十几百块钱才学得一点皮毛。一个每天做十二三点钟苦工的大众是没有这些空闲时间，也花不起这许多钱来玩这套把戏。手头字、简字是方块汉字的化身，不是根本的解决；注音字母是为方块汉字注音的工具，不过是方块汉字的附属品；国语罗马字崇奉北平话为国语，名为提倡国语统一，实际上是来它一个北平话独裁。在有闲有钱的人看来，学了一口北平话再用罗马字母读读写写，是不费什么事。但是叫一个上海的、福州的或广州的苦人同时学北平话又学罗马字，那几乎是和学外国话一样的难。国语罗马字又注重声调的符号，把初学的人弄得头昏脑黑。简单的说，中国大众所需要的新文字是拼音的新文字，是没有四声符号麻烦的新文字,是解脱一个地方语的独裁的新文字。这种新文字，现在是已经出现了。当初是在海参崴的华侨制造了拉丁化新文字，实验结果很好。他们的经验学理的结晶便是北方话新文字方案。但是我们不要误会,海参崴的华侨也是中国人。所以这个方案虽是在外国产生,但还是中国人的作品,是和别的中国留学生华侨的作品一样的不容歧视。现在上海话新文字方案也已经由上海的专家造成发表出来,征求大家的批评。厦门和客家话方案已经编成,正在这儿审查。广州、福州、徽州各处方案也正在编制。这些工作是由中国新文字研究会主持进行。

根据上海话新文字方案实验结果,平常人每天费一小时只须半个月工夫,即可写新文字的信,看新文字的报,读新文字的书。聪明些的人两个星期就行;笨一点的人,只须一个月,成绩也不错了。每人所花的,只要三分钱。义务教育培养一个小孩每年平均要花八块九毛钱。民众教育培养一个成人要花一块八毛钱。上海一带运用小先生教汉字每人也要花三毛钱,三万万人的普及最粗浅的初步汉字教育至少就得九千万元。去年教育部筹款办义务教育,努尽了力只筹得三百多万,相差是太大了。倘若推行新文字,每人三分钱,连黄包车夫也出得起。所以就时间金钱两方面来看,新文字是普及大众教育的最经济的文字工具。

有人怕各地方言新文字起来之后会阻碍中国统一。我们详细地把它考察一下,知道这是一种过虑。第一,中国各地方言之不同,不像我们平常所想的那样厉害。因为国内各地方言是汉话与各处土话互相同化克服的结果。它们的不同是有规律的。我们只须把它们彼此不同的规律指出来,大部分是很容易相通的。第二,汉字在名义上是中国统一的文字,但是认得汉字的只是少数人,而多数人是没有文字的。多数人没有文字,除了谈话之外,便不能彼此相通,也不能与认识汉字的小众相通。如果各区的方言新文字传给了各该区的大众,那末区以内的大众便可以彼此相通;该区的知识分子精通几区新文字,甚至于几国文字的总能找出好几位来,搭一个桥,使各区的大众彼此相通并与全国的知识分子相通,与现代世界文化相通。各区的小事只用本区的新文字记载,至于关系国家的大事都可以由知识分子翻译广播出去。所谓知识分子并不限定是高等华人。大众得了新文字的培养,也必然的会在自己的队伍里产生出知识分子,并且运用各区新文字对照的读物,也可以把自己造成沟通各区文化的铁桥。这样一来,新文字不但不至于阻碍中国的统一，而且有力量促进文化的沟通，帮助中国的统一。第三，我们所需要的统一不是抽象的统一，不是幻想的统一，不是制造的统一，而是从实际生活酝酿出来的统一。我们所要的是各区不同生活的血脉流通，而不是勉强各区过同一的生活，说同一的话语，写同一的文字。同一文字的范围是跟着同一生活需要而扩大，决不可以心急。提倡国语的先生们往往幻想出一个公共的需要来推进北平话。他们说："到了需要的公共场合就自然非学国语不可。"我们知道这个公共场合是幻想起来的。在上海大众的公共场合是要用上海话才来得有效。同样的，福州大众的公共场合要用福州话，广州大众的公共场合要用广州话，否则，你就得请人翻译，或者是听众听不懂，等于没有说。可见这"公共场合"四个字只适用于少数的知识分子，只适用于有钱有闲学它几年北平话的小众。要想把小众的公共场合的需要当作大众的公共场合的需要，勉强的要把它们赶快统一起来，并且把这种统一看成天经地义，这只是提倡者的偏爱的幻想。拥护汉字统一的先生们对于这同样的幻想更是强烈的很。这种幻想，自然用不着新文字来阻碍它，就会叫他们失望。第四，现在中国是遇着空前的国难，只有大家一齐起来抵抗，才有生路。中国文化界现阶段最重要的工作是普及民族自救的教育，我们要动员一切工具来进行这个工作。但是在选择工具的时候，我们是必得指出新文字的特大效力。文字好比是交通媒介。汉字好比是独轮车，国语罗马字好比是火车轮船，新文字好比是飞机。坐上新文字的飞机传布民族自救的教育的时候，就可以知道新文字是不但不阻碍中国统一，而且确有力量帮助唤起大众挽救我们的垂危的祖国。

照以上观点看来，我们觉得这种新文字是值得向全国介绍了，我们深望大家一齐来研究它，推行它，使它成为大众文化和民族解放运动的重要工具。以下是我们所要建议的具体办法：

（一）每一个方言的新文字方案成立后，我们首先要根据这方案编辑最廉价的课本、指导书。

（二）课文编成后即着手运用各级学校：民众学校、识字学校、夜学校、补习学校、讲习会培养新文字教师，凡学会新文字的人都有教人的义务。

（三）为着要使学过新文字的人继续学习起见，我们要出高级课本、报纸、杂志、小说、诗歌、各科小丛书、新文字连环画、新文字字典、北方话与其他方言对照读物。

（四）根据新文字方案创制新文字速写并创制新文字打字机。

（五）对于用汉字编印的书报，我们主张：

甲、文字大众化。

乙、横排。

丙、采用新文字报头。

丁、新文字汉字对照的读物另辟一栏。

（六）除了现在已经发表的北方话与上海话新文字方案之外，我们要继续进行其他各区及少数民族方言的调查，以着手其他各区及少数民族方案之建立。

【注释】

①本篇原载于1936年5月1日《生活教育》第3卷第5期，题为《我们对于推动新文字的意见》。文末有蔡元培、陶行知等606人的签名，最后还有这样一句话："凡是对这个意见书，表示赞同的同胞，请签名并共同提倡，以资普及。"在收入本书时将名单略去。

文化解放①

（1936 年 6 月）

一、什么是文化

文化是什么？初看起来是一个很容易答复的问题，但是仔细想一下，却有些困难。我们看到一本书，大家都可以承认它是属于文化方面的东西，但是遇着一把"石斧"的时候，我们的意见就要分歧了。有的人承认它是古代文化的遗产；有的人就不免要把它划进别的部门里面去。如果我们承认它是文化的遗产，那末一切生产工具都可以包括在文化的范围里面去了。

石斧既是属于文化，那末，锄头乃至机器都可以算为文化了。这样一来，文化范围可就广大了。除了大自然之外，凡是人类所创造的一切都是文化了。凡是可以用来生产、战斗、交通、享乐、治理、思想的工具以及这些工具所引起的变化都可以当作文化看待了。这是一个顶宽的看法，也是一种顶简单的看法。照这样看法，文化是与大自然相对起来的。世界上的一切可以分成两大类：一类是没有加上人工的，叫做自然；另一类是人工所创造的，叫做文化。但是在这个广大的定义之下，研究讨论的工作是不易进行。因此我们要从这广大的事物里抽出一部分来，特别叫它为"文化"。这部分便是记录思想，传达思想，发展思想，改变思想的符号、工具和行动。照这样看法，在文化里面是包含了书籍、报纸、戏剧、电影、学校教育、社会教育、民众运动、高深学术研究等等；在本质方面看，文化工作反映着人类经济政治的思想。这个定义是与一般人普通所想的接近。

二、对谁解放

大众是文化的创造者。最初连语言文字都是从劳动中产生出来的。从哼呀哼呀的呼声里发现了语言，这是不可否认的事实。在树皮上画游猎的路线是文字起源之一。石斧、石刀、种地、造房子不是什么圣人发明的，乃是许多劳苦大众一点一点地积起来的贡献。近代工人对于发明上千千万万的贡献都给科学家偷了去，写在自己的账上。文化是大众所创造的。文化是被小众所独占。现在应该将文化从小众的手里解放出来，创造文化的大众应该享受创造的结果。文化是无疑的要对大众解放，使整个文化成为大众的文化。现在的文化解放运动可以说是大众文化运动。

三、认识上的解放

文化有什么功用，我们必得把它认识清楚，才能谈它的解放。有些人把文化当作装饰品看待，以为大众用不着这个东西。我承认现在所谓"文化"当中有一部分是好比金刚钻戒指。但是有一部分是思想斗争的武器，这武器必定要解放出来，给大众抓住，然后民族、大众的解放才有很快的发展。

其次，有些人以为大众文化是要等到大众政治实现以后才有可能。我承认大众文化的普及是要等到整个政治变成大众的政治。但是，大众的政治决不是凭空从天上掉下来的，它是要靠着大众继续不断的奋斗才能实现。这奋斗是要运用文化的武器以转变大众的思想，才能保证胜利。另外，特别是从事文化工作的人，太夸大文化的工作，或把文化看作一个孤立的东西。他们相信文化万能，或者是为文化而文化。这样会叫文化工作脱离了现实而变成一个没有作用的东西。殊不知文化所要记录、传达、发展、改变的思想乃是人类生活中心的思想，即是政治经济的思想。文化脱离了政治经济便成了不可思议。我们认识了文化是政治经济斗争的武器，就没有这个毛病了。最后，还有一种人以为文化的工作是纯粹的头脑工作。他们把它看成一个静的东西，可以静坐而得，静坐而传。他们忽略了行动与思想的关系。他们没有认识文化运动的作用。我们如果认识文化是民族大众解放的斗争的武器，这个静止文化的错解也就消灭了。我们对于文化的功用至少要有这点认识，然后才能把它从错误歪曲的观念里解放出来，也惟有把文化从错误歪曲的观念里解放出来，文化才能发生真正的作用。

四、工具的解放

中国的思想符号主要的是汉字。读书人要花一两千块钱，学它十年二十年，才可以读点古书；平常的人花它百把块钱，一两年只是一撇一直的像稻草一样吃到肚里去不能消化，俗语叫作不通，读书没有读通。这难写难识的汉字只好留给那少数有钱有闲的少爷小姐去学，无钱无闲的大众和苦孩子必得另找出路。这出路就是近年提倡的易写易认的新文字。大众只须一个月每天费一小时就会写新文字的信，看新文字的报，读新文字的书，那是多么便利啊！大众文字的解放是大众文化解放的钥匙。

五、方法的解放

传达文化之方法，依我看来，有三点最要解放。第一点，灌注的教授法最要不得。它把接受文化的人当作天津鸭儿填。民族大众解放运动最需要的不是灌注的演讲而是对于时事之讨论。这种相互之自由讨论，如果有前进书籍杂志作参考最能启发人的思想。学生和大众应该普遍的从灌注的教授法里解放出来，跑到这种自由讨论的空场上呼吸些新鲜空气，晒一晒太阳光。第二点，是知识封锁也要不得。从前的观念是学问自己受用，学校变成守知奴的制造厂。我们应该把自己从这知识私有卑鄙习惯里解放出来，我们对于真理应该即知即传，不肯教人的人不配受教育。从前写文章的人，是写得越深越觉得得意。现在呢，连白话文都得解放成大众文，使得大众易于了解。这的确对于传布文化起很大的作用。觉悟的知识分子都得把自己的作风解放出来使得大众易懂。第三点，要不得的是教而不做，学而不做。我们要在行动上来推进大众文化。我们要从静的方法解放出来，使大众加入真理的行动以追求行动的真理。

六、组织上的解放

文化的组织是被小众捏得死死的，学校里的训育管理变成官僚化，学生只是被治而失去了自治。我们要把文化从模范监牢里解放出来，使它跑进大社会里去。社会即学校。文化的场所多着哩，茶馆、酒楼、戏院、破庙、茅棚、灶披、晒台，甚至于茅厕在今日都成了大众的课堂；整个民族解放运动成了大众的课程。平常的课程如果是和民族解放运动配合起来就不得不起质的变化。例如算学吧，那是看作一门纯粹的学科，然而把整个中国失掉的领土富源算一算，便立刻从平常的课程跳入非常的课程里面来了。在新的组织里教师、学生和大众是站在一条民族自救的大路上，从前教师与学生间、学生与大众间的围墙都要打通，这样大众的文化才能充分传达发展。

七、时间的解放

有些传统的学校，名为认真，实际是再坏无比。他们把无所谓的功课排得满满的，把时间挤得点水不漏，使得学生对于民族前途和别的大问题一点也不能想；并且周考、月考、学期考、毕业考、会考弄得大家忙个不了，再也没有一点空闲去传达文化、唤起大众。说得不客气些,这就是汉奸教育、奴化教育、亡国教育。另一方面,大众一天做十二小时工,甚至于有的要做十六小时的工,他们是没有空闲接受文化。时间是文化战的最大关键,我们必须争取时间来推进大众文化,时间解放是大众文化解放的焦点。

八、新文化创造的解放

新文化之创造是社会进步之特征,同时也是帮助社会更进一步的一种推动力。新兴的文化多少总是于大众有益的文化,所以新文化的创造是受着前进者之欢呼,同时是遭着落伍者之妒忌。前进的书籍、杂志、戏剧、电影种种,是在热烈的欢迎里遭着最惨酷的虐待。明明是一部最好的电影,他会给你东剪一条,西剪一条,剪得使你失去了原来的生命。好比人家生了一个小孩,假如管户口册的人要批评你这孩子那里生得对,那里生得不对,你一定是要觉得他做得太过分了;又假如他不但是随嘴乱说,并且手里还拿了一把剪子,看到孩子耳朵长得太长便毫不客气的剪掉一点,看到孩子鼻子长得太高又毫不客气的剪掉一点,你该觉得这是一个什么人啊!你能忍心的坐在旁边让他剪吗?这样的刽子手是等在文化界的门口,一看见新的作品出来就给它几剪。从这把剪子的虎口里把新文化解放出来,是整个文化界不可推诿的责任。

九、怎样取得文化解放

中国从前有一样东西叫做裹脚布,把姑娘们的脚紧紧的裹,裹得肉烂骨头断,裹成一双三寸金莲,好嫁一个好人家。我想和这裹脚布相配的还有一样东西,叫做裹头布,把中国的小孩、青年、大众的头脑壳,紧紧的裹,裹得呆头呆脑,裹成一个三寸金头,好做一个文化奴隶。这裹头布便是加在大众头上的一切文化的压迫。不愿做文化奴隶的人联合起来,争取大众文化之解放!前进的知识分子在推进大众文化上固然能起重要的作用,但是大众文化运动决不能由少数知识分子代办。大众文化是大众的文化,是大众为自己推动的文化,是大众为自己谋幸福除痛苦而推动的文化。大众文化的解放是要大众运用集体的力量来争取的。它决不是小众可以送来的礼物。并且民族解放、大众解放、文化解放是一个分不开的运动。必得要联起来看、联起来想、联起来干，才会看得清楚，想得透彻，干得成功。

【注释】

①本篇原载于 1936 年 6 月 14 日《生活日报》星期增刊第 1 卷第 2 期。

论中国文化①
——一个教师关于中国文化的观点
（1937 年 11 月 26 日）

一、文化是劳动人民的成果，双手造就了大脑，从而创造文化。

二、使文化成为可能或产生文化双手，文化果实被剥夺。

三、中国文化和西方文化的融合。

四、在时代伟大变革的漩涡中：

(1) 为学者们重新发现双手；

(2) 为工农重新发现大脑；

(3) 文化的重新发现是进一步解放的工具，而不是可供游戏的玩具；

(4) 文化的重新发现是为供一切参与创造文化的大众共同欣赏，而不是只供少数人享用；

(5) 文化的重新发现是进一步创造的基础，创造不是一次就了事的。

【注释】

①这是陶行知 1937 年 11 月 26 日在纽约市布鲁克林第七街 (Brooklyn Academy of Museam) 的演讲，由庞曾漱根据英文手稿译。

参考文献

一、图书类

[1] 赵详麟，王承绪.杜威教育论著选 [M].武汉：华东师范大学出版社，1981.

[2] 朱泽甫.陶行知年谱 [M].合肥：安徽教育出版社，1985.

[3] 上海陶行知研究会,等.陶行知佚文集 [M].成都：四川教育出版社，1989.

[4] 顾明远.教育大辞典第 10 册 [M].上海：上海教育出版社，1991.

[5] 周恩来.周恩来选集 [M].北京：人民出版社，1997.

[6] 曹伯言.胡适日记全编 [M].合肥：安徽教育出版社，2001.

[7] 方明.陶行知全集 [M].成都：四川教育出版社，2005.

[8] 金林祥，胡国枢.陶行知词典 [M].上海：上海百家出版社，2009.

[9] 孙培青.中国教育史 [M].武汉：华东师范大学出版社，2009.

[10] 陶行知.为生活而教育 [M].储朝辉译.北京：外语教学与研究出版社，2012.

[11] 陶行知.教育的真谛 [M].武汉：长江文艺出版社，2013.

[12] 陶行知.中国教育的觉醒 [M].北京：群言出版社，2013.

[13] 陶行知.中国教育改造 [M].北京：商务印书馆，2014.

[14] 胡晓风,等.陶行知教育文集 [M].成都：四川教育出版社，2017.

[15] 梁漱溟.东西文化及其哲学 [M].上海：上海商务印书馆，1922.

[16] 王桧林.中国近代史 [M].北京：北京师范大学出版社，1985.

[17] 李泽厚.中国现代思想史论 [M].北京：人民出版社，1985.

[18] 徐大文，刘大康.陶行知 [M].南京：江苏古籍出版社，1985.

[19] 章开沅，唐文权.平凡的神圣——陶行知 [M].武汉：湖北教育出版社，1992.

[20] 金林祥.二十世纪陶行知研究 [M].上海：上海教育出版社，2005.

[21] 周毅，向明.陶行知传 [M].成都：四川教育出版社，2010.

[22] 周洪宇.开拓与创建——陶行知与中国现代文化 [M].济南：山东教育出版社，2010.

[23] 余子侠.陶行知卷 [M].北京：中国人民大学出版社，2015.

[24] 周洪宇.陶行知大传 [M].北京：人民教育出版社，2016.

[25] 阿部洋.哥伦比亚留学时代的陶行知 [M] // 周洪宇，等.陶行知与中外文化教育.北京：人民教育出版社，1999.

二、期刊类

[1] 周洪宇.陶行知生年考 [J].历史研究，1983(2).

[2] 钱俊瑞.一代巨人陶先生 [J].纪念陶行知，1984.

[3] 李维汉.对人民忘了自己 [J].纪念陶行知，1984.

[4] 斋藤秋男.陶行知是属于世界的 [J].行知研究，1984(9).

[5] 胡晓风.论陶行知思想转变的三个阶段 [J].行知研究，1987(2).

[6] 周洪宇.欧美陶行知研究概况 [J].国外社会科学，1991(10).

[7] 周洪宇.陶行知研究在国外 [J].教育研究，1991(11).

[8] 周洪宇.陶行知历史定位新论 [J].华中师范大学学报（人文社会科学版），2007(2).

[9] 邓初民.略论陶行知先生 [J].重庆陶研文史，2012.

后 记

陶行知生活于中国风云激荡的半个世纪，经历了辛亥革命、北伐战争、五四运动、抗日战争和解放战争。在动荡的社会中，陶行知一直都站在时代的最前列，希望通过教育改变当时的社会现状。他创造了适合中国国情的教育理论体系，提出生活教育理论，并把活动的舞台从城市延伸到乡村，从中国扩大到欧美亚非诸国，使中国的教育走出国门，走向世界。陶行知博才多艺，他的思想涉及教育、政治、哲学、文化、艺术、诗歌等领域。对陶行知思想的研究是一项艰巨的工程，也是一项意义重大的工程！

陶行知为近代中国做出了卓越的贡献。近年来，对陶行知的生年问题，学术界颇有争议。对于目前流行的说法——1891 年 10 月 18 日，随着有关史料的陆续发掘，一些学者提出质疑。1982 年 3 月 12 日，夏德清先生在《长江日报》上发表了《陶行知生年质疑》，他根据陶行知 1915 年在哥伦比亚大学师范学院填写的《攻读获取师范学院毕业文凭和更高级学位的申请》等史料，认为陶行知的生年不是 1891 年 10 月 18 日，而是 1892 年 11 月。随后，又于同年 3 月 18 日发表《陶行知生于 1892 年的又一佐证》一文，论证自己的观点。1983 年，周洪宇教授依据陶行知 1914 年秋赴美留学护照上的信息和 1938 年 6 月 24 日在英国伦敦法国大使馆签署的《非移居侨民去法属印度支那的申述》等史料，提出陶行知的生年应该是 1893 年 11 月 10 日，并先后在《历史研究》《华中师范学院学报（哲学社会科学版）》《文教资料简报》等刊物上发表

后

记

文章，论证自己的观点。近年来，陶行知于 1916 年 2 月 16 日致哥伦比亚大学师范学院院长 J.E. 罗素的信函被发掘出来，这一史料的发现填补了陶行知早年史料的空白，也为研究陶行知生年提供了信息。信中陶行知说"我现年 22 岁"，据此算起，陶行知的生年应该是 1894 年。然而，在这里有两种可能性：第一，由于这封信写于 1916 年年初，当时陶行知刚满 23 岁，可能习惯上仍称 22 岁。据此，他的生年应是 1893 年。第二，由于中国人在年龄上也会习惯性称虚岁，因此，也可以说当时陶行知是虚岁 22 岁，周岁 21 岁。据此，他的生年应是 1895 年。当然，这一说法尚需更为翔实的史料加以佐证。只是，不管是 1893 年、1894 年，还是 1895 年，都与 1891 年的传统说法相去甚远。不过，相信随着更多翔实史料的面世，陶行知的生年问题必定会有一个不受争议的准确说法。

陶行知以"爱满天下"的博大胸襟、"捧着一颗心来，不带半根草去"的伟大情怀，为中国的教育事业奉献了毕生的心血。他的精神如高山一样，令人仰止！作为后学，能够承担关于陶行知的研究工作，备感荣幸。在写作过程中，安徽省社科院李季林副所长、安徽大学陈广忠教授、安徽大学解光宇教授给予我多方指教，在此表示衷心的感谢！

尽管做了充分的准备，但是对于史料的搜集还不够全面，对陶行知思想的研究还不够深刻，在撰写过程中也是战战兢兢，如履薄冰，唯恐有所疏忽。然而，由于水平、能力所限，本书还有很多不足之处，敬希方家与读者指正。

说明：文选部分原文所用序号不符合现代印刷体的规范，本书在不影响文意的情况下，做了适当调整。

丁晓慧

2018 年 5 月